アウグスティヌスの母

モニカ

平凡に生きた聖人

G. クラーク◉著
松﨑一平／佐藤真基子／松村康平◉訳

教文館

オースティンの母に

MONICA: An Ordinary Saint
First Edition
by
Gillian Clark

目次

装丁　熊谷博人

翻訳にあたって

第一章、第二章、「アウグスティヌスの著作」を松﨑一平が、第三章、第四章を佐藤真基子が、第五章、第六章を松村康平が担当し、表現については、各自の個性を尊重しつつ、できるだけみなで相談しながら、松﨑が最小限の統一を図った。

文中の引用文の訳は、原文を確認しつつ、基本的にクラークによる英訳を尊重して訳した。

明らかな誤りについては、訳者たちの責任で修正した。著者に問い合わせた点もいくつかあるが、いずれもことわらなかった。

表記について、以下を原則とした。

1 〔 〕は、典拠の補足や、概念の説明など、訳者が補った補注的なもの。なお、［ ］書きは、原著に従う。

2 「CE（紀元）」については、すべて省略した。

3 注の参照箇所については、原著の表記を再現することを基本とし、必要なばあいにのみ訳した。

4 固有名詞の表記については、アウグスティヌスの言語であるラテン語によったが、原則として音引きは用いなかった。なお、プラトン、ローマなど、固有名詞については、おおむね慣例に従った。

5 原著の本文中でつかわれているラテン語やギリシア語については、それを残し、読者に音の感じを知ってもらいたいので、おおよその読み方をカタカナ書きで付した。また、そのばあい、たいてい訳が付されているので理解に困ることはないが、必要なばあいは訳や説明を補った。

6 アウグスティヌスの著作の書名の訳については、「アウグスティヌスの著作」に従う。ラテン語の書名については、「アウグスティヌスの諸著作」を見られたい。「アウグスティヌスの著作」に欠けるものについては、初出時に原語を併記した。

7　アウグスティヌスのものでない著作については、題名を訳し、初出時のみ可能なかぎり原語を付した。

8　聖書の書名については、創世記や箴言など短いものはそのまま表記し、マタイによる福音書は「マタイ」、コリントのひとびとへの第一の手紙は「1コリント」というように、説明が不要な程度に省略する。なお、聖書および聖書の各書名については、『　』を付さない。

9　注で、欧文文献の情報は、原著の表記をほぼそのまま組み込んで訳した。

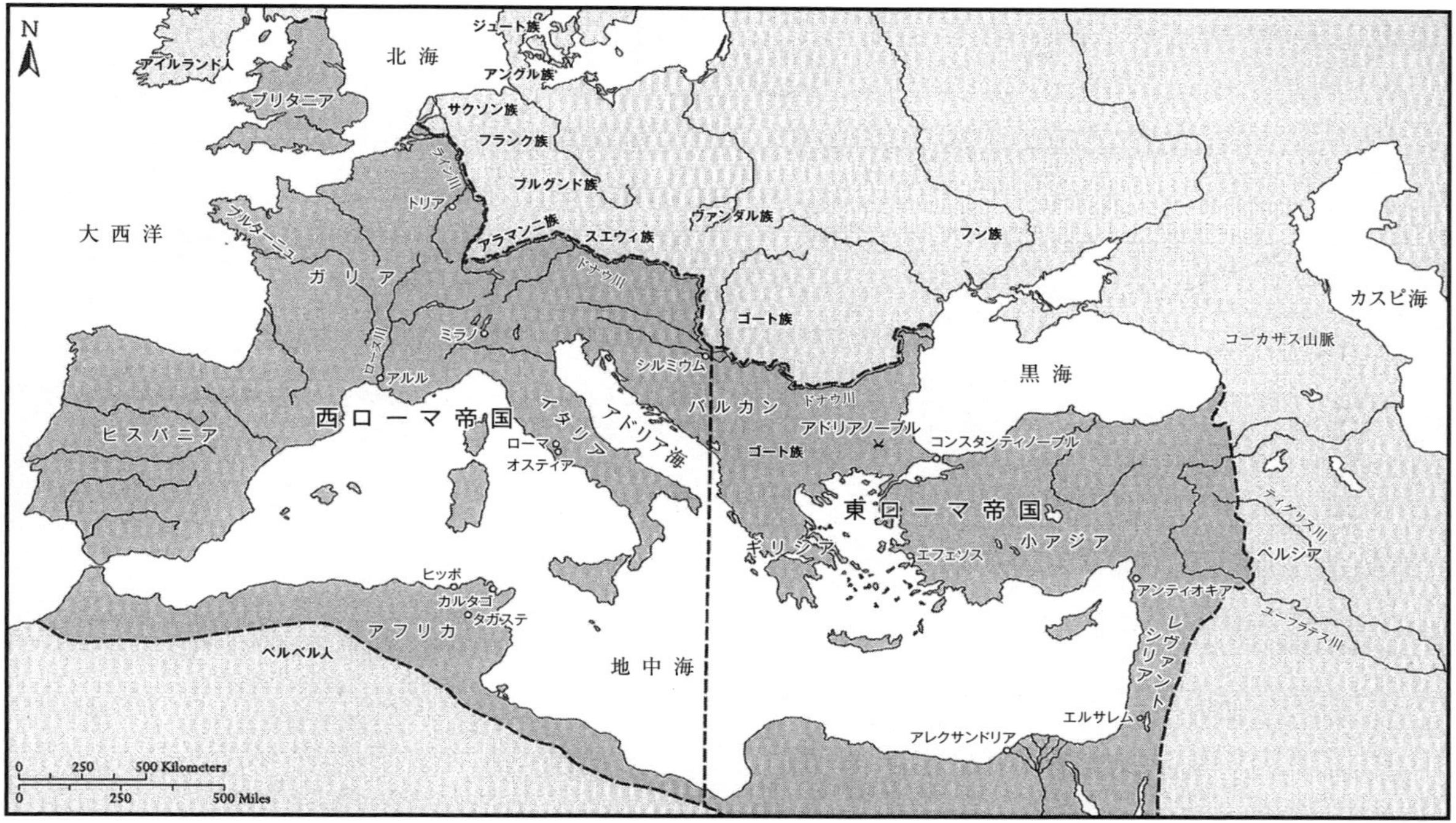

紀元400年頃のローマ世界

モニカの世界

出典：Bryan Ward-Perkins, *The Fall of Rome and the End of Civilization* (Oxford and New York: Oxford University Press, 2005).

第一章　モニカへのイントロダクション

一六世紀のある一連の絵画のひとつの光景のなかで、青衣の中年の女性が、ある司教が説教するのに、注意深く耳を傾けている(1)。彼女の名はモニカ、彼女は古典古代のもっともよく知られた女性たちのひとりだ。この想像の光景の時期、紀元三八〇年代のなかばに、五十代始めの寡婦だった。彼女はアンブロシウスの説教に耳を傾けている。彼はいまなおエミーリアとして知られている北イタリアの地域の前知事で、いまはその地域の首都ミラノの司教だ。モニカは、その始めの五〇年間、北アフリカで家庭生活を営み、彼女の家族と友人たちだけに知られていた。その年月の始めの四〇年間、彼女は、タガステという小さな内陸の町のなかかその近郊で暮らし、その地でパトリキウスと呼ばれる男性と結婚した。彼らはふたりの息子とひとりの娘をもち、息子のひとりが、彼女がタガステから、最初は北アフリカの首都カルタゴへ、そしてのちには海をこえてイタリアへ旅をする理由となった。モニカはアウグスティヌスの母、彼女が金銭の援助をした教育と彼自身の能力と影響力をもついくつかのつてとを利用して、彼はミラノの修辞学教授という、公的資金にもとづく地位に到達した。その都市は帝国の首都で、彼の義務は、皇帝への賞讃の演説を含んでいる。画家は、モニカのそばに座らせられたアウグスティヌスを示し、ふたりを自分の時代のひとびとに似せて教会のなかに置いている。

ミラノで、モニカは、アウグスティヌス、彼のパートナー、そしてふたりのあいだの十代始めの息子とともに暮らす。彼女は、自分のもうひとりの息子ナウィギウスとふたりの従兄弟を連れていて、さらにアウグスティヌ

図版1. 1.　モニカとアウグスティヌスが、司教アンブロシウスによる説教に耳を傾ける。1520年頃、ヤン・スコレルによって描かれた。Erich Lessing/Art Resource, NY.

スの友人たちや学生たちの母親役だった。アンブロシウスは、彼女の敬虔を誉め、アウグスティヌスは彼女を哲学的な議論のなかに加える。ほどなくアウグスティヌスは、祈りと学究のために世俗的な野心を捨てるだろうし、モニカは、彼がアフリカに戻ることを決心すると、彼と旅をするだろう。だが、彼らがイタリアからの船便を待つあいだに、彼女は五五歳でオスティアに死ぬだろう。四年後、彼女の息子は、ヒッポのアウグスティヌスになるだろう、北アフリカのある港町の司祭に、ついで司教に。三九七年、彼女の死の一〇年後、アウグスティヌスは、彼の『告白』のなかで彼女について書くだろう。『告白』は素材を提供するだろう、ヤン・スコレルが絵を描くために、またモニカについての多くの他の解釈のために。アウグスティヌスは、西洋の伝統においてもっとも影響力をもつ神学者のひとりであり、それが、モニカが古典古代のもっともよく知られた女性たちのひとりである理由だ。

わたしたちがパトリキウスの妻モニカの名を知るのは、『告白』第九巻を閉じる祈りからだけだ。

彼女が平安のなかにありますように、その夫とともに。彼のまえにも彼のあとにも彼女はだれとも結婚しなかったし、彼に彼女は仕えた、彼女の忍耐によってあなたに利益をもたらしながら。かくて彼女は彼を勝ちとることができた、あなたのためにも。霊を吹きこんでください、わたしの主よ、わたしの神よ、霊を吹きこんでください、あなたの奴隷たちに、わたしの兄弟たちに、あなたの息子たちに、わたしの主人たちに。彼らにわたしは仕える、こころと声と文筆によって。この書を読むひとたちはみな、あなたの祭壇で思い出しますように、モニカを、あなたの奴隷を、かつての彼女の夫、パトリキウスとともに。彼らの肉をとおしてあなたはわたしをこの生にもたらした、わたしの知らないしかたで。

（アウグスティヌス『告白』九・一三・三七）[2]

わたしたちは、アウグスティヌスが語らなかったので、彼女がだれの娘だったのか知らない。しかも彼の諸著作が、彼女の人生の唯一の情報源だ。わたしたちはアウグスティヌスのモニカだけをもつ。彼女の死の前年（三八六年）に彼が書いた哲学的諸対話篇のひとりの登場人物として、一〇年後の『告白』のひとりの重要な存在として、そして他の諸著作のなかの偶発的なコメントにおいて、自分の母親について話すためにアウグスティヌスが選ぶものだけを。それでもモニカは例外的だ。なぜなら、彼女が、息子たちによって誉められた他の献身的な母親たちよりもはるかに生き生きとした性格だからばかりか、ローマ帝国アフリカの小さな地方の町に生きたほどほどに裕福な女性だったから。

女性たちの生涯について、古典古代の全時期、わたしたちは女性たちについて書いた男性たちに依存している。女性によって書かれたテキストはほとんどない。なぜなら女性たちは聞き手〔読者〕のためにはほとんど書かなかったし、手紙を書いても、それらをだれも（アウグスティヌスも）保存しなかった。[3] 男性たちは、喜劇の登場人物として以外には、ほどほどに豊かな妻たちや母親たちについて書かなかった。あなたがたは、このシリーズ〔「古代の女性たち」〕のこれまでの書名を見さえすればいい。ふたりの女王、三人の皇后、そして共和制ローマが解体した時期にスキャンダルと勢力争いに巻き込まれた、ひとりの貴族階級の、もうひとりの富裕な女性だ。[4] だからモニカは例外的だ。彼女は、政治的な役割も影響力ももたなかったし、徳や悪徳についての見応えのある手本でもなかった。彼女は、アニア・アエリア・レスティトゥタというひとが近くのカラマでそうだったように像や碑文によって彼女の故郷の町で記録されるような、都市の慈善家として地方に知られる程度の金持ちでもなかった。[5] 彼女は、戦争や革命に巻き込まれたヒロインでもなかった。彼女は、キリスト教を明白に支持した最初のローマ皇帝コンスタンティヌスの治世〔三〇六―三三七年〕の後期に生まれ〔三三一年〕、その生涯には、内戦や暴動、暴力的な宗教的と社会的との紛争の勃発があったが、それらがモニカや彼女の家族に影響を及ぼした証拠はない(6)。

モニカは、彼女に期待されることをおこなう義理堅い娘だった。彼女は、おそらく十代の終わりに、ふさわしい年齢で、ほどほどに裕福な土地の男性と結婚させられた。おそらく彼は数歳年長だった。彼女は、誠実で従順な妻だった。三人の子どもを得て、孫たちを見るまで生きた。ローマの標準では、これは誉められるべき生涯だったが、男性たちはそのような女性たちについて書かなかった。彼女たちは家族や友人たちにとって重要だったが、なにかほかに語るべきことがあったのか。紀元一世紀に、あるひとが、自分の母親ムルディアのための弔いの祈りのなかで、それを素朴に語った。さもなければ彼女は知られていない。その祈りは石に刻まれ、その一部が残存する(7)。女性たちは自分たちの富の残し方を決めることができたし、話者はムルディアの公平な分与にもとづいてある時期を過ごしたが、そのことは、ふたりの夫への彼女の忠誠と、二度の結婚による子どもたちへの彼女の愛情とを示していた。それから、彼は所感を述べた。

すべての善い女性たちへの賞讃は、単純で似ている。なぜなら彼女たちの性格の善さは、彼女たち自身の用心深さに見守られていて、多様なことばを必要としない。善い評判に値する同じ行為をみながおこなったということでこと足り、彼女たちの生活は多様には変容しないので、ひとりの女性のために賞讃の新たな形式を見いだすことは困難だ。だから彼女たちに共通の諸特性が崇められなければならない、正しい教えから省かれたなにかが、残りのひとたちから減じられるといけないから。さあ、わたしの愛する母は、みなより大きな賞讃を得た。慎み、廉直、貞潔、従順、羊毛の仕事、勤勉、そして誠実において、彼女は廉直な他の女性たちと等しいか似ていたし、危機に発揮される勇気、努力、知恵において、彼女はだれにも譲らなかった、……

（『ラテン語碑文選集（*Inscriptiones Latinae Selectae*）』八三九四）(8)

この話し手がいうには、善い女性たちは、変化や感興をほとんど提供しない似たような生活を生き、似たような善い特質を示す。彼が彼女たちを誉めるのは、家庭を維持するための諸徳のゆえだが、それらは進取の能力を含まない。だが、最後の断片的な文は、共和制ローマを衰亡させる市民戦争〔紀元前八八―八二年、四九―四五年、四四―三〇年の三度の内戦〕においてムルディアがおそらく危険のなかで暮らしていたことを、また、他の女性たちのように彼女が、きわめてしばしば男性たちと結びつけて考えられる勇気と努力と知恵を示したことを示している。同じように、アウグスティヌスは自分の母親を誉める、夫への従順、息子への献身的な愛情、隣人たちのあいだに平和をもたらしたこと、そして固い宗教的信仰のゆえに。しかし、彼の書き記すところから明らかでもあるが、モニカは、知的で進取の女性であって、寡婦として家財を管理し、アフリカからイタリアへ困難な旅をおこない、彼女の司教〔アンブロシウス〕を支持して皇帝の軍隊による直接の危機に立ち向かった(9)。

古代後期として知られる時期（おおよそ紀元三世紀から六世紀）に、キリスト教の著作家たちは、女性たちの生活にいっそう興味をもつようになり、キリスト教徒たちはそれらを写しとりたい気持ちにされ、宗教的共同体がそれをおこなう時間と技術をもっていたゆえに、より多くのテキストが残された(10)。これらの著作家たちは、つぎつぎに生じる政治紛争とちょうど同じくらい興味深く、よりいっそう重要な、永遠の生命をめざす霊的な奮闘を見いだした。彼らは、殉教者として死んだ女性たちや、誘惑や圧迫にもかかわらずキリスト教への自分たちの献身を維持した女性たちについて書いた(11)。彼らは、とくに禁欲的（ascetic）生（ギリシア語の askēsis、アスケーシス、「訓練すること」から）に興味をもち、それはときに「長い殉教」と呼ばれた。禁欲は、身体的欲望からの、また世俗的な善や野望からの分離によって、そして厳格な、望むらくは独身での、祈りと学究の生を導くことによって、死後の生のためにたましいを鍛錬した(12)。これは、長きにわたる哲学的な伝統であって、わずかな数のひとたちによってだけ、そのいっそう厳しい形式において受けつがれた。しかし古代末期には、だれもがそれをおこないうると、いくつかの強力な声が論じた、女性たちも男性たちと同じく、人間的な生活現象や人間的な欲望を配偶者や子どもたちのためにくつがえすことができるし、性差にもとづく役割による、また家族や同胞市民への義務による束縛を避けることができる、と。モニカの生きた時期、あるひとたちが、彼らに知られた聖なる女性たちの生涯や徳について書きはじめたし、ある女性たちは、富や社会的地位を、目覚ましいしかたで放棄した。女性たちは、聖なる地〔パレスティナ〕へ、あるいはエジプトやシリアの修道士たちを訪ねるために旅をし、修道的共同体のために建物の資金を提供し、彼女たち自身が偉大な厳格さをもって生活した。(13)

そのような可能性に気づいていたとしても、モニカは彼女たちと張りあおうとはしなかった。彼女は、家族のだれからも、ローマの官憲からも、一時的な脅迫〔『告白』九・七・一五〕を除けば、キリスト理解について異なる解釈をもつキリスト教徒たちからも、信仰への迫害を被らなかった。(14) 彼女は、殉教者でも禁欲者でもなかった。彼女は、神への愛と隣人への愛を示す、ひとりの善きキリスト教徒だった。規則正しく教会にかよい、聖書を聞き、読み、祈った。彼女は、彼女の家庭のなかの、また彼女の隣人たちあいだの仲裁者だったし、貧しいひとたちに慈悲深かった。ローマとキリスト教と両方の理想のとおりにモニカはひとりの夫の妻だったが、キリスト教の理想のとおり、彼女という模範が夫をキリスト教徒にした。「女性たちよ、あなたの夫に服従しなさい、彼らがみことばを信じていなくても、［主への］畏れのなかで清らか［な］あなたたちのふるまいをよく見て、ことばなしに自分の妻のふるまいによって獲得されるために」（1ペテロ三・一―二）。(15) このすべてが、その時代の諸基準によって、彼女を賞讃されるべき女性にしたが、アウグスティヌスがいず、彼女の墓碑が偶然に残るということがなかったら、わたしたちはモニカについてけっして聞くことはなかっただろうし、残っていてもわたしたちはとても少ししか知らないだろう。非キリスト教徒と比べて、キリスト教徒が男性たちばかりか女性たちを記念することは、おそらくいっそうありそうなことだったが、女性たちの墓碑は、彼女たちの慎み深さと信仰

心を讃え続けたし、多くは、名、死亡年齢、決まり文句の「平安のなかで安息を」くらいしか語らなかった。(16)

それでは、この平凡な女性が古典古代のもっともよく知られた女性たちのなかに含まれることが、そして聖人となることが、いったいどうして生じたのか。単純な答えは、「モニカは、西洋の伝統のもっとも影響力のある著作家のひとり、聖アウグスティヌスの母であり、彼が彼女について書き記したから」だ。だが、これは、そう単純なことではない。じっさい、いくにんかの学者は、わたしたちは古代の女性たちについてなにも知らないと論じる。すなわち、わたしたちの有するすべては、修辞学で訓練された男性たちによって組み立てられたテキストだ、わたしたちがなしうるすべては、どのように、なにを目論んで、それらのテキストが女性たちを組み立てるのかを探索することだ。(17) 古典古代のどの時期でも、女性たちによって書かれたものがきわめて少量であることは、そしてアウグスティヌスの著作を除くと、紀元四世紀にアフリカとイタリアで暮らしたモニカに接近する手段がまったくないことは真実だが、女性たちの人生について、もっと理解するための試みをわたしたちがあきらめなければならないということにはならない。男性たちは、聴衆や読者たちを特定の文脈のなかで説得するために修辞学を用いることを教えられた。だから、彼らの著作の目論見や組み立てが、彼らがなにを説得的と考えていたかについて、そしてそれゆえ、女性たちの人生を形づくるのを助けた期待について、なにかをわたしたちに告げる。さらに、彼らの著作は、彼らがよしとした日常生活の諸要素をあらわにする。書物と手紙と説教からなる並外れた広がりをもつアウグスティヌスの諸著作は、司牧的な問題を扱ったり、物語を語ったり、模範を見いだしたり、聖書のなかの比喩的表現を説明したりするとき、しばしばアフリカとイタリアの生活に洞察を与える。モニカへのふたつの主要な資料である彼の初期の諸哲学的対話篇〔『幸福の生について』『秩序』〕と彼の『告白』とは、社会の細部についてとりわけ情報に富む。他の著作家たちは確証や対比を提供し、物質文化は生活の状況を例証するための助けとなる。知られざるムルディアの息子が弔いの祈りのなかで観察するとき、ある女性個人について特別ななにかを語ることは、善い女性たちがみな同じであるかのように語ることよりもむしろむつかしい。しかし、古代の女性たちについての半世紀にわたる研究のなかで、時と場所と社会的地位における違いについて、より正確であることが可能になっている。

アウグスティヌスは、独立した『モニカの生涯』を残さなかったし、彼女にかんする彼のもっとも長く続く記述でも、そんなに長いものではない。それは『告白』のあるくだり（九・八・一七―一一・二八）で、そこで彼は、自分を生んだ女性について自分のたましいが生みだすことがらを記録するといっている。モニカの生涯の物語は、可能なばあいは当の時期と場所にかんする一般的な情報で補われつつ、さまざまな著作のなかの彼の所見から再構成されなければならない。彼女の名から始めよう。それは、『告白』の最初期の手稿本や、彼女が育った地域のいくつかの碑文におけるように、おそらくMonnicaと綴られる。ローマ時代のアフリカは、地中海沿岸地域の西方を範囲とし、現在のチュニジア全体に広がり、アルジェリアとリビアとからなる諸部分を含んでいた[18]。広がる不毛の陸地によってエジプトから分かたれて、アフリカ属州はローマ帝国の西側のラテン語を話す部分に属し、その首都カルタゴはイタリアから海を横切る短い距離にあった。「モンニカ（Monnica）」が、この女性を彼女のアフリカという故郷にいっそう親密に結びつけるのにたいして、伝統的な「モニカ（Monica）」は、ローマ文化とそれを遅れて受容したがわに彼女を置くように要求すると、あるひとたちは強く感じる[19]。

アウグスティヌスは、母親の家族の社会的レベルについてなにも語らなかったが、おそらくそれは、夫のパトリキウスのそれに近接していた。パトリキウスはあまり豊かではなかったが、得ることができる全員を必要とした小さな町の都市参事会の委員を務めるのに十分なほどには豊かだった[20]。少女たちのつねとして、モニカは文学や修辞学について正式には教育されなかった。女性たちはこれらの学芸が用いられる公的な役割をもたなかったからだ[21]。アウグスティヌスは、彼女の結婚年齢を、plenis nubilis annis〔プレニス・ヌビリス・アンニス〕、文字どおり「結婚にふさわしい年齢で」というウェルギリウスの一節〔『アエネイス（*Aeneis*）』七・五三〕によってのみ指摘している〔『告白』九・九・一九〕。これは、正確な意味をもたない。ローマ法では結婚は一二歳から合法で、少女はその年齢で美しさのピークに達するとしばしばいわれていたが、医師たちは、少女が十分に成長するまえに子どもを産むことは危険だと知っていた。[22] その生涯がモニカのそれと重なるふたりのローマの貴族が若年で結婚したことが知られている。その情報が生きのびたのは、ふたりともが、自分たちの富と地位を放棄した禁欲者としてキリスト教の著作家たちにとって重要だったからだ。モニカより数年早く生まれた年長のメラニアは、三人の子どもをもち、二二歳で寡婦にされるまえに数度の流産に苦しみさえした。彼女の孫娘、年少のメラニア〔小メラニアとも、三八五頃―四三八／九年〕は一三歳で結婚し、彼女の子どもはふたりとも幼年期に死んだ。[23] このふたりのような豊かな貴族の家庭は、女相続人たちのために若い年齢での結婚を選んだかもしれないが、文学的テキストや葬送の碑文からは、結婚年齢について社会階級や地域を超えて一般化するための十分な証拠はない。だが、少なくとも多くの女性が十代後半に結婚した可能性はある。[24]

モニカは四〇歳になるまえに寡婦となったが、このことは、通例のとおりに夫が彼女より数歳年長だったことを示唆する。[25] 十代後半に結婚したのなら、彼女が二三歳のときに生まれたアウグスティヌスは、おそらく彼女の最年長の子どもではない。その推測は、イエスの、放蕩息子のたとえ話（ルカ一五・一一―三二）への彼の愛好によって強められるかもしれない。その話のなかで、年少の息子は（アウグスティヌス『告白』一・一八・二八）、年長の兄弟が義務にしたがって家の農園ではたらいているのに、異国へ出かけていく。モニカには、もうひとりの息子ナウィギウスとひとりの娘がいたが、彼女の名は知られていない。いくつかの参考文献は、彼女をペルペトゥアと呼ぶ。有名なアフリカの殉教者の名だ。この伝承は、アウグスティヌスに帰せられている多くの作品のひとつ、彼らの母親の聖なる生涯と死について姉妹ペルペトゥアに宛てられた一通の手紙にさかのぼる。モニカの娘は、おそらく彼女の祖母のひとりにならって名づけられたが、祖母たちの名や彼女の名について証言はない。[26] アウグスティヌスは兄弟について、語るべきことはほとんどなかったし、姉妹〔単数〕についても、修道女たちの共同体宛ての一通の手紙（『手紙』二一一・四）のなかでのみ言及した。それは、その共同体のまえの長たる「わたしの姉妹〔単数〕」に言及する。彼の伝記作者ポシディウス、友にして司教仲間は断言する（『アウグスティヌスの生涯（*Vita Augustini*）』二六・一）、「わたしの姉妹」とは、キリストにおける姉妹にして家族の一員、寡婦となったアウグスティヌスの姉妹を意味する、と。自分の兄弟姉妹についてのアウグスティヌスの沈黙は、解釈するひとたちを当惑させてきたが、それは新奇なことではない。彼の同時代人、カエサリアのバシリウス〔三三〇頃―三七九年〕とニュッサのグレゴリウス〔三三五頃―三九四年〕は、アウグスティヌスのように司教にして高名な神学者だったが、四人の姉妹をもつ兄弟であり、四人のひとりが処女にして禁欲者マクリナ〔三二七頃―三八〇年〕だった。ふたりは、結婚した三人には言及しない。[27]

モニカは孫たちを見るまで生き、わたしたちはふたりの名を知っている。アデオダトゥスは、アウグスティヌスがカルタゴで学生だったとき、ある長く続く〔内縁〕関係の最初の年に生まれた（『告白』四・二・二）。パトリキウス（『説教』三五六・三）はその祖父にちなんで名づけられ、だからおそらく、娘ふたりをもつナウィギウスの息子だった（ポシディウス『アウグスティヌスの生涯』二六・一）。モニカの娘から生まれた子どもたちへの言及はないが、これは彼女に子どもがなかったことを意味しない。おそらく彼女の子どもたちは夫の家族の一部に数えられたか、あるいはおそらくは、彼らが彼女をアウグスティヌスのキリスト教のネットワークのなかに結びつけなかったからだ。

モニカはその生涯の大部分を、自分の家族や隣人たちのなかで妻にして母として、タガステという小さな内陸の町に暮らし、その地で夫の傍らに葬られるように計画した（『告白』九・一一・二八）。[28] 寡婦になって、賢い息

図版1.2.　スーク・アハラス（タガステ）のメジェルダ川
Wikimedia Commons. http://wikimedia.org/wiki/File:Medjerda.jpg

子アウグスティヌスが、彼女が資金を援助した教育をうまく活用したので、彼女は新たな可能性を見いだした。三七三／四年、モニカが四十代始めのころ、彼は州都カルタゴで修辞学の教師になった。彼女は、アウグスティヌスとそのパートナー、孫のアデオダトゥスとともに、ある時期をカルタゴで過ごしたかもしれない。一〇年後、彼女の〔留まるか連れていってくれという〕嘆願を聞きいれず、アウグスティヌスがローマで教える目的で、イタリアへとカルタゴをあとにしたとき、彼女はそこにいた〔『告白』五・八・一五〕。彼はほどなくしてミラノの修辞学の教授に任命され〔五・一三・二三〕、モニカは、彼と合流するために、海を渡り陸をこえて旅をした〔六・一・一〕。ミラノで彼女は、アウグスティヌスやその友人たち学生たちと哲学的な議論に参加した。彼が、職を辞し、結婚と出世をめざす計画を放棄し、神への奉仕の生活を送ろうと決心したとき、彼女は彼と一緒だった〔九・二・二―三〕。彼が祈りと学究に献げられる小さな共同体をつくりタガステの家族の住まいに暮らすことによって神に奉仕することを選択したとき、彼女は彼とともに帰郷の旅に出発した。彼らの帰郷は、内戦が渡海を不安にしたために延期され、彼らがオスティアの港で待機しているあいだに、モニカは、五五歳で熱病で死んだ。彼女は、自分の遺体がどこに葬られるかは問題ではないと息子たちに話した。しかし、どこにいようと主の祭壇で自分を思い出してくれるように彼らに頼んだ（九・一〇・二三―二六）[29]。

以上が、モニカの生涯と家族についての簡単な説明だ。この本がめざすのは、いかにしてモニカの生涯が女性たちの生涯について、より広い問いを生じさせるかを、そしてそれらの問いに答えはじめ、モニカについてもっと多く学びはじめるために、どのようにわたしたちがテキストや考古学や比較研究を利用できるかを示すことだ。ここにいくつか例がある、見かけは小さなある点で始めよう。ちなみに、父親が死んだ二年後、自分はカルタゴで学生で、母親が彼の学費を払ったとアウグスティヌスは語った（『告白』三・四・七）。パトリキウスとモニカは、アウグスティヌスの教育に投資し、タガステから旅程一日の内陸にあるマダウラの学校で学ぶために彼を送りだしていたが、もっと高い教育のために資金を集めようともしていた（『告白』二・三・五）[30]。彼らは、これが帝国の行政機関におけるキャリアに通じることを望んだ、そこから家族全員が利益を得るだろうから。パトリキウスが死ぬと、裕福な隣人ロマニアヌスの援助によって、モニカは資金援助を続けた（『アカデミア派駁論』二・二・三）。彼女は、自分が相続したか手に入れたかした財産を使わなかったのか。それは、彼女の夫の財産から法的に切り離されていた。それともパトリキウスは、彼女に家族の財産の管理を託したのか。ローマ法は男性たちに、彼らの財産を彼らの法的な相続人たちに残すように要求していた。この件では、三人の子どもたちにだ。しばしばあることだが、娘が結婚の持参金として自分の取り分をもっていたら、残りの財産はアウグスティヌスとナウィギウスとで分割されることになっただろう。ふたりは、法的な保護者を必要としないほどの年齢だった。だが、カッパドキアの、彼女よりはるかに裕福だった同時代人エメリア――禁欲者マクリナの、司教バシリウスと司教グレゴリウスの、そして六人か七人の他の子どもたちの母親――が、夫が末息子の誕生後すぐに死んだときに責任を負うたのとちょうど同じように、モニカが責任を負うたと思われる[31]。

公式的見解は、女性たちが他のひとたちにたいする責任をもつのはふさわしくないというものだった。例えば、二九五年、皇帝ディオクレティアヌス〔在位二八四—三〇五年〕（あるいは彼の名でその官僚のひとり）が、ある疑義に返答した、「別のひとの保護を引き受けることは、男性の役割であって、女性の役割を越えているということは受けいれられる。ゆえにもしあなたの息子が幼ければ、彼のために保護者を求めなさい」（『ユスティニアヌス法典（*Codex Justinianus*）』二・一二・一八）と。税の請求や訴訟がある不慣れな世界で、子どもたちの相続財産を守るために寡婦たちが助けを必要とした多くの例がある[32]。アウグスティヌスの同時代のヨハネス・クリュソストムス〔三四七頃—四〇七年〕の母親アントウサは息子〔ヨハネス〕に語った、ふたりのちいさな子どもをもつ二〇歳の寡婦の彼女にとって、命じたことを奴隷たちにやらせることが、また徴税人たちや物欲しげな親戚たちを退けることが、いかに困難だったかを〔ヨハネス・クリュソストムス『司祭職について（*De sacerdotio*）』一・五、三九〇／一年〕。だが、ある寡婦たちには、明らかにそれをこなす能力があった。ローマの法律は、母親か祖母が、再婚しないと誓えば、その子どもたちや孫たちの法律上の後見人でありうるということを受けいれるようになった。このことは、義理の父親たちや第二の家族たちからの、遺産へのどんな脅迫も無効にした。モニカの子どもたちは、後見人を必要としなかったし、彼女の家族は、大部分の家族のように、家族自身で手はずを整えた。だれかが彼らに異議をとなえなければ、ローマの法律が関知する必要はなかった[33]。第二章「モニカの家」は、アウグスティヌスの家族の資産と、モニカの家庭生活のために付随するものを考察する。アウグスティヌスは、自分は「貧しい両親の貧しい息子だ」といったが〔『説教』三五六・一三か〕、なにをもって「貧しい」とみなされるのか。タガステの町にかんして、どこにパトリキウスの家と土地はあったのか、家はどんなふうだったのか、そしてそれはどのように経営されていたのか。ある場所がどんなふうだったかはもちろん、どのように感じられ、聞かれ、におったのかを、考古学者たちはいま再構築しようと求めている。わたしたちは、光景や空間、音やにおいの経験が、四世紀のローマ領アフリカに暮らしたひとびとにとっていまと同じだったと想定することはできないが、その理解においていくぶん前進しうる。

家庭生活は、ある暗い面をもつ。夫に殴られる妻にならない方法についての隣人たちへのモニカの忠告を、アウグスティヌスは引用している（『告白』九・九・一九）。彼女はいった、婚姻契約書を自分たちを夫の奴隷とする販売契約書と考えて、彼女たちはそれに従ってふるまわなければならない、と。彼女はそれを冗談として語ったが、そういおうとしたのであり、諸説教でアウグスティヌスも妻たちに、彼女たち自身を奴隷とみなすように命じた。タガステの他の妻たちは、夫たちの生き方――これはとりわけ不貞を意味した――に不平をいったために、目立つ殴り傷を得ていた。だが、モニカは不貞に耐え、夫が怒っているときにも相手にならなかった。彼女は夫が気持ちを静めるまで待って、彼が思い違いをしていたかもしれないと説明した。そのため、だれもがなんでも知っているその小さな町で、だれも彼女が殴られるのを見なかったし、かんしゃく持ちのパトリキウスが妻を殴ったといううわさが広まることもまったくなかった。これは、古代の女性たちの通常の経験のめったにない露見なのか、それともローマ領アフリカは、妻を殴ることについて、めずらしくも寛容だったということか。[34] 第三章「モニカの奉仕」は、男性たちはいったいなにを容認できるふるまいとみなしたのか、そして、なぜアウグスティヌスは、彼らの不貞に異議を唱えたのに、家庭内暴力には異議を唱えなかったのかを考察する。

アウグスティヌスの著作のなかでは、妻モニカに先んじて寡婦モニカが姿を現す。三八六年に彼が書いた哲学的諸対話篇（『幸福の生について』『秩序』）は、アウグスティヌス、その学生たち、そして家族の他のメンバーたちとともにミラノ近郊のあるいなかの家で休暇を過ごす五十代のモニカを描いている。彼女は、若いころの結婚生活におけるよりもはるかに多く自由な時間をもち、哲学的な議論に参加することもできる。彼女は言語の使用や議論の技術において正式の教育をうけていないし、古典文学に親しんでもいないが、アウグスティヌスは彼女を、理解が速く、明晰で力強く表現するひととして描きだしている〔『幸福の生について』二・一〇など〕。息子が学生たちに教えるのを聞くことと、教会で講解されるのを聞いた聖書を自分の祈りとして読むこととから、彼女は学んでいた〔『秩序』一・三二など〕。アウグスティヌスのモニカは例外か、それとも、他の女性たちが学ぶ機会をもっていたことを彼女は示すのか。第四章「モニカの教育」は、モニカの時代の、哲学者と呼ばれた三人の女性たちと比較することで、答えを探す、結婚しないことを選択する非キリスト教徒の女性というまれな例のアレクサンドリアのヒュパティア[35]、神的に霊感を受けた哲学者、妻にして母ソシパトラ、そして処女の禁欲者マクリナだ。

『告白』のなかで、モニカはいつも、疑いもなくカトリック教会の一員であり、その祈りと涙は、アウグスティヌスがどれほど遠くをさまよっていようとも、彼を教会に結びつけている。彼が、キリスト教について非常に異なる解釈をもっていたマニ教徒たちに加わると、モニカは、アウグスティヌスと食事をともにすることや彼と同居することを拒否しようと考える〔『告白』三・一一・一九〕[36]。しかし、彼女のカトリック教会のメンバーとしてのありようは、いつもそんなに疑いえないものか。第五章「モニカの宗教」は、いまだ大部分が異教徒だった社会における、〔カトリック教会に〕代わる道を考察する。ドナトゥス派と呼ばれる敵対するグループは主張した、自分たちのほうが真のカトリック教会であって、カトリック教会は迫害の時期に信仰を裏切ったのだと[37]。アリウス派として知られるあるキリスト教徒たちは主張した、子なるキリストと父なる神についての自分たちの理解がキリスト教の真の教義だと[38]。あるキリスト教徒たちは説いた、キリスト教の真の生活が女性たちに求めるのは、ただ結婚しないことではなく、祈りによる禁欲的独身生活をおくることだと。

モニカは、多くのしかたで思い出され解釈されてきたが、第六章「聖モニカ」は、この物語の概要をたどる。

彼女がそこで死んだオスティアの記念の碑文をのぞけば、彼女の死後八世紀のあいだは、ほとんど完全な沈黙があるばかりだ。そののち、聖アウグスティヌスが中世の神学や教会政治のなかでますます重要になっていくのにつれて、彼の母親は、数世紀にわたっておもに、かつてある司教が、「それほどの涙の息子は滅びることはできない」（『告白』三・一二・二一）と語りかけた女性として思い出されて、信仰篤く心配性の母親たちの守護者、聖モニカになった。ミラノの司教アンブロシウスは、「そのような母親」をもっていることについて、いつもアウグスティヌスを祝福したし（『告白』六・二・二）、書物の時期に通用していた理想的な母親像に一致する、とても敬意に満ちた愛情がこの主題に費やされてきた。二〇世紀はいくつかの新たな出発を眼にした。心理学的とフェミニストの諸理論は、モニカの涙は彼女の息子を救わなかったといつも論じた。それどころか、涙は彼を抑制したし、彼女の不健全な献身的愛情は、性と罪と、また、女性を下位に置くことについての彼の受けいれがたい諸見解を説明する助けとなるのだ[39]。モニカの絶えず繰り返される涙は、その生が可能性を欠いていた――そのために息子をとおして生きなければならなかった――女性における抑鬱（depression）の証しとして解釈されうるだろう[40]。しかし、涙は、異なる文化的文脈のなかでは異なって理解される。古代末期において、ある禁欲者たちは、自分たちの罪のために自分たちが絶え間なく泣きつづけることを可能にするだろう「涙の賜物」のために祈った。『告白』のナラティヴ（『告白』第一巻から第九巻までの、おおむね時系列にそった自伝的語り）のなかで、モニカの涙の目的は、迷える息子と教会とのあいだの結びつきを維持することだった。これは、『オデュッセイア（*Odysseia*）』のなかで、不在の夫のためのペネロペイアの涙が、漂流するオデュッセウスとイタカ島の彼の家とのあいだの結びつきを維持するのと同じだ[41]。さらに、フェミニストの学者たちがペネロペイアを、涙を流し機織りをしながらなすことなく過ごしている寄る辺のない女性ではない、抜け目のない戦略家にしてオデュッセウスの女性の相棒として再評価するのと同様に、アウグスティヌスのモニカも再評価されうるのだ。

モニカが生きた社会は、女性たちに教育やキャリアを提供しなかった。彼女は結婚以外の選択肢をもたなかった。それは、彼女自身の解釈では、自分を夫の奴隷にするものだった。彼女の夫が酷使するたちだったなら、法律や地域文化からの支援はわずかしかないか、まったくないかだった。そのような状況のもとでは、女性は気持ちをくじかれるかもしれず、自分の辛苦を他人に負わせるかもしれなかったが、モニカは、息子によれば、夫に敬意をもたれたし、話すために適切な時機を待ち、敵意あるうわさ話をけっして広めなかった（『告白』九・九・二一）。アウグスティヌスの説明も、はっきり語るわけではないが、モニカが進取の気性に富み、適応力があったことを示している。彼は彼女を、自分といるために陸と海を越えて旅をした献身的な母として賞讃した（『告白』六・一・一）。旅は、彼が軽んじることのないなにかだった。アフリカの聖職者たちはしばしば見てとった、いまやイタリアでロビー活動をして情報を集めるために「航海すべき時機」だと。アウグスティヌスの友アリピウスは、内陸のタガステの司教になったあと、四度それをしたが、港町の司教のアウグスティヌスは、まったく船出しなかった。カルタゴからイタリアへ（三八三年）と帰路（三八七年）との二度の航海で、彼には十分だった。彼の著作のなかで、海は、苦く、不安定で、危険な地上的な生活の象徴だ。モニカは、三七〇年のすぐあとに寡婦となり、内陸の町〔タガステ〕からカルタゴへ、陸を越えておよそ一七五マイル〔二八〇キロ〕の旅をしたとき、四十代か五十代の始めだった。それ以前に彼女は、おそらく海を一度も見たことがなかった。アウグスティヌスは、彼女が、かつてこのような旅をして、自分がカルタゴで教えていた年々（三七五頃—三八三年）、自分とパートナー、ふたりのあいだの息子とともに生活したのかどうかを不明瞭なままにした。彼女がカルタゴで暮らしたのなら、自分がマニ教徒だったその年々のカルタゴでの彼女の教会がよいについて、あるいは教会の司教とのなんらかの接触について、彼がなにもいわないのは驚きだ。[43] いずれにしても、彼女はタガステの家族と連絡を欠くことはなかった。というのも、アウグスティヌスがミラノに移ったとき、モニカは、彼の兄弟のナウィギウスとふたりの従兄弟〔『幸福の生について』一・六〕とともにあとを追った。[44] 彼女はイタリアへと海を渡ったとき（三八四年）五十代で、教会が異なる習慣をもつ帝国の首都ミラノでの生活に順応した。[45] 彼女は行く必要はなかった。彼女は、パトリキウスとモニカが結婚したとき彼女の姑が留まり続けたのと同様に、家族の家にナウィギウスや彼の家族と留まることができたはずだ。

この本のある読者たちは、異なる時機や場所における女性たちの生活に、そしてなにをおこない語り考えることを女性たちは期待しあるいは期待されたのかに興味をもつ。あるひとたちは知りたく思う、どうしてこの平凡な女性が、キリスト教の聖人、すなわち神と特別に近しい聖なる人物（ラテン語で sancta〔サンクタ＝聖なる女性〕）と見られるようになったのかを。第六章がその問いに答えようとする、模範としてあげられるモニカと同時期の女性たちとの再度の比較において。すなわち、ふたりの司教ニュッサのグレゴリウスとカエサリアのバシリウスの母親エメリアと彼女の一番うえの子どもマクリナ、ふたりの友人で仲間の司教のナジアンズスのグレゴリウス〔三二九／三三〇―三八九／九〇年〕の母親ノンナと彼の姉妹ゴルゴニア、そしてヒエロニムス〔三四五頃―四二〇年〕によって賞讃されたローマの貴族マルケラとパウラだ。アウグスティヌスは、自分の母親が聖人だと主張することはなかったが、日々の生活での異議申し立ては、勇気とキリスト教の原理への献身とを要求すると考えていた。モニカの生活は、彼がそれを語るとおり、その両方を示した。

モニカについて書くアウグスティヌス

モニカについてのふたつの主要な情報源は、それらがアウグスティヌスの生涯のひじょうに異なる時期に書かれたゆえに、彼女を違ったふうに描く。いずれも決定的転機の時期だった。三八六年の哲学的対話篇は、アウグスティヌスのもっとも早い時期の現存する著作だ。そのことを、わたしたちは、彼の著作の、説明のある年代順のリストである『再論』から知る。キリスト教への献身の時期〔三八六年〕から始まるそのリストを、彼は晩年〔四二七年〕にまとめた。[46] 対話の参加者としてのモニカは、篤信のキリスト教徒は言語や文学や修辞学――それらにアウグスティヌスはその時期まで、始めは学生として、のちには教師として彼の生活を献げていた――の正式な教育を欠いていても知恵を獲得できることの証明だ。[47] 三九七年に着手された『告白』のなかで、三八六年、三一歳のときに自分が修辞学教師としてのキャリアを追わないとどのように決断したのか、アウグスティヌスは説明した。教育とつてとが、文学をそこで短い期間教えた郷里の町タガステから（『告白』四・四・七）、アフリカ属州の首都カルタゴへと連れていった。かつて彼はその地で学生だったが、三七五／六年に修辞学の教師となった（同六・七・一二）。三八三年、もっと乱暴でない学生たちを望み、帝国の伝統ある首都ローマへと海を渡った（五・八・一四）。ローマで教えることとは別の諸問題を引き起こしたが（五・一二・二二）、彼はすぐに、帝国の宮廷が所在していた首都ミラノの、公的資金による修辞学教授のポストに任命された（五・一三・二三）。他の練達の雄弁家たちがそうしたように帝国の行政組織に参入する希望を彼はもっていたし、モニカもミラノで彼と合流し、彼のキャリアを前進させるだろう結婚の交渉を助けた（六・一一・一九、六・一三・二三）。だが、彼は教授職を辞し（九・五・一三）、結婚の計画を放棄して、ミラノの司教アンブロシウスによる洗礼を受けるべく名前を登録した〔九・六・一四〕。アウグスティヌスの見解では、キリスト教への献身は、祈りと学究による独身生活を必然的に伴ったが、実際問題としてどのように自分がそのような生活をおくるべきか決めてはいなかった（九・八・一七）。[48]

アウグスティヌスの洗礼（三八七年復活祭）のあと、彼とモニカは、家族の他のメンバーや友人たちとともに、アフリカに戻ることに決めた。彼らはローマの港町オスティアで、安全に航海できるまで待った。この折、内戦が彼らの生活に影響を及ぼした。もっともアウグスティヌスはそれに言及していないが。マグヌス・マクシムス〔三八三―三八八年皇帝を僭称〕が、アウグスティヌスが祝辞を献げた幼い皇帝ウァレンティニアヌス二世〔在位三七五―三九二年〕を廃するためトリアー〔ガリアの首都〕から移動するすこしまえに、彼らはミラノを去った。ウァレンティニアヌスは、東ローマ帝国の支配者テオドシウス一世〔在位三七九―三九五年〕とともに避難した。テオドシウスはイタリアに侵入し、戦いは三八八年まで続いた。この待機している時期に、モニカは死んだ、おそらくマラリアで。そのとき彼女は五五歳、アウグスティヌスは三二歳だった。彼らは、家族のタガステの家で祈りと学究の生活を送ろうと期待していたし、しばらくのあいだアウグスティヌスはそうした。しかし、モニカの死から四年後、彼はヒッポのアウグスティヌスになった、始め〔三九一年に〕は、この海辺の町の司教を助けるキリスト教の司祭として、ついで〔三九五年に〕共同司教（co-bishop）として。

アウグスティヌスと、彼の伝記を書いたポシディウス（『アウグスティヌスの生涯』三―四）によると、アウグスティヌスの生涯におけるこのすぐれて大きな変化は、計画されたものではなかった。[49] アウグスティヌスはいった（『説教』三五五・二）、自分は司教になりたくなかったので、司教を求めている町々を避けた、と。だが彼は、ある友人を回心させようとの試みで、すでに司教をもつヒッポを訪れ、信徒の集まりが彼をつかんだ。アウグスティヌスは、司教の生活の責務、つまり説教と司牧、もめごとの仲裁、手紙のやりとりという「司教の重荷」（『手紙』八六・二）は、祈りと学究の生活とは両立しないことを知っていた。だが彼は、信徒の集まりがまさに欲しがるたぐいのひとだった。自分の財産と世間的な野心とを放棄することによって、彼は自分の献身を示していたが、古代後期の司教の重要な社会的役割を果たすことが彼にはなお可能だった。[50] 司教たちは、争議の仲裁役を務めるように頼まれることがありえたし、彼らの町のために援助を得たり刑罰の軽減を嘆願したりするために地方の役人たちとの調停役を果たすことが期待された。アウグスティヌスは、練達の話し手にして論じ手、また書き手であり、その世俗的キャリアは彼に有益なつてと経験を与えていた。ポシディウスよりはるかに懐疑的ないくにんかの現在の学者たちは以下のように示唆する。すなわち、ミラノの政治状況は、アウグスティヌスに修辞学教授の職を辞させるほどに困難だったので、彼はアンブロシウスを教会における自分の庇護者に望んだ。それが失敗したとき、学識あるひとびとがおこなったように、タガステで自分の otium〔オティウム〕(仕事からの自由)を学究と討論のために使いながら、彼は選択を留保した。息子のアデオダトゥスが若くして死んでようやく彼は、家族の資産の自分の分け前を放棄して司教になれる場所を探したのだ、と。[51] だが、アウグスティヌスが『告白』の読者たちに語ったように、なにがそのとき彼のこころのなかにあったのか、彼らはどうやって知るのか。神のみがそれを知るのだ(一〇・三・三)。

アウグスティヌスは、モニカの死から一〇年後、司教にされてから六年後、四三歳のときに『告白』を書きはじめた。彼がなぜ『告白』を書いたのか、また、なぜそのときだったのかについては多くの説があるが、[52] 三九七年が、三八六年と同じく彼にとって危機の時期だったというためのいくつかの理由がある。司教であることはいまだに新しい経験であり、彼をカトリック・キリスト教徒としてではなくマニ教徒として記憶する敵対者たちによって、彼は異議を唱えられた。故郷の教会の支持を欠いた、海の向こうでの彼の洗礼について、彼らは疑念を数えあげることができた。どうして彼は、ミラノの司教からの推薦の手紙を見せなかったのか。どうして彼は、それ以上の調査なしに司祭に叙階されたのか。彼らが、前任の司教ウァレリウスの存命中にアウグスティヌスがヒッポの司教に任命されるべきではなかったと抗議するのは正しいことだった。[53]『告白』のひとつの目的は、キリスト教への献身におけるアウグスティヌスの進歩を、過去の罪や過ちについての彼の認識を、そして生涯にわたるモニカをとおしてのカトリック教会との彼の結びつきを提示することだ。もうひとつの目的は、どのように神は人間の生においてはたらくのかを示すこと、キリスト教徒が恵み(grace)(ラテン語 gratia〔グラティア〕、「好

ことを、読むことと内省と経験とがアウグスティヌスに確信させたのだ。おそらくまた、ジェームス・オドンネル（一九九二年）が示唆するように、身体の病気がふたたび彼に自分の生涯について考える時間を与えた。三八六年は肺の悩み（『告白』九・二・四）、三九七年は痔疾だった。アウグスティヌスはある友人に宛てて書いている。「霊において、主に喜ばしいかぎりでわたしは元気です。身体においては、わたしは病床にあります。わたしは歩くことも立つことも座ることもできませんが、裂れ痔と痔核からの痛みと腫れによるものです」（『手紙』三八・一、彼は専門的医学用語を用いている）[54]。しかしこの手紙を彼は、他の諸著作を口述するのと同様に、それらを速記して転記する秘書役たちに口述することができた。「『告白』を書くことは、セラピー（癒し）の行為だった」とピーター・ブラウンはその古典的なアウグスティヌス伝で記したし、オドンネルは、保留状態にあったいくつかのプロジェクトが、その書物（『告白』）がアウグスティヌスを著作家としての閉塞状態から自由にしたかのように『告白』のあとに再開され、あるいは始められたことを見てとる[55]。

『告白』の明白な目的は、二重の意味の告白だ。ラテン語の confessio〔コンフェッシオ〕は、「認めること」を意味する。アウグスティヌスの欲することは、いま見うるかぎりで、おのれの生において神がおこなったやりかたに特に言及して、創造主にして贖い主としての神の栄光を認めることと、おのれを神から遠ざけた罪と混乱とを認めることだ。モニカはいつもいる。幼いアウグスティヌスを教会に連れていき、若者がどれほど遠く離れて迷おうとも彼のために祈り、成長した彼が洗礼へと前進し生き方を変えるときにミラノで合流し、オスティアで死の直前に神の現存の経験を彼と共有する（『告白』九・一〇・二三―二五）[56]。自分の子どもたちを養育する母なる教会――アウグスティヌスがしばしば用いるイメージだ――をモニカが表現していると、ときに示唆される[57]。もしそうであれば、それは、ギリシア語とラテン語で「教会」にあたることばが女性名詞であるゆえの、また新約聖書が教会をキリストの花嫁として語る（エフェソ五・二五）ゆえの、華麗で抽象的な、ジェンダーに特有の女性としての教会ではない。それは、ものごとに迷誤する不完全な人間たちによって作りあげられた教会だ。

『告白』のなかで、アウグスティヌスがモニカについて語るところは、人間の生における神のはたらきかたへの彼の理解を例証する。(58) 成長という彼の経験において、他のひとたちが些細なこととして捨ててしまうもろもろのエピソードが、人間本性の基本的な諸問題をあらわにした、すなわち、自己愛を、傲慢を、そして劣った善へ引き寄せられることを。これらの諸問題が、ひとびとを神への愛と隣人への愛から遠ざける。泣き叫んでいる赤ん坊は自分の思いどおりにしたがり、いまや、自分の欲することを他人にさせたがっている（一・六・八）。両親は、なにをいっても、世間的な成功を欲しているのだから、子どもたちを学校でうまくやるように駆りたてる（一・一二・一九）。退屈していたティーンエイジャーは友人たちと、必要とせず好きでもない梨を盗むが、なにか悪いことをしたかったということ以外に理由はない（二・六・一二）。日々の生によるこれらの異議申し立てがキリスト教の教えへの献身をむしばむと、また、この献身は神の恵みなしには不可能だと、アウグスティヌスは考えた。

アウグスティヌスは彼の会衆に命じた、「いま迫害はない、だからわたしは殉教者になることはできない」といってはならない、と。彼はいった、迫害が止むときでさえ誘惑は止まないのだから、キリスト教徒たちはいまなお自分たちの信仰を証しすることができる、と。誘惑にたいするたましいの闘いは、殉教のようにおおやけのできごとではないが、神はそれを見ている（『説教』三二八・九・六）。アウグスティヌスは、病気で弱っているあるひとの劇的な例を用いる。そのひとは、治癒を約束するまじないや魔除けを提供される。これは、彼の著作が社会史のための史料となる好例だ。

あるひとびとは、たとえキリスト教徒と呼ばれていても、健康が危険にさらされたときには、占い師たちを探しだし、占星家たちに使いをだし、彼らの首のまわりに非合法の治療のお守りをぶらさげる。〔……〕だが、友人がそうそそのかすとき、また隣人や隣人の女奴隷が、あるいはときに、慈善リスト[59]にのるひとさえもがささやくときでも、このひとはいう、「わたしはそんなことはしません」と。このひとはいう、「わたしはそんなことはしません。わたしはキリスト教徒です。神がこれを禁じたのです。それらは、悪魔たちの隠された秘法です、使徒〔パウロ〕に耳を傾けてください、『わたしは、あなたたちが悪魔たちの友になることを望まない』〔1コリント一〇・二〇〕。」そそのかしたひとは答える、「それをしなさい、そうすればあなたは健康になるでしょう。XさんもYさんもそれをしたのです。彼らはキリスト教徒ではありませんか。洗礼を受けていませんか。教会にかよっていませんか。でも、彼らはそれをしました、そして健康です。Zさんはそれをしました、そしてそくざに健康になりました。あなたは知らないのですか、彼がキリスト教徒、洗礼を受けたキリスト教徒だということを。彼はそれをしました、そして健康です。」〔……〕熱がひかない、信仰は神へと前進する。だが、ここに、隣人や友人や女奴隷や、わたしがいったように、慈善リストにのるひとさえもいて、塗油や卵を手にして、いう、「これをしなさい、そうすればあなたは健康になるでしょう。どうしてあなたの病気を長びかせるのですか。これを結びなさい。わたしは、あるひとが神と天使たちの名をそれのうえへ呼び求めるのを聞いたことがあります、そうすればあなたは健康になるでしょう[60]。あなたの寡婦と子どもたちを、いったいだれが世話をするのですか。」しかし彼はいう、「わたしはそんなことはしません、わたしはキリスト教徒ですから。わたしを死なせてください、いつまでも死なないしかたで。」殉教者のことばを聞きなさい。さあ、これは異教徒がいつもいうことではないか、「いけにえをささげなさい、そうすればあなたは生きるでしょう。」だが、彼はいう、「わたしはそんなことはしません」と。

（『説教』三三五D・三、五）

アウグスティヌスは、お守りがはたらくことを否定しなかったが、『キリスト教の教え』のなかで、お守りの意味について、それらは悪魔たちとの同意によってのみはたらくと説明した。そのような同意が、右の説教のなかの、「悪魔たちの隠された秘法」だ。「『この薬草を粉末にして飲めば、あなたのお腹は痛まないだろう』ということと、『この薬草を首の周りにかけたら、あなたのお腹は痛まないだろう』ということとは、別だ」（『キリスト教の教え』二・七四―七五、二・一一一〔または二・二一・三二、同・二九・四五、なお引用文は後者から〕）。だから、お守りを受けいれることによっては自分の生命を救わない現在のキリスト教徒と、偽りの神々にいけにえをささげることによっては自分の生命を救わない迫害時の殉教者とのあいだには、明白な相似がある。両者とも、「わたしはキリスト教徒だ」と答えて、死の危険を受けいれる。たいていの誘惑は少しも劇的ではないが、アウグスティヌスの見方では、誘惑が勝てば、それらは神にではなく、たましい自身に向かうたましいの緩慢な死を引き起こしうる。殉教者たちについて説教したとき、アウグスティヌスは聴衆を、苦痛の激しいイメージに直面させなかった。彼の焦点は、殉教者たちが信仰を守ることを可能にした恵みに集中する。(61)

アウグスティヌスのモニカは、いろいろな難題に遭遇し、誤りを犯し、許しを必要とした（『告白』九・一三・三五）。毎日の生活が危険な誘惑を提供するのとちょうど同じように、見たところは偶然で些末なできごとや、別の理由で話されたわずかなことばが、道徳的で霊的な変化をもたらしうることを、彼自身の経験が彼に示した。『告白』のなかで、このことは、モニカについて彼の「たましいが生みだした」（九・八・一七）注目すべき一連の記憶によって例証される。それは、モニカの子供時代についての彼によるただひとつの物語――彼女が自分でしばしば彼に語ったもの（九・八・一八）――で始まる。古典文学は、それらが少年の将来の偉大を予め示していなければ、子供時代の物語をほとんどいつも提供することはない。だから少女について物語を見いだすことは、例外だ。(62) この物語は、アウグスティヌスはそれを内密にするように期待されていたかもしれないゆえに、モニカについて書くことにおける彼の意図の、とくにいい実例だ。それではここに、彼女の死について述べた直後にアウグスティヌスが書いたことをあげる。

そしてティベル河畔のオスティアにわたしたちがいたあいだに、わたしの母は亡くなった。わたしは、とても急いでいるので、多くのことを省略する。受けとってください、わたしの神よ、沈黙のなかでのそれであれ、数えきれないことがらについて、わたしの告白と感謝を。でも、あなたのあの女奴隷［famula〔ファムラ〕］について、なんであれわたしのたましいがもたらすことを省略したりはしない。彼女はわたしを誕生させた、わたしがこの時間的な光のなかに生まれるべく、肉において、またわたしが永遠の光のなかに生まれるべく、こころにおいても。わたしは語ろう、彼女からの賜物についてではなく、彼女へのあなたからの賜物について。というのは、彼女が自分自身を造ったのではない、あるいは自分自身を育てたのでもない。あなたが彼女を造った。彼女の父親と母親は、どんな人物が自分たちから生じるのか知らなかったのだ。あなたのキリストの笞、あなたの独り子の規則が彼女を教育した、あなたへの畏れのなかで、信仰ある家、あなたの教会の善い肢体のなかで。彼女は、自分を訓育することについて、母親の献身的熱愛よりも、ある年老いた女奴隷［famula］のそれをいつも誉めた。その女奴隷は、おとなになろうとしている少女に小さな子供がいつも背負われて運ばれるように、母〔モニカ〕の父親を赤子のときに運んだ。その理由のために、また老齢と卓越した人柄のために、そのキリスト教徒の家庭で、彼女の主人たち［domini〔ドミニ〕］から大いに栄誉を与えられていた。そこで、主人の娘たちの世話さえもが彼女に委ねられ、彼女もそれに献身的な愛情をもって取り組み、必要な時には聖なる厳格によって強く娘たちを抑え、きまじめな知恵で彼女たちに教えた。彼女たちが、両親の食卓でとてもつつましく食事を与えられる時を除くと、彼女は、たとえ焼けるようにのどが渇いていても、彼女たちに水を飲むことさえ許さず、悪い習慣がつかぬように彼女たちに警告して、ためになることばを付け加えるのだった、「いまは、あなたたちは水を飲みます、なぜならあなたたちはワインを自由にできませんから。でも、あなたたちが夫のもとに嫁ぎ、倉庫や酒蔵の女主人［dominae〔ドミナエ〕］になれば、水ではつまらなくなって、ワインを飲む習慣が強くなるでしょう。」理をもって忠告し権威をもって命令して、彼女は、もろい年齢の欲張りを抑えて、ふさわしくないものはよろこばしくなることさえないように、少女たちの渇きをすら、ふさわしい限度に形つくったのだった。

だが、あなたの女奴隷［famula］が、息子のわたしにいつも語ったように、それは彼女に忍びこんだ。飲酒の癖が彼女に忍びこんだのだ。というのも、酒を飲まない少女の習慣のとおり、樽からワインを運んでくるように両親から命じられたさいに、樽の上部が開いているところに椀を浸し、ワインを瓶に注ぐまえに、味がだめでそれ以上は飲めなかったので、唇の端っこでほんのちょっぴり味わったのだ。彼女がこれをしたのは、飲みたい願望からではまったくなく、その年齢のあふれるような〔生命力の〕過剰からだった。そのような過剰は、愚かしい衝動のなか泡だちあふれるが、年長者たちの重圧によって子供らしいたましいのなかで押さえこまれる。そのように、その量に毎日の量が付加されて（「なぜなら、少量を軽んずる者は、徐々に堕落するものだ」［集会〔シラ〕一九・一］）、彼女は、ほとんどカップ一杯の生《き》の〔水で割らない〕ワインをぐいっと飲みほすほどの習慣に陥ってしまった。そのときどこにいたのか、あの賢い老女とその強力な禁止は。隠された病にたいして彼女が力をもっていたというのか、主よ［domine〔ドミネ〕］、あなたの医薬がわたしたちを見守っていなかったなら。モニカの父親も、母親も、養育係たちもいなかった。だが、あなたはいらした、造ってくださったあなたが、呼んでくださるあなたが、管理を任されているひとたちをとおしてさえ、もろもろのたましいの救済のために善いことをおこなってくださるあなたが。なにをそのとき、あなたはしてくださったのか、わたしの神よ。どのように彼女を世話してくださったのか。どのように癒してくださったのか。あなたは、あなたの隠れた摂理により、別のたましいから外科医のメスのような、激しい刺し貫く非難をもちだして、その腐敗を一刀のもとに切り捨てなかったか。というのも、モニカがいつも酒蔵にともなっていた女奴隷［ancilla〔アンキッラ〕］が、起こりそうなことだが、ふたりだけになったときにより若い女主人［domina］と口げんかになり、これへの非難のことばを投げつけ、ひどく辛辣に嘲って「生酒飲みの小娘」［meribibula〔メリビブラ〕］と叫んだのだ。この突き棒で打たれて、彼女は自分の腐敗を見つめ、ただちにそれを見とがめ、それを取り除いた。媚びへつらう友人たちが壊すように、口げんかする敵たちもしばしば矯正する。でも、あなたが報酬として支払うのは、あなたが彼ら〔敵たち〕をとおしておこなうことではなく、彼らがしようと意図したことだ。［女奴隷は］腹を立てて自分のより若い女主人［domina］を苦しめようとしたが、女主人を癒すためではなく、こっそりそれをしたのも、口論のための時と場所がふたりを見いだした〔つまり、そのときそこでふたりきりになれ口論できた〕ためか、あるいは暴露するのがそんなに遅れてしまったので自分を危険にさらすのを避けるためだった。（『告白』九・八・一七―一八）

モニカは息子にいつもこの話をしていたし、彼がそれを記憶していたことは驚きではない。だが、モニカについての思い出の始めに、彼が詳細にそれをくり返すことは驚きだ。女奴隷の罵声――meribibula、「生酒飲みの小娘」――は、モニカが、食卓で水で薄められるまえの、生（merum〔メルム〕）の状態のワインの飲み手だったことを意味する。敬意をもたれうるひとたちは、生のワインを飲まなかったし、アウグスティヌスの想定する聴衆

〔読者たち〕は、老女の養育係と同様に危険性を知っていた。もし一家のdomina〔ドミナ〕がワインに耽っていたら、彼女は家を切り盛りすることや主人の奴隷の階級を維持することはできなかった。

家庭というものは、夫と妻、両親と子どもたち、主人たちと奴隷たちという、上下からなる三つの関係で築かれている。(63) モニカの両親のキリスト教の一家にあっては、モニカもまた、主、dominusの女奴隷、famulaだ。人間的文脈においては、dominusは奴隷の「主人」を意味するし、奴隷‐主人関係はこの一節で非常に重要なので、famulaとancillaは、あたりさわりのない「召使い」や「下女」よりも、「女奴隷」と訳すのが最良だと思われる。(64) モニカは育てられた、主への畏れのなかで、キリストの笞によって。このことは、子どもを叩いて驚かせて従順になるように呼び起こすことを意味しない。というのも、アウグスティヌスは、「あなたの笞と杖は、なおわたしの慰め」(詩篇二三・四)に、また「主への畏れは、知恵の始まり」(箴言九・一〇)に、自分の読者が耳を傾けることを期待した。モニカは、「信仰深い家」、すなわち、洗礼を受けたキリスト教徒の一家で生活した。アウグスティヌスは、教会は地上のキリストの体で、キリスト教徒はその体のメンバーたち(肢体)だ(例えば、エフェソ五・三〇)という親しみやすい比喩を用いた。キリスト教徒は、彼らの奴隷たちを解放しなければならないと命じられてはいなかった。奴隷たちは、家庭のそとでは暮らしが悪くなったかもしれない。だが、キリスト教徒は、奴隷たちを彼ら自身の霊的な賜物をもつキリスト教の仲間と見なすようにと命じられていた(例えばエフェソ六・九)。(65) 説教のなかでアウグスティヌスは指摘した、主人と奴隷は兄弟だ、なぜならふたりとも、「わたしたちの神よ」と祈るから(例えば、『説教』五八・二・二、五九・二・二)と。キリスト教徒たちにとっても非キリスト教徒たちにとっても同じように、老齢で尊敬されているその女奴隷が、domini〔主人たち〕の娘たちに権威をもっていても、そのことは社会階層の破断ではなかった。主人たちはその奴隷の道徳的な声望を認め、彼女に、大人たちへはもたない、子どもたちへの権威を与えた。同じく、paedagogus〔パエダゴグス〕たる奴隷が、自分が学校の行き帰りを見守る少年に権威をもつのもつねのことだった。両親が、その仕事や子どもの他の世話を、性格が証明されている奴隷にではなく、あまりに老齢か、あるいは他の仕事をするには弱すぎる奴隷に割り当てるときにのみ、この慣行は不安を引き起こした(66)。

しかし、モニカがワインを飲み始めたとき、社会階層が破断された。この物語は、その ancilla がモニカの年齢で、ふたりの少女が子供っぽい口げんかを始めたかのようにしばしば解されるが、アウグスティヌスが、「起こりそうなことだが」ancilla が、より若い domina と口げんかをしたというとき、彼は、domina が彼女が命令を与える奴隷より若かったということを示そうとしているかもしれない。ワインを取りに娘を遣る習慣は、子供がその味を嫌うことに依存していただけではない。それは、彼女が、酒をたしなまない少女として、一家にたいする責任を託されうる domina として成長していることを示していた。盗めるものを奴隷たちが盗むと想定されたゆえに domina は鍵を保管したが、この例では、ワインをくすねたのは domina だった。酩酊の危険についてのある説教が残っている（アウグスティヌスに帰せられているが、彼の文体ではない）。説教者は、見かけや話しがつつましさをすっかりなくしている既婚の女性を語っている。彼女は自分の一家を制御できない。彼女はなにが起こっているか知らず、首尾一貫した諸命令を与えることができないから。彼女の奴隷たちは彼女をあざけり、鍵を盗み、貯蔵庫を漁る。彼女はもはや夫を恐れず、夫は自分の家が無視され、自分の仕事が無駄にされるのを眼にする(67)。

アウグスティヌスは、少女モニカが子供っぽい愚かさからワインを味見するのを、かなり詳しく説明した。彼はまた、調理した穀物、パン、生のワインをアフリカの伝統に従って供物として死者たちの墓に献げるときに、成長したモニカがなにをしたか注意深く説明した（『告白』六・二・二）。ミラノで、彼女は、司教〔アンブロシウス〕がその慣行を禁じていると告げられると、すすんでそれを放棄した。というのは、「酩酊が彼女の霊を悩ますことはなかったし、ワインへの愛が真理への憎悪を刺激することもなかった」ので。アフリカの習慣は、供物を味わい、ついで他のひとたちが共有するためにそれらを、墓のそばの石の台〔mensae〔メンサエ〕〕のうえに置くことだった。モニカは、酒をたしなまない自分の味覚に合うように水で薄められたワインを、小さなカップ一杯分より献げることはなかったし、ただほんのちょっぴりするだけだった。参る墓がいくつかあったのなら、同じカップを持ちまわった。そのなかのワインは十分すぎるくらい水で薄められていて、かろうじて温かいくらいで、そこから彼女と同伴者たちはちょっぴりするのだった。含意されている対比は、訪れる墓ごとに、強い、熱燗のワインを新たにカップなん杯も飲んだひとたちだ。

この詳細にわたる説明は、モニカの評判を守ることよりもむしろ、キリスト教徒たちは死者たちにどのように敬意を表すべきか示すことが意図されているのかもしれない。三九三年にアウグスティヌスは、死者たち、とくに殉教者たちへの酒を飲み騒ぐ祝祭に反対するキャンペーンを始めた[68]。だが、彼は、モニカの少女時代からの物語を利用する危険を冒した[69]。『告白』でのその意図は、以下のことを示すことだ。すなわち、よく育てられた少女でさえ、子供らしいいたずらとして始まるも彼女の人生を台無しにするかもしれない誘惑にどのように屈服するのか、そして神の恵みが彼女を救い出すために、どのように予期せぬしかたではたらき、この若い年齢のときでも彼女はなにが起きたのか見て、やめることができたのかを[70]。アウグスティヌスは、友人で同じ町出身の仲間アリピウスについて別の短い話〔『告白』六・七・一一―一〇・一六〕を書いたが、どのようにしてアリピウスが中毒から救い出されたかについて短いナラティヴ〔六・七・一二〕を含めた。そのころ、アリピウスはカルタゴで学生だった。アウグスティヌスはその地で修辞学を教えていた。彼はアウグスティヌスの学生ではなかった。アウグスティヌスは彼の父親と不和だったが、彼は、アウグスティヌスの講義室に来てかたどおりの挨拶をし、しばらく聴講したものだった。アリピウスは〔それ以前〕、剣闘士たちが闘い、ときに死にいたる「その競技」

における流血への欲望に抵抗しようと試みたが、失敗していた。アウグスティヌスは、この問題についてアリピウスに話そうと思っていたことをほとんど忘れていたが、ある日、自分の学生たちに、あるテキストを解釈していたとき、その競技との比較が要点を分からせるだろうという考えがたまたま生じた。あの女奴隷がモニカを傷つけることだけを意図していたのと同様に、アウグスティヌスは、自分の学生たちが楽しんで記憶するだろう比較を利用することだけを意図していた。だが、アリピウスがそこにいて、アウグスティヌスの辛辣なコメントを自分に向けられた叱責と受けとった。

アリピウスはのちにタガステの司教になるが、学生時代のこの物語が彼の宗教的敵対者たちによって利用されたのか、わたしたちは知らない。しかし、アウグスティヌスの生涯の終わりに、イタリアのエクラヌムの司教ユリアヌス〔三八六頃—四五四年〕は、罪の包括的遺伝についてのアウグスティヌスの諸見解に反対する議論のなかで、モニカの子供時代のその物語を、そしてワインの性的願望とのつながりを利用した(71)。彼は、アウグスティヌスが遣った「病」ということばを摘まみあげる。アウグスティヌスの返答は、選択的に引用して、それからユリアヌスのいったことを拒否するという、標準的な修辞学の技法を用いた。

ユリアヌス：あなたは付加する、結婚の仕事〔すなわち、性交〕は病だと。あなたがそれをあなたの両親にかんしてだけいうのなら、それは寛大に聞かれうる。というのも、おそらくあなたはあなたの母親の、ある隠された病に気づくことができた。あなたがあなたの『告白』のなかで示したことだが、彼女は（正確なことばをつかえば）meribibulaと呼ばれた。〔……〕

アウグスティヌス：〔……〕わたしの母を罵声で攻撃することがふさわしいと、あなたは考えた。彼女はあなたを害したこともあなたに反対して論じたこともなかったのに。あなたは、悪口をいう欲望に打ち負かされたのだ、「悪口をいうひとたち〔……〕は、天の国をもたないだろう」〔1コリント六・一〇〕と書かれていることを恐れずに。だが、あなたが神の恵みに敵意をもつときに、あなた自身が彼女に敵意をもつことを示すのは驚きではない。その恵みによってあの子供らしい過ちから彼女が自由にされたとわたしはいったのだ。

（『未完ユリアヌス駁論』一・六八）[72]

『告白』は、アウグスティヌスの人生と彼の母親やとりわけ近しい友人たちの人生とにおける、神の恵みのもろもろのはたらきに関係している。理解しうることだが、その焦点は、彼女や彼らのアウグスティヌスとの関係にあたっているが、アウグスティヌス自身は、彼女や彼らの人生に他の関係があったことを示している。彼の生涯のずっとあとに書かれたある著作（『死者たちのためになされるべき配慮について、司教パウリヌスへ』四二一／二年）の一節は、アウグスティヌスのモニカについて、もうひとつの問いへと促す。すなわち、彼への献身的愛情において彼女は、正確にいってどれほどひたむきだったのか。この短い著作『死者たちのためになされるべき配慮について』は、ノラの司教パウリヌス〔三五三／五―四三一年〕からの問いに答えている。パウリヌスは、ある母親から、彼女の息子が聖フェリクスの墓のできるだけ近くに葬れるように頼まれていた。アウグスティヌスは、死者たちのために祭壇で、すなわち聖体拝領（聖餐式）で祈るという伝統に敬意を払う。[73]そのときキリスト教徒はキリストへの記念にパンとワインを分かち合う。しかし彼は、生者たちの諸行為が死者たちに益となりうるとは、あるいは死者たちが生者たちに現れるとは考えなかった。

死者たちのたましいが生者たちへの気遣いに加わり、夢に見るとき死者たちのたましい自身がわたしたちに語りかけるのなら、他のひとたちについてはともかく、わたしに献身的愛情をもつ母は、どの夜もわたしを捨てておくはずがない。彼女は、わたしと暮らすために、陸と海を越えて〔わたしを〕追ったのだから。なにごとかがわたしのこころを悲しませているときに哀れな息子を慰めようとしないほどに、彼女がより幸福な生のなかで冷酷になることを、天は許さない。その息子を、彼女はとりわけて（unice〔ウニケ〕）愛し、彼が不幸なのを見ることをけっして望みはしなかった。

（『死者たちのためになされるべき配慮について』一三・一六）

unice,「とりわけて」が意味するのは、モニカが、自分の他の子どもたちを愛するよりも彼を愛したということか、あるいは他の母親たちが自分の子どもたちを愛するよりももっと愛したということか、あるいはこの世の生活では例外的な愛をもって愛したということか。モニカはアウグスティヌスを追った、「陸と海を越えて」――パウリヌスや他の読者たちは気づいただろうが、ウェルギリウスからの語句だ。エウリュアルスの母親は、戦闘での息子の死を悲嘆する。その息子を、彼女は陸と海を越えて追ってきた（『アエネイス』九・四九二）。トロイの略奪からの避難のなかで他の女性たちはイタリアへの困難な旅を断念したが、彼女は息子とともにいつづけた（『アエネイス』九・二八四―二九〇）。（彼女は、名を呼ばれないもうひとりの母親だ。ウェルギリウスは彼女に名を与えなかったが、文学の教師たちならその名がなにか知らなければならないとひとびとは考えていると、アウグスティヌスは見てとっていた（『秩序』二・一二・三七）。）『告白』のなかでアウグスティヌスは、友人のネブリディウスが「カルタゴ近くの家郷を、そして長い時間を過ごしたカルタゴ自体をあとに残し、彼の父親の最上のいなかの地所をあとに残し、自分の家と彼を追おうとしない母親とをあとに残して」と書いた（六・一〇・一七）。ネブリディウスがイタリアからアフリカに戻ると母親は、彼が離れることに耐えられなかった（『手紙』一〇・一）が、『告白』では彼女は、モニカほど献身的な愛情をしめさない。アウグスティヌスは描写した、ローマへと去るさいに彼を引き留めようとした、あるいはともに行こうとした、モニカの熱烈な試みを。

神よ、あなたは知っていた、なぜわたしが〔カルタゴを〕去って〔ローマへ〕行こうとしたのかを。だがあなたは、わたしにも母にも告げなかった。母はわたしが出発するさいにひどく悲嘆し、海への道をずっとわたしを追ってきた。だが、わたしは母を欺いた、彼女がわたしを激しくつかまえて、わたしを呼び戻すかいっしょに行くかしようとしたときに。わたしはよそおったのだ、風が立って友人が船出するまで友人をひとりにしたくないと。わたしは嘘をついた、母に、あの母に。そして、わたしは去った。なぜなら、こうすることをもあなたがわたしに許してくださり、わたしは呪わしい汚れに満ちていたのに、あなたのあわれみで、わたしがあなたの恵みの海にたどりつくまで海の水からわたしを安全に守ってくださったから。わたしがそのなかで洗われた〔洗礼〕とき、わたしの母の眼から流れ出した流れは乾くことができたのだ、毎日わたしのためにあなたに祈りながら、彼女の顔から流れ落ちて大地を濡らしていたあの流れが。そして、母がわたしを伴わずに戻ることを拒むのを、もうやっとのことで説得できて、わたしたちの船のごく近くのある場所、祝福されたキプリアヌス〔二五八年死〕の記念聖堂にその夜とどまることになった。だが、その夜わたしはこっそり出発し、彼女は出発しなかった。彼女はとどまった、祈り、涙を流しながら。そして、わたしの神よ、ありったけの涙で、いったいなにを彼女はあなたに求めたというのか、わたしが船出することをあなたが許さないようにということよりほかの。けれどもあなたは、あなたの深い知恵において、彼女の願いの核心を聞きながらも彼女がそのとき求めたことをもたらさなかったが、それは彼女がいつも求めていたものにわたしをなすためだった。風が吹いて、わたしたちの帆をふくらませ、視界から海岸が見えなくなった。その海岸で、朝、彼女は嘆きで狂乱して、あなたの両の耳を不平と呻き声で満たした。だが、あなたはそれらに気をとめなかった。なぜなら、わたしの願望をとおして、それらの願望を終わらせるためにこそわたしを運び去って、彼女の肉的な願いを嘆きの笞で正当に懲らしめていたのだった。彼女は、母親たちがそうであるように、だが多くの母親よりもはるかに、わたしが彼女といることを愛していたが、どんな喜びをあなたがわたしの不在からもたらすことになるのか、彼女は知らなかった。彼女は知らなかった、そしてそれゆえに彼女は涙を流して嘆き悲しんだが、それらの苦悩は、彼女のなかにあるエウァ〔イヴ〕の残滓を示していた。すなわち、「呻き声をあげて女は求める、呻き声をあげて自分が生んだものを」（創世記三・一六）。そして、わたしを欺きと残酷のゆえに責めたのち、なおも彼女は、わたしのためにあなたに祈ることにたちもどり、去って自分のいつもの生活にもどった。こうしてわたしはローマに来た。（五・八・一五）

『告白』においてしばしばそうであるように、アウグスティヌスは、自分の読者たちが古典と聖書への暗示を耳にすることを期待した。学校の少年はみな、ローマの創建にかんするウェルギリウスの偉大な叙事詩『アエネイス』の、少なくともなにがしかを読んだ。自分の学校時代にアウグスティヌスは、アエネアスへの愛のために自殺したカルタゴの女王ディドの物語によってとくにこころを動かされた（『告白』一・一三・二〇）。彼女は、アエネアスがカルタゴに自分とともに留まることを望んだが、彼は、神々の王ユッピテル〔ジュピター〕の命令に従わなければならないといい、イタリアへ去った（『アエネイス』四・三四〇以下）。彼は秘かに出帆し、ディドは絶望のなか地下世界の神々に祈願して、おのれの命を絶った。モニカもまた、神がイタリアへ送ろうとしている愛する者にしがみついた。彼女は彼の身体的な存在に執着した。彼女はエウァへの罰によっていまだに影響されていた。「わたしはおまえの悲しみとおまえの嘆きを増し加えるだろう、そして悲しみのなかでおまえは子どもたちを生むことになる」（創世記三・一六）。モニカは、ひどく取り乱した、ディドのように。だが、彼女は、自

図版1.3. アウグスティヌスがローマにむけて出帆するときの、カルタゴの海岸のモニカ。Basilio Pachero. http://www.cassiciaco.it/

分の神との違った関係をもっていた。その神は、彼女の即時の祈りを聞かなかった。彼女は絶望せず、なおカルタゴの殉教した司教キプリアヌスの記念堂で祈り、彼女のふだんの生活にもどった。(74)

哲学的諸対話篇では明白なのに、『告白』でアウグスティヌスが語らなかったことは、彼に献身的な愛情をもつ母親がミラノで彼に加わるために陸と海を越えたとき、彼女が家族を連れていたということだ、アウグスティヌスの兄弟ナウィギウスとふたりの従兄弟と、たぶん数人の付き添いの奴隷を。家族はみな、アウグスティヌスのキャリアから利益を得ることができたし、ミラノに来たひとたちは、つてや仕事の機会を期待することができた。(75) だが、『告白』では、焦点はアウグスティヌスのうえにある。モニカの死の床でナウィギウスは、名で呼ばれずたった一度だけ現れて、死んでどこかへ行くなどと考えないようにと彼女を励ます。モニカは彼に非難めかして目を遣り、それからアウグスティヌスを見て、「彼のいうことをごらんなさい」という（『告白』九・一一・二七）。自分の遺体がどこに葬られるかは重要なことではないことを、彼女はわかっている。彼女が夫の傍らに準備していた埋葬場所にいつも「熱い関心を」寄せていたことを自分は知っていたと、アウグスティヌスは認めている（九・一一・二八）[76]。思い起こされることを彼女が欲していたのは、海を越える旅のあと同一の大地が〔夫と自分との〕ふたりのなきがら〔土の塵〕を覆うことだった。これは、墓碑銘の一節のように聞こえる。家郷の町に留まっていた息子ナウィギウスは、埋葬と墓碑銘に責任を負っていただろうが、彼女が変わったことを理解するように期待されているのはまさにアウグスティヌスであって、ナウィギウスではない[77]。

彼女の死の少しまえに、自分と彼女が世界とそれの喜びとが意味をもたなくなる経験を共有したあとに[78]、彼女が以下のように語ったと、アウグスティヌスは書いた。

「わたしの息子よ、わたしについては、もうここ〔この世〕の生のなにごとにもよろこびません。ここでいまわたしはなにをしましょうか、なぜここにいるのか、わたしは知りません、ここでの希望はすっかり果されたのですから。そのためにここの生に少しだけ残りたかったことがひとつありました。わたしが死ぬまえにカトリックのキリスト教徒のあなたを見ることです。神様はわたしにこれをたっぷり与えてくださったので、地上の幸福を無視して神の奴隷となったあなたをわたしは見ているのです。ここでいったいなにをしましょうか。」わたしがなんと返事をしたか、わたしはきちんとは憶えていない、五日かそこらのうちに、彼女は熱を出して床についてしまったものだから。（『告白』九・一〇・二六―一一・二七）

モニカはほんとうに他の子どもたちや孫たちについてよろこばなかったのか、あるいは他のひとたちが彼女を必要としているのを認めていなかったのか。同じ家に十代の孫アデオダトゥスがいた。彼の母親は、アウグスティヌスが計画した結婚の準備のさなかに帰されて離された〔『告白』六・一五・二五〕。アウグスティヌスは、その別離にさいしてのおのれの苦悶を思い起こしたが、モニカが死んだときアデオダトゥスの悲嘆を記録したのに、自分の息子〔アデオダトゥス〕の死についてはなにも語らなかった〔九・一二・二九〕。アウグスティヌスの観点からして、問題になるのは、神への愛と家族への身体的な〔「肉的な」〕関心とのあいだの違いをモニカが理解するようになったということだ。(79)

その無意味な関心〔自分の夫の傍らへの埋葬への〕が、あなたの善の充満のもと、彼女のこころのなかでいつなくなり始めたのかわたしは知らないが、彼女が自分自身をわたしにこのように示すことに驚きながら、わたしは喜んだ。もっとも、わたしたちが窓のそばでおこなったあの会話のなかで、「わたしはここでまだなにをしましょうか」と彼女が語ったときに、彼女が自分の父祖の地で死ぬことを望んでいるふうには見えなかったが。すでにわたしたちがオスティアにいたとき、彼女がある日、この世の生への軽視についてと死の善について、母親らしい自信をもってわたしの友人たちと話していたことを、あとでわたしは聞いた。わたしはそこにいなかったのだ。彼らは女性の勇気〔あなたがそれを彼女に与えた〕に驚いて、自分の故郷の都市からこんなに遠く離れたところに自分の遺体を置き去りにするのは怖くないかとたずねた。彼女はいった、「なにものも神から遠くはありませんし、世の終わりにわたしを起きあがらせる場所を神がご存じないのではなどと恐れる必要はありません。」このようにして、病の九日目、彼女が〔生まれて〕五六番目の年にありわたしが三三番目の年にあったときに、その信仰篤い敬虔なたましいは身体から解き放たれたのだった。

〔九・一一・二八〕

「モニカはほんとうに、他の子どもたちや孫たちについてよろこばなかったのか」というような問いを問うことには、明らかな困難がある。わたしたちはどのように語ることができるのか。アウグスティヌスは、悲嘆と不安のなかで息子のために涙を流した、また息子が家をあとにするときにひどく取り乱した母親を賞讃した、四世紀後期の唯一の人間ではない。だが、彼はモニカを、雄弁家のリバニウス〔三一四—三九三年頃〕の、また司教ヨハネス・クリュソストムス〔三四七頃—四〇三年〕の献身的な愛情をもつ母親たちよりも、はるかに生き生きとし力強くしたが、他のふたりの司教ニュッサのグレゴリウスとナジアンズスのグレゴリウスの母親たちよりも、はるかに卑小なお手本とした。[80] だから読者たちは、自分たちがモニカを知っているように感じそうだ。古典文学の教師たちは彼らの学生たちに、「ペネロペイア（あるいはメディア、あるいはディド）は感じたにちがいない……」と書かないように警告する。教師たちはいう、ペネロペイアはホメロスによって、メディアはエウリピデスによって、ディドはウェルギリウスによって考案された、と。ホメロスかエウリピデスかウェルギリウスかがこれらの登場人物がなにを感じたか示さないかぎり、わたしたちにはわからない。かつて、パトリキウスの妻でモニカと呼ばれた真実の生きた女性がいた。「真実のモニカ」とあるひとたちはいうだろうが、アウグスティヌスはいうだろう、真実のモニカは、真実のアウグスティヌスや他のだれものように、神にのみ知られる、と。アウグスティヌスが、彼自身の理由のためにわたしたちに語るのでないかぎり、モニカがなにを感じたかわたしたちは知らない。もちろん、アウグスティヌスがわたしたちに語らないかぎり、彼がなにを感じたかもわたしたちは知らない。そしてそのときでさえわたしたちは知らないのかもしれないのだ。[81]

どんなときどんなところでも、どんな母親も同じことを感じるものだから、モニカがなにを感じたかわたしたちは知ると想定することも賢明なことではない。自分の息子が子供のころ病気で危険な状態になったとき（『告白』一・一一・一七）、また彼の学生時代に、悪くて危険だと彼女が思っていた宗教的セクト〔マニ教〕に彼が加わったとき（三・一一・一九）、モニカは不安になり恐れた。そのことはただちに承認されうると思われるし、彼女の物語は、子どもたちが彼女たちの信仰から堕落してしまった母親たちの慰めであり続けた。[82] けれども、洗礼を受けないで死ぬ子どものたましいについてのモニカの信念を、あるいは、息子によって負われる母親への敬意や母親が息子に示すべき愛と道徳的厳格との組み合わせについてのローマの信念を、多くのひとたちは共有しない。[83] 古代の女性たちの研究がわたしたちに教えるのは、モニカについての、また、歴史に知られていない、義務に忠実な他の妻たちや母親たちについての生の状況にかんしてだ。それはまたわたしたちに教える、女性たちの生にかんする、こんにちのもろもろの思いこみに気づくようにと。

第二章　モニカの家

モニカの生活の大半は、家のなかで過ごされた。はじめは彼女の両親と、ついで夫や子どもたちと、それから息子やそのパートナーやその息子と、そしていつも奴隷たちと。古典古代のすべての時期に、敬意を払われてよい女性たちは家で暮らし、それから結婚して家庭を切り盛りし、それから寡婦になれば家族と暮らした。このことは、彼女たちがその家庭に閉じ込められて家族以外のだれとも顔を合わせなかったということを意味しない。タガステで、モニカは隣人の女性たちと会っていた（『告白』九・九・一九）。どこにいても、彼女は教会にかよった、寡婦になってからは日に二度（『告白』五・九・一七）。女性たちと男性たちは教会では分かれて立ったが（『神の国』二・二八）、たがいに見えていたし、教会への、あるいは教会からの路上で会うこともありそうだった。彼女は、慈善の「善い業」をおこなったが（『告白』五・五・一七、六・二・二）、これは、彼女が貧しいひとたちを訪ねたことではなく、司教をとおして分配されるように施しをしたことを意味するかもしれない。

家が私的な浴室をもたなければ、清潔のためばかりか健康のためにも、モニカは町の浴場にかよった。このことが、彼女が男性たちといっしょに入浴したことを意味する必要はない。慣習は違った時と場所とで変化したが、しばしば公衆浴場は、規則によってか地方の伝統によって、女性用に指定された時間をもっていた。(1) 女性たちのであれ男性たちのであれ、修道的共同体への忠告においてでさえアウグスティヌスは、浴場を訪れることもあろうと想定し、ひとりで訪れてはならないとのみ明記した。(2) 彼は修道女に命じた、いつもは浴場にかよっては

図版2. 1.　浴場にかよう女性たち――シシリー島、アルメリーナ広場のモザイク、4世紀。Wikimedia Commons.

ならず、月に一度、習慣的に入浴すべきだが、（彼女たちは望まずとも）医者がそれを勧めたら、もっと多く入浴すべきだ、と（『手紙』二一一・一三）。衣類や所持品の世話のために浴場に付き添いの奴隷を伴ったのは、もっともなことだろう。教会に、あるいはほかへ出かけるときにもいつも、奴隷も彼女とともにいたのか。そのことが期待されたのか、アウグスティヌスは語っていない。おそらく彼女は町のなかを自由に移動できた。彼女がだれでどこに行くのか、そこではだれもが知っていた。また、カルタゴとミラノでは彼女は、寡婦という自分の立場を知らせる黒っぽい布を身につけて、もっと大きな移動の自由を得ていたかもしれない。

モニカは市場にもかよっていたかもしれない。アウグスティヌスはこのことに言及しなかったが、ローマの市場についての情報の多くはアフリカから来る。とりわけ、町のそとのもろもろの地所で開かれた不定期の市場についてはᅟ[3]。タガステの外側に、そのような地所があった。それは、年少のメラニアの広大な所有地の一部だった。四〇一年に〔西〕ゴート族がローマを攻撃したあと、彼女はそこで数年を過ごした。[4] メラニアの伝記作家によれば、その地所はその町〔タガステ〕より大きく、それ自身の浴場と、ひとつはカトリック教会の信者たちのための、ひとつは真のカトリック教会であることを主張していたドナトゥス派の信者たちのための、ふたつの教会をもっていたし、そこの働き手は貴金属の職人を含んでいた。[5] この地所は不定期の市場をもっていたようだし、タガステ自体においてひとびとは、定期的に地元の農産物や燃料用の木材、織物や履物や陶器のような工芸品を売っていたようだ。二世紀以降、ローマ領アフリカは、すぐれた陶器やガラス製品の、地元での生産の大きな増加を眼にした。[6] カルタゴから高地の穀倉地帯までの道を使って、香辛料や銀器、あるいは絹やダマスク織を運ぶのを、手間をかけるに値することだと商人たちが気づいたなら、おそらく、もっと異国風の品物もときには手に入れることができた。[7] 可能ならいつでも、モニカの家族に必要な物資はパトリキウスが所有する土地からやってきたし、必要とされる他のものを奴隷たちが買いに遣られたが、職人たちによる製品から自分で選ぶことをモニカは望んだかもしれない。箴言のなかの善い妻のように〔三一・一〇―三一〕、家で生産された品物や農産物の余剰を売るために奴隷を使って、彼女自身が小規模の売買に携わったかもしれないし、彼女が所有するか相続するかした資産にもとづいて取り引きすることもありえただろう。女性たちのそのような経済活動は、パピルスの史料や末期のローマ法に痕跡を残している。[8]

女性たちは家に閉じこめられてはいなかったが、家を切り盛りするのは、materfamilias〔マテルファミリアス、主婦〕――その夫が paterfamilias〔パテルファミリアス、家長〕である、「一家の母」たる既婚の女性だ――の主要な義務だった。モニカの家は、どんなふうだったのか。アウグスティヌスは、自分の家族のカルタゴにおける社会的経済的地位についてははっきりとは語らないし、可能性の範囲を提供しうるその地方の考古学上の記録もないために、この問いに答えるのはむつかしい。一九世紀早期にスーク・アハラスというフランスの植民都市が、タガステの跡地のうえに建設された。そこにはほとんど発掘物はなく、タガステが内陸のティムガドの退役兵たちの定住地のような格子状に計画された町ではなかったことだけを、そしてそれが、メラニアの生涯〔伝記〕を書いた司祭がいったとおり、ほんとうに小さな町、civitas parva〔キウィタス・パルウァ〕だったことを、遺構の線描は示している。[9] きわめてわずかな碑文しか発見されなかったし、公共の広場には慈善家たちや市の建物の証拠になるものはなにも残らなかった。土地の言語のリビア語のわずかな碑文があるが、これらは一世紀から二世紀にかけてのものだ。[10] ひとつの石版が、「[コル]ネリウス・ロマニアヌス」という名前を伝えているが、ことによるとアウグスティヌスの後援者と同一の、土地の偉大な人間か(『アカデミア派駁論』二・二・三)、もしかしたら彼の家族の別なひとかだ。さもなければ、タガステの町のための証言はアウグスティヌスから来る。[11]

それゆえわたしたちは、古代後期の住まいの多くの他の例に目を遣る必要がある。三世紀から六世紀に年代を定められるおよそ千の住宅の遺跡があるが、それの相当数はアフリカにあり、他の調査や発掘のプロジェクトも進行中だ。[12] これらの住居のうちもっともよく知られているものは、アウグスティヌスのつつましい家族に関係づけるにはあまりに大きすぎる。皇帝たちの宮殿や、小作人に耕作される地所にある巨大ないなかのヴィラ〔別荘〕、政治活動の中心でもあった貴族階級のタウンハウス〔市街地の住居〕だ。だが、それらの所有者たちが有していたか熱望していた社会的地位を示す住宅からなるいっそう広い範囲があって、町といなかのそのような住宅からなる故意に幅のある区分を、キム・ブラウンが調査している。[13] 地位の目印は、モザイクの床、描かれ彫刻された飾り、彩色された大理石による外装を含み、それらはみな品質が異なる。後陣〔半円形のくぼみ〕のある居間のような分かたれた応接のスペース、そして私的な浴場。アウグスティヌスは問う、もしロマニアヌスがみなから賞讃され栄誉を与えられた慈善家で、しかも「選りすぐりの建物で、壮麗な浴場で、暮らしているのなら」、だれかがロマニアヌスに、あなたはほんとうは幸せではないなどと、どうして納得させようと試みたりするだろうか、と(『アカデミア派駁論』一・一・二)。アフリカの彼らの地域は、とくにローマへの穀物とオリーヴ油の輸

図版2.2.　果樹のある邸宅――北アフリカ、タバルカのモザイク

©Bardo Museum.

出によって三世紀と四世紀に繁栄し、その時期に多くのヴィラが建てられたり再建されたりした[14]。だが、アウグスティヌスの家族の家がそれらのなかにあったのか、そしてそれが地位のどんな目印をもっていたのか、わたしたちは知らない。

その家族の家が、区域にぴたりとはめ込まれて他家と隣接しているタウンハウスか、町のはずれにある一家のもつ土地にあるヴィラだったのか、わたしたちは知りさえしない[15]。アウグスティヌスは、彼と彼の十代の友人たちが、必要とせず好みもしない梨をどのように盗んだのかを語りながら、その木は「わたしたちの葡萄畑」の近くにあったというが、その葡萄畑がどのくらい大きかったのか、家や町との関係でそれがどこにあったのかを語らない（『告白』二・四・九）。モニカの規則正しい教会かよいは、家が教会から遠くなかったことを示唆するが、町との関係でどこに教会があったのか、あるいはモニカは徒歩だったのか、それとも移動手段としてラバや輿を、あるいは馬車ももっていたのか、わたしたちは知らない[16]。イタリアから帰郷するとアウグスティヌスはそこに友人たちと哲学的共同体をつくって暮らしたゆえに、その家が町のそとにあったとしばしば想定される。だが、そのような共同体が、アウグスティヌスがカシキアクムで借りたヴィラのようにいなかの平安のなかに、あるいはミラノにアンブロシウスが設立した修道院のように市壁の外側に、いつもあったというわけではない（『告白』八・六・一五）[17]。アウグスティヌスがヒッポに設立した共同体は、隔離されてはいなかった。リチャード・フィンの見るところ、彼の修道生活の形式は、孤独的ではなく、使徒的だった。すなわち、それは、キリスト教の教えを世の中に送りとどけるために構想されていた[18]。アウグスティヌスは司祭に叙階されたとき、司教は彼にひとつのhortus〔ホルトゥス〕、庭を与えた。そこに彼は共同体をつくって暮らすことができた（『説教』三五五・二）。ポシディウスはいう（『アウグスティヌスの生涯』五・一）、それは、「教会の内側に」（intra ecclesiam〔イントラ・エックレシアム〕）あったと。そしてこのことは、それが教会に所属する区画のなかにあったことを意味しているにちがいない[19]。アウグスティヌス自身が司教になったとき、訪問者たちにもてなしの気もちを示す必要があった。そのため彼は司教の家で暮らしたが、いまだ共同体の一員であり、所有物はなかった（『説教』三五五・二）。男性や女性の修道者への彼の忠告は、壁のうしろへの隠遁に言及しないし、修道者たちがひとびとと会うだろうことを想定している。彼らは命じられた、いつも少なくともふたりか三人のグループで外出するように、だが彼らの眼を異性のうえにとどめないように、男性たちと女性たちがいっしょにいるところでは教会にいるようにつつましくふるまうように、と[20]。

このように、そこにおいてモニカが、夫、子どもたち、奴隷たち、そしておそらくは他の縁者たちの「一家の母」だったその家の大きさと所在地について、わたしたちは知らない。家を管理するとは、どのようなことだったのか[21]。女性たちは家庭生活の諸要求から独身生活に逃れるほうがよりいいと、そして男性たちは自分たちの生活を女性たちと共有する必要なしに衣食の必要を満たすことができると論じる、禁欲主義のキリスト教のいくにんかの著作者を除くと、そのことについてなにかいうべきことをもっていたのは、ごくわずかな男性の著作者だけだ。[22]おそらく、エジプトの砂漠で禁欲生活を送ったアマ（母）・シュンクレティカに帰せられるいくつかの発言を除くと、家事について女性によって書かれたものはない。霊的な努力を説明するために、彼女は日々の家の作業を用いた。それは、暖かさをもたらすまえに煙を出す火を着けることに、また、衣類が洗われるときに踏みつけて汚れを出すことにたとえられている。[23]しかし、女性たちが自分の家についてどのように感じていたか、あるいは彼女たちが家を自分のものだと感じていたのかを語るためには、なにも残っていない。この沈黙は興味深い。男性の著作者たちは、衣類や宝石、化粧や髪型にあまりに気遣いすぎるといって女性たちを非難する、あるいはいくつかのばあいには、関心をもっていないといって賞讃する。大理石の外装、床のモザイク、壁画、彫刻、家具、織物や正餐用の食器への支出については、彼らは女性たちを非難しない。裕福な男性たちこそ、銀器やタペストリー織〔綴れ織り〕やシトロン材のテーブルや家族の肖像画で自分たちをとりかこむ。家屋は地位を宣伝したし、公的な地位はとりわけ男性の関心事だった。

地位は、新しいヴィラを建てたり古い家を改良したりすることで宣伝されえたし、女性たちも大規模な金銭上の決定に参加することができた。けれども、女性が結婚して入った家屋の見てくれを変える余地はほとんどなかったかもしれない。なかでも、床のモザイクは、なん世紀も生き残ることが可能で、ずっと早い世代の好みを反映した。モニカのキリスト教徒の一家は、キリスト教的形象を欠いていたかもしれない。彼女と子どもたち、奴隷たちは、モザイクのうえや壁画のそばを、たとえそこになにかがあっても、ふつうの神話的なモチーフにはほとんど気づかずに歩いたかもしれない。[24]アウグスティヌスはある説教（『説教』一七・七）で指摘している、ガラスでさえ、壊れやすくとも用心して保たれれば長もちするので、ひとびとがかつて祖父たちや曾祖父たちによって所持されていたガラスの杯から飲んでいる、と。織られた戸口のカーテンや壁掛け、寝台や長椅子やクッション用の覆い、そして木製の家具もなん年も長もちできたし、ことによるといにしえの富の目印も地位を宣伝していた[25]。けれども、家具や織物の様式の変遷について、考古学はわたしたちにわずかしか告げることができない。なぜなら、たいていの環境のなかでは木材や布地は腐敗しがちだし、もち運びできる物資は移動させられがちだ。それゆえ、新しい種類の食事用長椅子である湾曲した stibadium〔スティバディウム、半円形の臥台〕は、生き残っていた寝椅子には由来しない。それは、長椅子の基台に、あるいは長椅子の基台をとりかこんでいるか長椅子のためのスペースを残しているモザイクに、あるいは湾曲した長椅子に都合のいい後陣をもつ食堂や応接室から来ている。壁は、床モザイクが貼られたり置き換えられたりできるよりもはるかに容易に、新しい色や意匠で描きなおされることができたが、古代末期の装飾のはやりすたりについて、ふたたびわたしたちはほとんど知らない。好みの変化を議論することを可能にするテキストと物質的証拠との組み合わせを得ることは、古典古代のどの時期についてもきわめてまれだし[26]、テキスト上の証拠は、それの著作者の意図を意識しつつ使われる必要がある。たとえば、アウグスティヌスと同時代の、スペイン出身のプルデンティウス〔三四八―四一〇年頃〕の詩のなかに家具のリストがある。

裕福なひとの家には、多くの調度がある、角ごとに。
黄金の椀がきらめき、磨きあげられた青銅製の鉢も欠かない。
そこにある、土製の瓶が、また大きくて重い銀製の皿が。
そこにはある、象牙細工が、樫や楡製の円い容器が。

（『エピログス（*Epilogus*）』一三―二〇）

おそらく、すべてこれらのものが、裕福なひとたちの家のなかにじっさいに見いだされたが、プルデンティウスがそれらの名をあげるのは、自分と自分の詩とを粗末な土製の器にたとえるときだし、彼のリストは、キリスト教の聖書に影響されている。「大きな家には、金や銀の器ばかりか、木や土でつくられた器もある」(2テモテ二・二〇)。

モニカの家は、私的な浴場のような、なにか地位を示す目印をもっていたのか。アウグスティヌスは思い起こした(『告白』二・三・六)、自分の息子が思春期に達しているのを浴室で了解した父親の満足を、そしてそれを告げられたときの母親の不安を。(27)町の浴場、つまり町の参事会によって維持されていた一般的な施設にして社交の場が、家庭の浴場よりはるかにありそうな舞台設定だ。家庭の浴場は、水や薪はもちろん、かまどを焚く奴隷の大がかりな供給を必要とするだろう。アフリカでの私的な浴場の例は、ヴィラや、町から離れた農園の家屋群のなかにもあり、カルタゴの中心部近くの家屋のモザイクが、所有者――Dominus Iulius〔ドミヌス・ユリウス〕、「主人ユリウス」と名づけられた――の地位を知らせる他の目印のあいだに私的な浴場を示しているように見える。だが、いつも水が問題だった。たぶんその供給は、タガステでは容易だった。なぜならそこは、灌漑に利用されうる、年中水の流れるメジェルダ川の谷のなかにあったから。可能ならどこでも井戸が利用され、家ごとに雨期の雨や屋根からの雨水を集めるための貯水槽をもち、町ごとに貯水池と水道を有していた。(28)カシキアクムでは、アウグスティヌスの友人のウェレクンドゥスのいなかのヴィラはそれ自身の浴場を有し、それは「自然の諸要求」(『秩序』一・八・二二、同四・一二)のための主屋のそとの場所、つまり水洗便所で、浴場用の水の供給によって洗い流されることができた。(29)しかしカシキアクムは、ミラノの浴場からかなり距離があり、そこはいなかにあって、たぶん容易に水と薪が手に入った。タガステでは、「自然の諸要求」はどのように管理されていたのか。おそらく、浴場の近くには公的な水洗便所があった。家々は、位置におうじてそれぞれごみ捨て場をもつことができたし、奴隷たちが町のそとの認められた場所に、人や人以外からの廃棄物をもっていくことができた。

図版2. 3.　ドミヌス・ユリウスの家——カルタゴのモザイク

©Bardo Museum.

家畜の糞〔stercus〔ステルクス〕〕は肥料として利用された。アウグスティヌスは見てとった、悲しみはstercusのごときだ、それは間違った場所では不潔だが、正しい場所では野を肥沃にする、と（『説教』二五四・二）。北アフリカの別の町で、堆積した糞が、分派〔ドナトゥス派〕による暴力の犠牲となった生命を救った。そのひとはひどく撲たれたが、塔から投げ落とされて生きのびた。なぜなら、彼は堆積した糞に着地して、そこで排便するために道を離れていた貧しいひとによって見つけだされたのだった（『クレスコニウス駁論』三・四三・四七）。

訪問者を受けいれるためのスペースが、地位のもうひとつの指標だ。隣人たちが彼女たちの夫たちのふるまいについてぐちをこぼす親しいおしゃべりを、どこでモニカはおこなったのか（『告白』九・九・一九）。おそらく、応接室か、中庭だ。そこは、雨や陽射しから避難できるように屋根付きの柱廊を、雨水を集めるためのプールを、飾りでもあり利用もできた植物を備えていた。パトリキウスは、同僚の町の参事会員を家の応接室でもてなしたのか、もしそうなら妻たちは招かれたのか。それとも彼は、友人たちと浴場――そこには食事やおしゃべりのための私的な部屋部屋があった――で会ったのか、あるいは食堂をもつ土地の神殿でも会ったのか。多くの神殿が都市の建物でもあって、金庫として、また公式の会議の場所として使用されていて、異教の崇拝が禁止されたときでさえ、神殿は町の遺産の一部として合法的に維持されることができたし、町の参事会のメンバーたちが、伝統的な祭事を祝うためにそこに集まったかもしれない。神殿での食事の招待を受けいれるキリスト教徒たちは異教に共感しているように見られるかもしれないと、アウグスティヌスは司教として心配した。だが、パトリキウスは、その生涯のほとんどのあいだキリスト教徒ではなかったし、しかもテオドシウス一世が異教の崇拝を禁止する徹底した試みをおこなう二〇年まえに死んだ[30]。

家屋内のスペースの形状や使用は、一時的にカーテンによって、恒常的には分割するための壁によって変えられることが可能だった[31]。考古学は、応接室の、そして一般に家屋内のスペースの配置の可能性の範囲を提供するし、ローマ領アフリカは、印象深い可視的な諸遺跡をもつが、考古学上の証拠がすべての問いに答えるわけではない。[32] 通常、残るのは家屋の平面図であり、壁についてはなにも残されない。ときとして、たとえばドミヌス・ユリウス・モザイクにおいて示されているような、うえの階に通じる階段の遺跡がある。しかし、家屋はそとからどのように見えたのだろうか、あるいは、どのように部屋は窓によって明るくされたのかを、平面図は示すことはない。とりわけ町々においては、遺跡がうえに造られたために、平面図は不完全かもしれない。平面図や壁の基礎は、どこでひとつの家屋が終わり他の家屋が始まるのかをめったに示さないし、なんにんがひとつの家屋に住んでいたのか、彼らはどのようにスペースを割り当てていたのか、家屋のどれほどの部分に家族に含まれない訪問客たちが立ち入れたのかを、それらは示すことはない。

床モザイクは、特定のスペースがどのように使用されたのかを、しばしば示している。より手のこんだデザインは、応接室にふさわしかった。思うに訪問客は、進みながら床を見つめたりはしなかったが、富裕についての一般的な印象を与えられえた。より単純な幾何学模様か花模様の様式は、あまり形式張らない部屋にふさわしかった。ときに床モザイクはベッドや長椅子のためのスペースを残したし、ときにベッドのための基台の痕跡があって、それは壁龕《へきがん》のなかや樽形穹窿《きゅうりゅう》のしたに位置していたかもしれない。だが、特定の部屋がいつも、あるいはただ寝るためや食事をするためだけに使用されたというわけではないし、わたしたちは、どのくらいの人数が部屋を使用したのか、いうことができない。[33] アウグスティヌスの哲学的対話篇『秩序』は、カシキアクムのいなかのヴィラで準備されたが、アウグスティヌスと彼のふたりの学生たちが暗闇のなかで横たわっているところから始まる（『秩序』一・三・六）。この会話の時期にその地を離れていたナウィギウスとアリピウスもこの部屋（conclave〔コンクラウェ〕）のなかにベッドをもっていたのかは明らかではない。悪天候のときには、一団は議論のために浴場に引きこもる。たぶん水を熱するためのかまどの暖かさを浴場が保っていたから、おそらく奴隷たちが主屋で家事をおこなってもいたからだ。だが、アウグスティヌスは、独立した教えるためのスペースを期待していなかったと思われる。彼が学生たちや友人たちと議論している書物を読んでいるのを、モニカはすでに耳にしていた、と彼は書いている。[34] 彼は、家屋の、ある部分は女性たちの領域で、ある部分は男性たちの領域だとは示唆しなかった。おそらく、一日の時機とともに、また訪問者の数や種類とともにスペースの使用は変化した。

人としてのつつしみの点からも来客たちから家族を分ける点からもプライバシーへの望みが増加するのを、古代末期が目の当たりにしていた証拠がある。プライバシー、あるいは接近が監視されていることは、地位の目印でもあった。「だれかが栄誉をもてばもつほど、それだけたくさんのヴェール（vela〔ウェラ〕、覆い）がさがる」とアウグスティヌスはいった（『説教』五一・四・五）。より大きい家屋では、かつて中心の空間に面して開かれていた小さな部屋部屋が、代わりに廊下や控え室に開かれているように造られてもよかった。平面図は変化を示しているが、閉ざされて隔てられた部屋がどのように明るくされていたのかを示すことはない。北アフリカとイタリアは、そこではたぶんカーテン一枚のみで遮られた部屋部屋が、列柱のある中央の中庭、すなわち日陰を生むための屋根を支える支柱で囲まれた中庭から離れて開かれる、家屋における改造のいくつかの例をもつ。支柱と支柱のあいだの空間はそれぞれ壁で囲まれることができたし、部屋それぞれが、守られた空間をもつ諸区画に細分されることもできた。これは西方において共通の実践になっていったようだが、その証拠はモニカの生きた時期よりあとのものだ。たとえば、五世紀末には、ティパサ（モーリタニア）の、フレスコ画のあるペリスタイル〔列柱で囲まれた空間をもつ〕の家屋は四区画に細分され、これらのひとつには、より内部の空間によるさらなる区画がある。四世紀初頭に中央の中庭の周りに建てられ、五世紀末にも諸区画に細分された、ナドール〔モロッコの地中海に面した現在の都市〕のいなかのヴィラが近くにある。[35] だが、プライバシーが唯一可能な説明ではない。経済的に困難な時期に家々は細分化されたのかもしれない。というのも、家族の多くのメンバーがかくまわれる必要があったから、あるいは十分にお金がなく、空間の一部が売られたり店やアパートとして貸し出されたりしたから。モニカの家はどれほどの大きさだったか、空間はどのように分割されていたか、なにか自分の空間を彼女はもっていたのか、もつことを期待していたのか、わたしたちはまだ知らない。

その家族がタガステの他の諸家族と比較してどのくらい豊かだったのかを語ることも、むつかしい。アウグスティヌスは、自分と自分の両親とが豊かでなかったことを示そうと望んだ。ある説教（『説教』三五六）のなかで彼は、ヒッポの自分の聖職者の住まいで生活しているひとたちの財産を論じた。ふたりを除き全員が、アウグスティヌスがおこなったように、自分たちの財産を放棄していた。彼は気づいていた。

たとえば、ある高価な外套［birrus〔ビッルス〕、彼がいつも身につけていたような］をわたしが与えられると思いなさい。おそらくそれは司教にふさわしい。アウグスティヌスには、すなわち、貧しい両親から生まれた貧しい人間にはふさわしくないけれども。ひとびとは、じきにいうだろう、わたしの父の家でもわたしの世俗の職業においてももつことができなかった高価な衣類を身につけていると。（『説教』三五六・一三）[36]

ここで「貧しい」と訳されたpauper〔パウペル〕は、貧困を意味しない。それは裕福でないひとを意味し、いくつかの状況において、市民の義務を果たせるほどには裕福でないひとをとくに意味する。[37]だが、パトリキウスは、その地のcuria〔クリア〕、都市の参事会のメンバーたるに十分な程度に裕福だった。そのメンバーたちは、税の徴収と、水の供給や公共の広場の浴場やおおやけの建物などの公的設備の維持とに責任を負っていた。

金銭と物品での税は、おもに軍事と民政——軍隊と行政機関——の資金として使われた。帝国政府は、所有地の評価とそれらの土地を耕作するひとや動物の数に応じて、一定年数ごとに集められるべき税額を、物品か金銭かで各属州に割り当てていた。そして属州の知事は、その額をその地の土地所有者たちと各都市とに配分した。このシステムは、その地を知るひとたちによって税が集められることを意味した。それはまた、curiales〔クリアレス、参事会員たち〕が、自分たちがどんな不足をも補填しなければならないという、あるいは不作の年に税額の削減を訴えなければならないと知りながら、同朋市民たちを援助したり〔税を〕免除したりしなければならないという個人的な重圧下にはいることを意味した。当然のことながら、多くのひとびとはこの栄誉を避けようと努めた。curiaのための資産上の資格は、ほとんどいつも土地だったが、その最小限度は町ごとで違っていたに違いない。より大きな町々には、curialesのあいだで地位の違いがあったが、小さな町々では、多くの候補者がいたわけではない。[38] アウグスティヌスは、あるcurialis pauper〔クリアリス・パウペル、貧しい参事会員〕にかんする物語を語った〔『死者たちのためになされるべき配慮について』一二・一五〕。そのひとは、rusticanus〔ルスティカヌス＝いなかのひと〕、つまり小農なのに参事会員を務めている貧しい男性だった。

アウグスティヌスは、パトリキウスが裕福な妻と結婚したと示唆することはないし、モニカがその結婚にもたらした持参金について、なにもいわなかった。自分の富を始末したいと、夫のピニアヌスとともに望んだ女相続人メラニアの母親であるアルビナへの手紙のなかで、彼は自分自身の相続財産についてなにごとかを語った。[39] 四一〇年にゴート族が攻撃したときにローマから退去させられて、三人はアフリカへ渡った。その地のメラニアの所有地は、タガステ郊外の巨大な地所を含んでいた。彼らはヒッポを訪れ、そこでは信徒の集まりが、かつてアウグスティヌスの叙階を強引に押し進めたように、ピニアヌスの司祭としての叙階を強引に押し進めようと試みた。信徒たちが望んでいるものはピニアヌスの富だとアルビナは思ったが、アウグスティヌスは、信徒たちが彼の富の放棄を賞讃していることを彼女に納得させようと努めた。

というのも、もし彼らが、彼らの耳にしたとおり、わたしが父親から受けつがされたわずかな数の小圃《しようほ》を無視して、神への自由な奉仕へと回心したことを、わたしにおいて愛したのなら、そして彼らが、肉にしたがえばわたしの故郷であるタガステの教会をこの点で嫉まず、かえってその教会が聖職者の地位をわたしに押しつけなかったので、彼らに可能なときに彼らはわたしをつかみとったのだから……。(『手紙』一二六・七)

タガステのつつましい遺産を放棄したゆえに彼ら〔信徒たち〕がアウグスティヌスを愛するのなら、ピニアヌスによるはるかに壮観な富の無視によって、彼らはどれほどいっそうピニアヌスを愛することだろうか、とアウグスティヌスは主張した。アウグスティヌスは書いた、「わずかな数の小圃」、agelluli〔アゲッルリ、agellulus（アゲッルルス）、つまり小圃の複数〕は、彼がいま司教として管理しているヒッポの教会の資産の一二分の一に等しいと（『手紙』一二六・七）。そして多くのひとびとは、彼は貧しい状態から豊かな状態に進んだのであって、逆ではないと考えていたのだ。

パトリキウスとモニカとの三人の子どもの全員が、自分たちの分け前を受けとる権利を与えられていたので、これらの agelluli は、家族の相続遺産の全部ではない。アウグスティヌスは、アフリカへの帰郷後のある時期に自分の分け前を放棄した。アルビナへの彼の手紙は、それがタガステの教会に与えられたことを暗示しているが、curia とのあいだでもなにか取り決めをおこなっていたにちがいない。公の資金による教育職に就いているひとたちは、彼らの仕事自体がそこで教えている都市への貢献だったので、参事会への奉仕を免除されていたが、アウグスティヌスは教育職を辞めていた。兄弟のナウィギウスは、彼らの父親の死後、curia に奉仕していたにちがいない。たとえモニカが家族の資産を預かっていたにしても、女性たちは公職を担うことはなかったので、curia のメンバーではなかった[40]。アウグスティヌスが、ヒッポの聖職者の家で彼の仲間となった甥のパトリキウスが、なぜに自分たちの資産を放棄する意図をまだ達成していないそこのふたりのうちのひとりであるのかを信徒の集まりに説明するときに、ふたたび「小圃」が現れる。

わたしの甥が回心させられてわたしともに暮らし始めましたので、彼の小圃［agelli］について、それらの使用権をもつ彼の母親の生活のために、なにかをおこなうことを彼もまた妨げられました。［つまり、彼女はその土地を所有しているのではなく、それの使用権をもち、その利益に預かる権利があった。］今年、彼女は亡くなりました。彼と彼の姉妹たちのあいだにはいつくかの問題が生じていますが、キリストの助けでじきに解決されて、彼もまた、神の僕にふさわしいことをおこなうことができるでしょう。

（『説教』三五六・三）

それゆえ、アウグスティヌスによれば、彼の家族は豊かさから遠かった。その経済状態のもっともよく知られた指標は、アウグスティヌスの教育における彼の両親による投資だ。

その年、わたしの勉学が中断された。わたしはマダウラから呼び戻された。近隣にあるその町に、わたしはすでに文学と修辞学を身につけるために家から離れて滞在し始めていたのだった。家からもっと距離のあるカルタゴに滞在するために、学資が集められつつあった。このことにむけて、わたしの父は富よりも、むしろ熱意をもっていた。父は、つつましい資力しかない［admodum tenuis［アドモドゥム・テヌイス］］タガステの一市民だった。［……］だれもがわたしの父を褒めちぎった。なぜなら、彼の息子は教育を受けるために家から遠く離れていたのだから、そして彼は、必要な費用のすべてを、家族の資力をこえて、息子のために支払ったのだから。はるかに裕福な多くの市民たちは、彼らの息子たちのためにそんな骨折りをすることはなかったのだった。

（『告白』二・三・五）

『告白』の次の巻で、ついでにアウグスティヌスは記している、自分が〔生まれて〕一九番目の年、父親は二年まえに亡くなっていたが、カルタゴでの自分の勉学は、maternis mercedibus〔マテルニス・メルケディブス、母親の支払い〕でまかなわれた、と（三・四・七）。すなわち、モニカが学費を支払ったのだ[41]。パトリキウスが死ぬまえに家族の資産がアウグスティヌスのカルタゴ滞在の資金をまかなうために十分でなかったのなら、相続財産が三人の子どもたちのあいだで分割されると、確実にそれは十分ではなかった。だが、もしモニカが自分の資産から支払うことができたのなら、彼女はもっと早くにそうすることができたはずだ。のちに彼女の息子のナウィギウスが自分の寡婦のために手配したように、おそらくパトリキウスはモニカに地所の使用権を与え、そのために彼女は自分の家に住んで、その産物から利益を得つづけることができたのだ[42]。

土地の偉大な人物ロマニアヌスは、はるかに裕福であり、アウグスティヌスの学費を賄う援助をした（『アカデミア派駁論』二・二・三）。ロマニアヌスが、親戚のアリピウス（『手紙』二七・五）――アウグスティヌスの友人――をも援助しなければならなかったことを暗示するものはなにもない。アリピウスはタガステの指導的市民層の出身（primatibus municipalibus〔プリマティブス・ムニキパリブス〕）で（『告白』六・七・一二）、両親は、彼が法律の分野でキャリアを得ることを望んでいた（『告白』六・八・一三、六・一〇・一六）。この教育がどれほど費用を要したのか、わたしたちは知らない。教師たちへの報酬は統制されていて、公共の広場に表示されていたとアウグスティヌスはいったが（『告白』一・一六・二六）、教師たちは贈り物も期待していたかもしれないし、家から離れて暮らすことは諸費用を要した。たぶんアウグスティヌスは彼の教師の家で暮らした、ちょうど彼のふたりの学生が初期の対話篇でそうしているように。でも、この学生たちは特別なケースかもしれない。なぜならリケンティウスはロマニアヌスの息子で、彼とトリゲティウスはタガステの出身、ふたりとも、アウグスティヌスがカルタゴで暮らしていたときのようにはパートナーも子どももたない。ついにはタガステの curia は、アウグスティヌス、アリピウス、リケンティウスによる貢献を失った。アウグスティヌスと（おそらく）アリピウスは資産を放棄し、リケンティウスは帝国の行政機関に地位をえたのだから。[43]

家族の財務事情は、次の問題、モニカは一日中なにをしていたのかに違いを生む。子どもたちの世話をするための、食べ物や水や燃料を供給するための、食事を準備したり料理用のポットや食器を洗ったりするための、衣類や寝具を作ったり直したり洗ったりするための、床や他の表面を掃除するための、がらくたを片付けるための奴隷たちをもたなかったどの女性たちについても、答えることはとても容易だ。部屋部屋は薪が積まれて維持されるべき炉火や、詰まらないように保たれるべき煙突をもたなかったが、それでも、暖めることや明るくすることは作業を要求し、ほこりの原因となった。炭火の火鉢がいくらか暖かくしたたし、オイルランプの明かりは、光を反射する金属の部分があったかもしれないひとつの燭台、candelaburum〔カンデラブルム〕から、ひとつかそれより多くのランプを下げることで改善されることができたが、火鉢やオイルランプは、油による煤の汚れを生みだした。[44] イタリアでは富裕なひとたちでさえ夜に闇に耐えなければならないことに、アウグスティヌスは気づいていた（『秩序』一・三・六）。彼は理由をいわなかったが、北方にいくほど、闇の時間はいっそう長くなったし、もっとも広く使われた燃料のオリーヴオイルは、イタリアでは、オイルの主要な産地のアフリカよりもおそらく高価だった。

モニカは奴隷を所有していたが、どのくらいの数だったか、わたしたちは知らない。アウグスティヌスは、自分を養い世話をした乳母たちにのみ言及する（『告白』一・六・七）。彼は、自分が学生としても若い教師としても歓迎されたロマニアヌスの壮大な家では疑いもなくそうだったような（『アカデミア派駁論』二・二・三）、奴隷たちが専門化した義務をもつ家々に親しんでいた。いかに慣習が特別な時と場所にふさわしく変化するかを例証するために、彼は家僕の例を用いている。聖書によると、アブラハム、イサク、ヤコブ、モーセ、ダビデは、キリスト教徒には許されていないしかたでふるまった、とひとびとが抗弁するとき、

それは、あたかも彼らは、ひとつの家のなかで、飲み物を運ぶ奴隷には許されていないなにかがある奴隷によって処理されているのを、あるいは晩餐の食卓のまえでは禁じられているなにかが馬小屋のうしろでおこなわれているのを眼にして、同じ住まい同じ家のなかで同一の行動がすべての場所ですべてのひとには許されていないからといって腹を立てたかのようだ。（『告白』三・七・一三）

モニカが家政婦をもたず、自分でおこなっていたとしても、おそらく彼女は、食事を差配し、生活用品を点検して配分し、口論を決着させ、家計を切り盛りし、作業の質を監督しなければならなかった。彼女は子どもたちと時を過ごした。結婚したとき、同居していた姑に気配りをし（『告白』九・九・二〇）、たぶん家族の他のメンバーを訪ねたり、彼らに訪ねられたりした。彼女は隣人たちと話をした。もっとあとの諸世紀には、家計簿や日記、女性たちによって書かれた小説が、日常的にこれらの責務によって、またいくつかの場合には慈善活動や霊的な読書によって占められる日々を明らかにする。アウグスティヌスの同時代人ヒエロニムスは、独身の禁欲生活は結婚に勝ると主張して、霊的な読書が家事の諸義務によって押しのけられると考えた。

幼子たちは片言でおしゃべりし、奴隷たちは叫び、子どもたちは気を引きキスを欲しがり、経費が合算さ

れ、支払金が準備される。いっぽうでコックの一団が慣れた手つきで肉をすりつぶしている、いっぽうでは機織り女の集団がおしゃべりしている。そのあいだにも夫や彼の友人たちの到着が告げられる。彼女はツバメのようにどの部屋をも動きまわる。寝椅子はなめらかか。床を掃いたのか。ディナーは準備できているのか。どうかわたしに答えてください、このすべてのなかのどこに神についての思考があるのか。

（『ヘルウィディウス批判（*Adversus Helvidium*）』二〇）

自分の母親は年老いた女性として、より多く余暇をもつと、初期の対話篇を書いている時期にアウグスティヌスは認めている（『秩序』二・一・一）。そのころ彼女は寡婦で、自分の家から離れて暮らし、子どもたちは大人になっていた。彼女は、いまだにアウグスティヌス、彼の学生たちや友人たちの母親役だったし（『告白』九・九・二二）、カシキアクムでは、借りた家とそこの奴隷たちをまだ管理していた。

とりわけひとつの種類の仕事が、伝統的に「女性たちの仕事」だった。紀元前二世紀のラテン語の碑文（*CIL* **6. 15346**）は、「彼女は家を切り盛りした、彼女は羊毛の仕事をした」という行を含み、これはよき女性の家庭生活を要約するものとされてきた。西洋世界では二〇世紀までずっと、「女性たちの仕事」とは、糸を紡ぐことと織ること、縫うことと編むこと、タペストリー織や刺繍、作ることと直すこと、つまりいつも織物にかかわるなにごとかだった。古典古代では、それは羊毛を紡ぎ織ること、**lanificium**〔ラニフィキウム〕だった。他の種類の布地も使われていたが、亜麻布は暖かい気候のためにだけふさわしい。絹は富裕なひとたちによって身につけられたが、買うにも手入れするにも高価だった。また羊毛は、いずれよりも色もちがいい。**lanificium** は（近年の家庭での料理に似て）、家にとどまり家の世話をする善い妻の目印だった[45]。これが、ムルディアのための弔いの祈りのなかで、善い女性たちに共有される徳のリストに、それ〔羊毛の仕事〕が面食らうふうに現れる理由だ[46]。その祈りは、紀元前一世紀の末期、リウィウス〔紀元前五九―紀元一七年〕が、彼のローマ史を書き始めた時期に近いころに語られた。それにおいて、羊毛の仕事が家庭的な徳として、ルクレティアの物語のなかに例示される。彼女は王家のある王子によって凌辱され、彼女の夫と父親に話し、彼らの支えにもかかわらず自害した。この非道が、君主制の転覆と共和政ローマの基礎に通じた。その物語は、三人の貴族の若者がローマのそとへの出征中、酒に酔った勢いで、だれの妻がもっとも徳があるか議論するところから始まる（『ローマ建国以来の歴史（*Ab urbe condita*）』一・五七・四―五）。彼らは、家を不意に訪問して決着をつけようと決める。日が暮れてローマに着くと彼らは、妻たちのふたりが同年輩のグループの他の妻たちと宴会をしているのを見いだす。彼らが第三の家に到着するのは夜更けだが、ルクレティアと彼女の女奴隷たちは、家の中心にある広間にまだ座っていて、ランプの明かりで羊毛の仕事をしている。

モニカの生きた時代の女性たちは、現実に羊毛の仕事をしたのか、それとも家のために衣類や織物を買ったのか、それとも仕事のいくつかは家屋のそとでおこなわれたのか。アウグスティヌスは、たまたま説教のなかでコメントしている。

あなたたちは霊的に安息日を守るように命じられる、ユダヤ人たちが安息日を遵守するような肉的な余暇としてではなく。彼らは、自分たちの些末なことや贅沢なことを気ままに楽しみたいと望む。あるユダヤ人は、劇場でもめごとの原因となるよりも、農場で有益ななにごとかをおこなうのをよしとするだろう。そして彼らの女性たちは、バルコニーで日がな一日ふしだらに踊るよりも、安息日に羊毛の仕事をするのをよしとするだろう。

（『説教』九・三）

明らかに、これは紋切り型の考えだ。男性がみな、おこなうべき農場の仕事をもっていたわけではない。女性たちはみな、羊毛の仕事をもっていたのか。アウグスティヌスは、しばしば農作業からの、とくに穀物の収穫やオリーヴ絞りからのイメージや比喩を用いたし、ヒッポの彼の町の信徒の集まりがそれらを理解するのを当然のことだと考えていた。彼は、糸紡ぎや機織りからのイメージを用いなかったし、羊毛製の衣服一着でもそれを作るのに求められる手順や作業や時間について理解していることを示さなかった。幸いなことに、最近の実践的な研究がある。[47]

最初に、羊毛は、毛糸に紡がれる準備のために脂やほこりを取りのぞかれ、色が望まれれば染められ、梳いてけばだてられる（くしけずられる）必要があった。糸車はまだ考案されていなかった。そこで、糸紡ぎは、棒（糸巻き棒）に絡められた、梳いてけばだてられたひとつかみの羊毛と、羊毛を引きおろして捩《よ》るために回される、下端が重くされたもうひとつの棒（紡錘《つむ》）とを必要とするだけだった。この種の糸紡ぎは、たやすくもちあげられたりしたに置かれたりすることが可能で、多くの文化において女性たちが、そして時として男性たちも、手がほかのことで占領されていないときにはいつも糸を紡ぐ。ローマの男性たちは紡がなかったが、ある者らは織り手として雇われた。[48] 十分に糸があるとき、つぎの仕事は、適切な大きさの織機を組み立てることだ。布地はまだ、切られて縫い合わされるために求められる長さ・幅の布には製作されなかった。たぶん手織りの布地はそれが切られるとほぐれやすかったからだ。そのかわり、衣服や織物は型どおりに織られた。適切な張りを生むように重さをかけられた適切な本数の経《たて》（垂直の）糸をもつ織機を組み立て、堅牢な両端をもつ単純な長方形の平織りの布地を織るのにさえ時間と技術を要する。プランが、からだ〔の部分〕を狭くしたままで衣類の両袖のために布地を広げるものなら、さらに技術が必要とされる。上級の織り手は、縁飾りや縞模様を加えることができたし、熟練者は、高位を示す衣服のタペストリー織のパネル〔別布〕を作ることができた。

羊毛の仕事が、家の他の仕事から割かなければならないどの時間にも、くつろいで骨折りなしにだが、女性たちを忙しくさせている作業と見られることは驚きではない。飲酒癖についてのある作者不明の説教は、その点を強く指摘している。

それで、飲酒癖〔vinulentia〔ウィヌレンティア〕〕をとおして、女主人の鍵は盗まれる。十分に貯えられている貯蔵庫は奴隷たちが日ごとくすねて空にされる。あらゆることが試みられる。家じゅうがしつけを欠く家族の叫び声で響きあう。lanificium〔羊毛の仕事〕への配慮は欠けるようになる、あるいはなくなってゆく、あるいは嫌われるようになる。そのような女主人にとっては、夕方まえに自分の羊毛の割り当てをすべて終わらせている女奴隷よりも、彼女にいっそう大きなワインのカップを手渡す女奴隷は愛すべきものだ。〔……〕彼女はもちこまれるワインの量を求め、作られるべき衣類の量を求めない。彼女は、織るために、貞潔の守り手としての経糸を組み立てない。彼女は、ずっとまえに、酩酊〔ebrietas〔エブリエタス〕〕をとおして織機の使用を家から失った。そして彼女が怠惰な奴隷女たちから取りあげた経糸を、蜘蛛どもにくれてやった、織るようにと。(49)

(『節酒と貞潔について（*De Sobrietate et Castitate*）』)

おそらく、モニカと彼女の女奴隷たちのために、いつも紡ぐことと織ることとがあった、現代のひとたちの記憶のなかに、縫ったり編んだりが、また繕い仕事用のかごがいつもあるのとちょうど同じように。ことによるとモニカの善い仕事は、聖書の寡婦ドルカスの例に従い（使徒九・三九）、貧しいひとたちのために衣類や毛布を作ることを含んでいた。だが、それは、切り盛りしなければならない家庭のある女性たちによりも、寡婦たちや信心深い女性たちにいっそうありそうなことだ。そのことをヒエロニムスは、処女の道を選択したデメトリアスに示唆したし（『手紙』一三〇・一五）、自分の禁欲主義の友であるパウラの幼い孫娘に糸紡ぎを勧めもした（『手紙』一〇七・一〇）。だが、家庭で衣料や織物を製造することは、あるいは家庭でその工程の全段階をおこなうことは、経済上の意義をもたなかったかもしれない。布自体が発掘のためにいい状態で残っていることはめったにないが、織物工たちや作業場での製造の証拠はあり、それらのいくつかは小規模だったが、いくつかは大きな量を輸出していた。三世紀末期に皇帝ディオクレティアヌスは、その最高公定価格令〔三〇一年〕で、販売に供せられる多くの種類の布地や衣料の最高額を固定した。[50] タガステより内陸にあるティムガドの退役兵たちの定住地は、二か所の衣類の市場をもっていた。それはまた、布を縮絨《しゅくじゅう》〔毛織物をアルカリ溶液に漬けて収縮させ、その風合いを変化させる作業〕したり染めたりするための作業場をもっていた。これらは、家から離れたところでおこなわれるのがいい、汚くて臭い仕事だった。[51] 縮絨は、布のなかに残されたなにかの脂やほこりを取りのぞくことを含み、ついでフェルト化したり、あるいはけばだたせたりなめらかにしたりすることで布の仕上げをした。縮絨工たちは衣類を清潔にもした。修道的共同体への忠告のなかにアウグスティヌスは書いている、衣類は家庭でも縮絨工によっても洗われうるが、いずれかは長上が定める、またひとびとは、清潔な衣類をひんぱんにもつことを期待すべきではない、と（『規則』五・四）。家庭での洗濯をだれがするのか、彼はいわなかった。彼は、修道士たちや修道女たちが、奴隷や他の人格的所有物をもたないことを期待したが、ヒッポの共同体にかんする彼の注意深い説明は、いくにんかのメンバーが奴隷たちを帯同していたことを示している（『説教』三五六・六―七）。

だからモニカは、選択肢をもっていた。彼女は選択することができた、織物を買うか、それともそれらを家庭で作るかを、いくつかの不快な仕事を縮絨工に送ることを、紡ぐことや織ることを奴隷たちに割り当てるか、それとも時間のあるときに彼女たちと作業をするかを。おそらく彼女は、自分がそれのために織りかたや意匠や色を選ぶことができる特別の品物を作った。アウグスティヌスの手紙のひとつ（『手紙』二六三）は、修道女サピダを慰めることをめざす。自分の兄弟のために彼女が織ったトゥニカを着ることができるまえにその兄弟が亡くなってしまい、彼女はそのトゥニカをアウグスティヌスに送った。ある別の家族の贈り物が、ローマ市の長官としてアウグスティヌスをミラノの修辞学教授に任命した人物、シュンマクスが書いた手紙のなかに現れる。彼は、自分の娘が織ったか娘みずから監督したかの誕生日の贈り物について、娘に感謝する。

わが娘にしてご主人様、わたしは喜んで、あなたの羊毛の仕事の豊かな記念の品を名誉といたします。あなたの父親への愛と既婚女性としての精励とを、それは示しています。いにしえの女性たちは、そんなふうに暮らしを導いていたといわれています。彼女たちの時代は、楽しみがありませんでしたので、彼女たちを糸巻き棒や織機に取り組ませました。なぜなら、魅了されるものがないと、ひとびとは質実に暮らすものです。しかも、あなたにたいしては、戸口の階段に接するバイアエ［ある海辺の保養地］すら、このまじめな仕事へのあなたの関心を逸らすことはできません。あなたは海水を、水面で漕いでいるひとたちに任せて、あなたの少女の奴隷たちに量り分けられた羊毛や彼女たちの毎日の織りをしるしづける量の糸のあいだで座ったり歩んだりしながら、あなたは思うのです、これらのことこそがあなたの性のたったひとつの喜びだと。

（『手紙』六・六七）

羊毛の仕事が家庭を愛する娘や妻の伝統的な活動だということを、シュンマクスは知っている。彼は知っている、紡がれるための羊毛の一日の割り当てをいうことばや、一日におこなわれる織りを区分するために使われる糸をいうことばを。(52) 彼女の娘が、監督するために「座ったり歩いたり」したのか、あるいは彼女自身が機織機で

図版2. 4.　ウィクトリアの墓の画像〔肖像〕——北アフリカ、タバカからのもの
4世紀末期か5世紀初期。©Bardo Museum.

作業をしたのかは、明らかではない。

最後の問い、モニカ自身の衣類はどのようなものだったのか。ここに、ともかくも可視的な証拠がある。なぜならそれらの画像はある個人の女性が現実にどのように見えるのかを示すように意図されたものではないので、その証拠は慎重に解釈されなければならないが、婦人服の研究は、いま文化史への価値ある貢献として認められている。[53]ローマ帝国のいくつかの領域には、土地に特有の様式があったが、このことは古代末期のアフリカでは明瞭ではない。[54]女性たちは、ぴたりと体にあう袖をもつ下着トゥニカ（undertunic）〔tunica subucula（トゥニカ・スブクラ）、トゥニカを重ね着するさいの一枚目〕を身につけたかもしれない。主要なトゥニカは、丈が床に届き、肩幅が広く、そして袖は、あれば、また広かった。それは、バストのしたやウエストで結ばれることもあった。トゥニカは、着るひとにちょうど合う丈と幅に織られ、それから両脇が縫い合わされた。または、両肩で留めあわされた二枚の布地で作られることができた。それは、しばしば対照的な色の一本か二本の縦縞をもち、それらが両袖口の帯に繰り返されることもあった。襟ぐりは高く、もっとも重要な宝飾品である重いネックレスで飾られていた。単純な長方形の布地の外套は、トゥニカのうえに多くの違ったしかたではおられることができた。おそらく女性は自分の家のそとでは、折った外套やスカーフを頭のうえに引きあげただろう。いまと同じようにそのころも、頭を覆うことについて、場所が違うと違うやりかたが期待されたが、頭を覆うものが、彼女たちのヘアネットが透けて見えるほど薄くてはいけないと、アウグスティヌスは修道女たちに忠告している（『手紙』二一一・一〇）。彼は、彼女たちがヴェールで顔を覆うべきだとは忠告しないし、あるコメントは、女性たちの顔が見られえたことを示している。モニカの隣人たちのいくにんかは、彼女たちの顔にさえ殴打の跡をもっていた（『告白』九・九・一九）。[55]

モニカは正確になにを着ていたのか、あるいは彼女はどのような髪型だったのか、わたしたちは知らない。アウグスティヌスはあるとき、誘惑的なドレスと寡婦となるまえに寡婦のように見えることとのあいだに、幸いな中庸があると、ある既婚の女性に忠告したが、どのようにそれが達成されるべきか語らなかった（『手紙』二六二・九）。彼は、服装については詳細な忠告を避けて、友人にして司教仲間のポシディウスへの慌ただしい返事のなかで、用心するように勧めた。

結婚していないか、結婚を望まないで神の喜ばせかたを考えるべきひとたちを除いて、黄金による、あるいは服装による飾りを禁じることについて、わたしはあなたに速すぎる決定をして欲しくないのです。結婚しているひとたちはこの世のことどもについて考えています、どうすれば夫たちは自分の妻を、妻たちは自分の夫を喜ばせることができるかを〔1コリント七・三二―三四〕。もっとも、女性たちはたとえ結婚していても頭を覆わなければならないということは除かれます。というのも使徒が彼女たちに、頭をヴェールで覆うように命じます〔同一一・五―六〕。もっとバラ色の、あるいはもっと色白の肌に見えるように化粧で色づけることについては、それは姦通にひとしい欺きですし、夫たちでさえ、欺かれたいなどと望んではいないことをわたしは疑いません。しかも、指図としてではなく容認としてですが、女性たちが自分を飾ることが許されるのは、まさに夫のためにだけです。というのも、キリスト教徒の男性たちと女性たちの真の飾りは、うそをつく紅〔化粧〕をしないことや黄金や服装を見せびらかさないことだけでなく、善いふるまいです。

（『手紙』二四五・一）

寡婦たちは一般に、黒っぽい色の服装を身につけた。とても多くの染料を必要としたために高価だった黒色ではなく、染められていない黒っぽい羊毛の色だ。蠱惑的なドレスとは、人目を引く色の、からだにまとわりつく薄い布地、宝飾品、化粧を、そして不十分に覆われ、たぶん宝石で飾られたヘアネットを露わにしている髪の毛を、おそらくは含んでいる。たとえ喜ばせるべき夫がいるときでも、モニカが蠱惑的なドレスを身につけたことは、ありそうにないようだ。

第三章　モニカの奉仕

「仕えた」という言葉は、モニカについてのアウグスティヌスの記述をとおしてこだましている。彼女は夫のもとに嫁ぐと、夫を自らの主人として仕えた（『告白』九・九・一九）。彼女は両親や息子の友人たちに仕えた。「彼女はまるでわたしたちみなの生みの母であるかのようにわたしたちの世話をし、そしてわたしたちみなから生まれた子であるかのようにわたしたちに仕えた」（『告白』九・九・二二）。人に奉仕することは、たいてい賞讃にあたいするものだが、servire〔セルウィレ、仕えること〕は奴隷がしたことであって、よく「召使い」とか「侍女」と訳されるラテン語――serva〔セルウァ〕、famula〔ファムラ〕、ancilla〔アンキッラ〕――は、実のところ「奴隷」を意味している。同様に、dominus〔ドミヌス〕はたいてい「master〔「主人」、男女共用〕」よりむしろ「lord〔「主人」、男性〕」と訳される。『告白』でモニカは、奴隷たちにまじってくりかえし登場する。彼女の実家では、彼女の養育は年配の奴隷の子守りに任されているし、女奴隷と口げんかすることで彼女は飲酒癖から救われる（九・八・一七―一八）[1]。夫の家では、女奴隷たちが彼女の悪口を姑にいい（九・九・二〇）、奴隷の子守りが母乳を分け与え、彼女の子どもたちの世話をする（一・六・七）。こうしたすべては、一家をともにする奴隷たちと奴隷所有者たちの近しい関係をあらわしている。だがモニカは、近所の女性たちに、彼女たちもそれぞれの夫の奴隷たち――ancillae〔アンキッラエ〕――だと考えなければならないと語っていて（九・九・一九）、モニカの結婚についてのアウグスティヌスの説明は、彼がモニカの奉仕をよしとしている点でも、家庭内暴力を容認している点でも、今日の読者に衝撃を与えそうだ。

このように、つつましくまじめに育てられ、両親によってあなたに従わされたというよりもむしろ、あなたによって両親に従わされていた彼女は、「結婚できる年齢」になると夫に嫁ぎ、主人に仕えるように夫に仕え、自らのおこないによってあなたについて夫に語りながら、夫をあなたのものにしようと努めていたのだ、それによって彼女を愛されるべき、崇められるべき、ほめられるべき者として夫にとって美しい者となるようあなたがなさった、そのおこないによって。(2) しかも、彼女は夫の閨の不実を我慢して、このことで夫と口論することなどけっしてなかったほどだった。彼女は、あなたのあわれみが彼にもたらされ、彼があなたを信じて清められることを期待したのだ。彼はすぐれて親切でもあったが、かんしゃくもちでもあった。しかし彼女は、夫が怒っているときには、おこないばかりか、ことばによっても抗わないでいるのがいいとわかっていた。彼がよく考えもせずにかっとなった場合には、彼の怒りがおさまって静かになり、ちょうどいいころあいに、彼女は自分がしたことを説明したものだ。多くの既婚女性たちの夫はもっと穏やかではあったけれども、彼女たちの顔には殴られた跡があって醜くなっていた。彼女たちは仲間うちのうちとけたやりとりのなかで、自らの配偶者たちの生き方［vita〔ウィタ〕］を非難したが、彼女は彼女たちの舌を非難した。見たところ冗談めかしてはいたが、彼女はいたってまじめに、「婚姻契約書」［tabulae matrimoniales〔タブラエ・マトリモニアレス〕］と呼ばれる書類が読みあげられるのを聞いたあとには、その書類を、それによって自分たちが奴隷［ancillae］にされた契約書［instrumenta〔インストルメンタ〕］だと思わなければならない、だから、自らの身分［condicio〔コンディキオ〕］をわきまえて、主人にたいして傲慢であってはならないと彼女たちを諌めた。ほかの女性たちは、彼女がどれほど凶暴な伴侶に耐えているかを知っていたから、パトリキウスが妻を殴ったとか、夫婦喧嘩で一日でも仲違いしたと、聞いたこともなければなんらか気配からわかるということもないことに驚いていた。彼女たちが友人同士の親しさでそのわけをたずねると、彼女はわたしが先に述べた彼女のやり方を話してきかせた。そのやり方にならった女性たちは、じっさいやってみて感謝したが、ならわなかった女性たちは抑えつけられ苦しめられた。

（『告白』九・九・一九）

モニカは奴隷だったのか。奴隷の扱い方にかんする法規制はほんのわずかしかなかったが、殴ることは、不服従や、奴隷の所有者にとっておもしろくない奴隷のふるまいにたいする、よくある罰だった。自由民にたいしてするのはよしとされなかったが、子どもや社会的地位の低いひとびとを罰することはよくあったから、モニカの隣人たちがこうむった目にみえる傷跡は、痛々しいだけでなく不面目でもあった[3]。法においては、モニカはたしかに奴隷ではなかった。結婚の契約は明らかに売買契約ではないからこそ、彼女は「見たところ冗談めかして」話した。モニカが生きた時代の二世紀あとには、ユスティニアヌス帝が、婿資は女性がその夫によってまるで奴隷のように買い取られることを許容するものだから、ローマ法はこれを認めないということを明示した（『ユスティアヌスの新勅法（*Novellae Iustiniani*）』二一、五三六年[4]）。妻は夫によって買われたり売られたりできない自由民女性であり、奴隷はその所有者の財産だから、奴隷と結婚することは不可能だった。奴隷は所有される者だからなにも所有しはしなかったが、妻は持参金を（要求はされなかったが）期待された――夫はその持参金を使えたが、婚姻関係が終わった場合には返さなければならなかった[5]。妻は、遺産や投資、貿易によって自らの財を得ることもできた。妻の財産は夫のものとは法的に区別され、夫はその財産を自らの法定相続人に残さなければならなかったが、妻はそれをどう残すか選ぶことができた[6]。

自分の婚姻契約書（tabulae matrimoniales）が読みあげられるのをモニカが聞いたとき、彼女が聞いたほとんどは財産にかんするものだ。成文契約は、結婚を有効なものとするために必要とされたのではなくて、この主要な財産に関する取扱いの記録をとるのに至当だった。しかも、契約書が読みあげられ、親族やおもだった客がそれにサインをする儀式は、その結婚がコミュニティに広く知られることを保証したし、契約する親族のつながりや富を明らかにすることもできた。モニカが結婚した四世紀なかばに由来する現存の tabulae〔表、契約書〕はないが、婚姻契約書が古代末期から引き継がれているところでは、婚姻契約書は主に女性が持参金としてもってきた財産や、離婚して婚姻が終わった場合に財産を戻すための取り決めを明記することに関係している[7]。

法によれば、妻は自らの父（あるいはもっとも近い男性の親族）の potestas〔ポテスタス〕のうちにとどまり、夫の potestas のうちには入らなかった。potestas は「力」を意味し、この文脈では、法において効力ある行為をする力を意味している。だから夫が持参金を悪用したり妻を虐待したばあい、妻の実家は結婚の終わりを要求することができた。アウグスティヌスはモニカの両親について、彼らがキリスト教徒であったこと以外はなにも語らなかったし、彼の子供時代に父方あるいは母方の祖父母が生きていたと暗にいうこともなかった。モニカの両親（あるいは他の近親者）はなにをもって、妻たちがそれにうまく対処することを期して学ぶべき扱いではなく、介入が必要な虐待とみなしただろうか。ローマの離婚法は四世紀のうちに数度変わったが、モニカが生まれた当時、コンスタンティヌス帝が、夫の飲酒や賭け事や女遊びは、妻が一方的な離婚の根拠としてもちだすことのできない「こじつけの理由」だというとき、おそらく広く共有されていた見解を表明したのだ（『テオドシウス法典』三・一六・一、三三一年[8]）。法においては、女性は自ら離婚通知を送ることができたが、実際には、法を調べるための資金があったり離婚後に行く場所があったとしても、それをする勇気のある女性はほとんどいなかった。思うに、たとえ実家の支援があるとしても、離婚することで子どもたちは別れる男性のところにとどまって、よくて自分の子どもたちだけを愛する継母を得ることになることがほぼ確実なら、女性は自ら通知を送りはしないだろう。[9] コンスタンティヌス帝の法は、夫が大きな犯罪をおかして有罪でないかぎり、妻はその「堕落した欲望」のせいで離婚を望んでいる、いいかえれば、妻は他のだれかと生活したいと望んでいると決めてかかった。こうした社会の態度が、虐待的な結婚に女性を陥れることを可能にした。

アウグスティヌスによれば、モニカは家庭内暴力のよくある経験を免れたが、それは夫の怒りに対処する彼女の機転のおかげであって、とりわけそれは、虐待されたカルタゴの女性たちが夫の「生き方」（vita）を非難したのにたいして、モニカは「閨の不実に耐えた」おかげだ。上品な表現「閨の不実」（cubilis iniurias〔クビリス・インイユリアス〕）が意味するのは、パトリキウスは貞節でなかったということで、アウグスティヌスのいくつかの説教は、もっともよくあるたぐいの不貞をあきらかにしている。それは未婚女性との浮気、あるいは地元の売春宿へ行くことではなく、社会的地位のために結婚を期待できない女性との関係である。たとえば女役者や（コンスタンティヌス帝によれば）女給は、世間の目にさらされて売春婦と同一視されていたから、結婚できなかった。[10] もし男性が自らの奴隷のひとりを性的パートナーとするのであれば、だれもそれに反対する権利はなかった。アウグスティヌスは自らの集会で、そうした男性たちに異議を申し立てた。

「彼女は売春婦じゃない。彼女はわたしの内妻だ」というひとがいるだろう。そういうあなた、あなたには妻がいるか。「いる。」それなら、あなたがどう考えようと、彼女は売春婦だ。あなたに妻のほかに閨をともにする女性がいるなら、彼女のところへ行って、司教はおまえのことを悪しざまにいっているぞというがいい。彼女がだれであれ、彼女は売春婦だ。しかしおそらく彼女はあなたに貞節で、他の男を知らないし、知ろうとも考えていない。彼女が貞潔であるなら、なぜあなたは密通するのか。彼女にはひとりの男しかいないなら、なぜあなたはふたりの女をもつのか。それはゆるされない、けっしてゆるされない、ゆるされないことだ。

（『説教』二二四・三）

妻、内妻、売春婦は、性的関係の三種の呼び名だ。モニカが、自らの婚姻契約書が読みあげられるのを聞いたとき明示されたのは、彼女は「子どもをつくるため」に夫に与えられたということだ。妻は、夫である男性の法定相続人となる子どもたちをもつ女性だ。この事実が、内妻と妻を区別する。内妻の子は、内妻が他の男性と性的関係をもっていないと知られることから、ある特定の男性の子と認識される。たとえば、モニカの孫であるアデオダトゥスがアウグスティヌスの息子であることをだれも疑わないのは、彼の貞節なパートナーが彼のもとから遠くに追いやられたとき、けっしてほかの男を知るまいと誓ったからだ（『告白』六・一五・二五）。男性が未婚であるとか、男やもめや離婚した男性が、再婚して相続人となる子をさらにもつことを望まない場合には、内妻と同棲することは社会的に容認できることだった。アウグスティヌスは自らの息子の責任をとったが、彼のパートナーを妻とはみなさなかったし、彼女は彼の結婚が準備されると去らなければならなかった。(11)

「彼女は売春婦じゃない。彼女はわたしの内妻だ」という男性たちは、男性は内妻、つまりその子が彼の子であると認められるパートナーを、妻、すなわちその子が男性の法定相続人である女性と同時にもつことはできないと定めたローマ法の見地において間違っている。売春婦の子は、彼女の客のだれでも父となりえたかもしれないから、そのだれにも父となるよう要求する権利をもたなかった。別の説教（九・一五）でアウグスティヌスは、ある男性が「わたしが殺人をするとか、盗みをはたらくとか、自分の両親を敬わないとすれば、あるいは姦通するとか、隣人の妻や財産をむやみに欲しがるとすれば、わたしは自分にされたくないことをしている。だがわたしが売春婦［meretrix〔メレトリクス〕、文字どおりには「女性の賃金労働者」］のところへ行くのだとすれば、だれに、わたしは自分がされたくないことをしていることになるか」と述べる場合を想定している。この話は啓発的だ。決まりきった回答は、「セックスのためにだれかがあなたに金を払ってほしいとあなたが思うのでなければ、あなたは自分がされたくないことを、売春婦にしている」というものだが、想定された話者はこう考える。「わたしがセックスのために売春婦に金を払っても、だれも傷つかない。彼女は別の男のものではないのだから。」

アウグスティヌスの集会にいる男性たちにとって、「内妻をもつこと」は、妻（現在ないし将来の）でもなければ他の客もいる売春婦でもない女性と、安定した関係をもつことを意味した。ローマ法では、既婚の女性が夫とは別の男性と性的関係をもったとすれば、姦通をおかすことになった。男性は、既婚、未婚の別なく、他の男性の妻と性的関係をもった場合だけ姦通をおかしたことになった。姦通は重罪で、それは姦通が夫にたいする侮辱であるからだけでなく、相続を混乱させるからだった。姦通をおかす妻は、夫から不当に財産を相続する子を生むかもしれないし、彼女の不貞は、彼女のほかの子どもたちの嫡出に疑いをなげかけた。同様に、結婚可能な自由民の女性との性的関係は、結婚したとき彼女が貞節であるかどうか疑問を生じさせた[12]。だからアウグスティヌスが異議を申し立てた男性たちは、自分たちは不貞あるいは無節操ではなく、（多くの場合）とりあえずは自分のものであるひとりの女性との適切な婚外関係の取り決めをしているのだから、自分たちのふるまいは容認されうると考えた。パトリキウスはおそらくこうした考え方を共有していた。モニカは、彼がしだいに貞節になるよう望んではいたものの、文句をいいはしなかった。

このような取り決めは実用性があって、アウグスティヌスはそれを認めていなかったが、モニカはよく承知していた。アウグスティヌスは司教として、性道徳の単一の規範を是として力強く主張した。だが彼は、妻への貞節以上のことを男性に求めた。彼は、男性が自らの妻とだけ、それも子を生むためだけに性的関係をもつよう求めたのだ。彼は婚姻契約書のことばづかいにうったえている。

「子どもをつくるため」という制限によって容認される以上に妻の肉体を求める男性は、それによって彼が妻と結婚した契約に反したおこないをしている。契約は読みあげられる、それは証人となるすべてのひとのまえで読みあげられる、そしてそこでは、「子どもをつくるため」と読みあげられ、その契約が、婚姻契約書と呼ばれる。妻がこの目的のために与えられ受けとられるのでなければ、いったいだれが正気で、自らの娘を他の男の情欲にあたえようか。契約が読みあげられるのは、両親が娘を与えるとき恥ずかしい思いをせず、義理の両親が売春の斡旋者にならないためだ。このときなにが婚姻契約書から読みあげられるか。「子どもをつくるため」だ。

（『説教』五一・一三・二二）

妻とは子どもをつくるために与えられた女性であって、性欲を満たすために与えられたのではない。夫婦間の欲望は、妻の健康のためにいい以上に多くの妊娠と、財産が扶養しうる以上に多くの子どもを結果しうるという問題を、アウグスティヌスは重視してはいなかった。モニカとパトリキウスは、彼らの三人の子どもたちを扶養できたが、アウグスティヌスの教育への投資は家計を逼迫させた。彼らが、自分たちの現状にとってもっともふさわしい数の子どもたちをもっていたのは、たんに自制と幸運によるものだったのだろうか。

アウグスティヌスは、モニカが流産や死産、あるいは他の子どもが幼児期に亡くなったという経験をしたとは、控えめにもいいはしなかった。立派な女性であれば、避妊術や避妊薬については知らないと思われていた。それらは売春婦のための知識であって、妻のためのものではなかった。医学書が関心を寄せるのは受胎をうまくいかせることであって、それを阻むことではなかった。たとえそうだとしても、女性たちはおそらく「仲間うちのうちとけたやりとり」から、なにがしかは知っていた。薬草は広く使われていたから、女性は、夫に新たな子どもを与えないという意図をもたずに医薬を服用したと主張できた。とはいえ伝統的手法や薬草は当てにできるものではなかった。[13]アウグスティヌスは、妊娠中にさえ妻を「容赦」しない男性もいるという事実を嘆いた。彼は、習慣的に避妊したり避妊に同意する女性は、夫を自らの愛人であるかのように扱い、夫は彼女を売春婦であるかのように扱っているとも語った（『結婚と欲情について』一・一五・一七）。つまり、彼らの関係はまるで、妊娠が希望であるより脅威であるような関係だというのだ。[14]より臨場感ある感じでは、彼は、既婚男性が、子どもをもちたいという希望だけで妻とセックスするというのを、仲間うちのうちとけたやりとりのなかでこれまでに聞いたことがあるか、とたずねる（『結婚の善（*De bono coniugali*）』一三・一五）。（こうした「仲間うちのうちとけたやりとり」は、タガステの女性たちが自らの夫の文句をいっていたやりとりの男性版にあたるものだったに違いない。）だがアウグスティヌスは続けて、受洗したキリスト教徒にとってその答えは、男性の自制だと主張した。アウグスティヌスによれば、忍耐と祈りは、モニカがまだキリスト教徒ではない夫の不貞に耐えるのを助けた。モニカは妊娠と出産から回復する時間をよろこんで迎えることもできたし、「内妻」である奴隷の生んだ子どもたちが（もしいれば）、分与された財産を相続することなく家の労働力に加わるだろうと考えることができた。

受洗したキリスト教徒の娘であるモニカは、教会の結婚式で約束を交わしたのではなかった。それは彼女の夫がキリスト教徒でないからではなく、キリスト教の結婚の儀式はのちに発展したものだからだ。[15]おそらく彼女の両親は、彼らの司教を、婚約の証人となる客のひとりとして招待しただろう。だが、教会の結婚式がなくても、モニカは善い妻の従順なふるまいと自発的な奉仕について、聖書を聞き、読むことができた。タルソスのパウロに帰されるエフェソの教会への手紙は、結婚についてキリスト教徒に教えるために、キリストと教会の比較をもちいている。

妻たちは、キリストへの畏れをもってたがいに従うなら、主に従うようにして自らの夫に従う。キリストが教会の頭であり、彼［すなわち、キリスト］が体の救い主であるように、男性は女性の頭であるのだから。また教会がキリストに従うように、妻たちはすべてにおいて自らの夫に従う。夫たちよ、キリストも教会を愛し、教会のためにご自身を与えたように、自らの妻を愛しなさい。キリストがそうなさったのは、水とことばで教会を清めて聖なるものとし、しみやしわやそのたぐいのもののない、だがそれゆえに神聖で汚れのない、栄光の教会をご自身のまえに現すためだった。そのように夫は、自分の体のように妻を愛すべきだ。自分の肉体を憎む者はだれもいず、むしろキリストが教会になさるように、自分の肉体を養い、いたわるものだ。わたしたちはキリストの体であるから、キリストは養い、いたわってくださる。「それゆえ、ひとは父と母を離れてその妻と結ばれ、ふたりは一体となる。[16]」この神秘は偉大だ。わたしは、キリストと教会について述べている。いずれにせよ、あなたがたも、それぞれ、妻を自分のように愛さなければならないし、妻は夫を畏れなければならない。

（エフェソ五・二二―三三）

夫と妻、親と子、主人と奴隷は、上位の者から下位の者への三つの基本的な家庭内関係だ。エフェソの教会への手紙は、下位の者とならんで上位の者に、正しいふるまい方について助言している。つづく箇所では、子どもたちは両親に従わなければならないし、父親たちは子どもたちを怒らせてはならない、奴隷たちはキリストに従うように主人たちに従わなければならないし、主人たちは奴隷を脅してはならないといわれている。アウグスティヌスは、モニカの結婚について説明するとき、ペトロの第一の手紙からまた別の表現を引用した。

自らの夫に従いなさい。夫たちは、たとえみことば［つまり、キリスト教の福音］を信じていなくとも、妻たちのふるまいによって、ことばはなくとも負かされるだろう。あなたがた妻たちの立派で貞潔なふるまいを見るからだ。あなたがたの美しさは、髪を編んだり、宝飾品を身につけたり、きれいな衣服を着るような、外面的なものではなく、温和でつつましいこころという、神のみまえで価値のある、朽ちない性質にこそあるような、胸のうちに隠された自己こそ、あなたがたの美しさであるはずだ。これこそが、かつて、神にその望みを託した聖なる女性たちが自らを美しくさせたしかただ。彼女たちは、サラがアブラハムに服して彼を主人と呼んだように、自らの夫に従った。[17]

モニカは、夫にとって彼女が美しいものとなる（『告白』九・九・一九、まえに引用）そのふるまいによって、神のために夫にうちかった。彼は教会の指導のもと、アウグスティヌスがほどなく一五歳になるころに洗礼志願者となった（二・三・六）。おそらくその一年後、人生の最後に彼は受洗し、モニカが望んでいたとおり彼の不信仰は終わった。「彼女は、彼が受洗すると［fidelis〔フィデリス〕、「信仰をもつと」］、まだ受洗していない彼について耐えていたことを、もはや嘆かなくなった」（九・九・二二）。しかし、ジェイムス・オドンネルが指摘しているように、アウグスティヌスは、モニカが夫に従っていたということを避けている。モニカにかんして、妻たちが夫に従う（subditae〔スブディタエ〕）よう語る新約聖書のくだりを引用するとき、彼は「仕える」ということばに変えている。しかし彼は説教では subditae ということばを保っているのだ（たとえば『説教』三二九・四）[18]。篤信のキリスト教徒として、神の意志にかなおうと、モニカは家庭内で唯一キリスト教徒でない夫よりも上位の者となる。「というのも、わが神よ、彼女は彼よりむしろあなたがわたしの父となるようつとめており、このことにおいて、あなたは彼女が夫にうちかつようにお助けになった。彼女はその夫に、よりすぐれた者として仕えていたのだ［cui melior serviebat〔クゥイ・メリオル・セルウィエバト〕］。このことにおいて彼女は、この序列をお与えになったあなたに仕えていたのだから」（『告白』一・一一・一七）。

アウグスティヌスはその他の点では、モニカが夫を負かしているというのを避けもした。彼女が、妻たちは自分たちのことを夫の奴隷と考えてそれに応じたふるまいをすべきだというとき、まったくまじめにそういっているものとして彼は描いている。それは司教として彼が、妻たちにそうするよう語ったことなのだ。ひとつの例がとりわけ印象的なのは、彼は箴言をしめくくる善い妻の賞讃について説教していたからだ。この聖書のくだりで善い妻が賞讃されるのは、奉仕や服従のゆえではなく、夫にたいする貢献と、家族にたいするよく行きとどいた世話のゆえだ。

(10) 善い妻を見いだせるのはだれか。彼女の価値は、赤珊瑚よりはるかに高い。
(11) 夫は彼女を全面的に信頼し、子に欠くことがない。
(12) 彼女はその生涯の日々、悪ではなく善を夫にもたらそうと努める。
(13) 羊毛と亜麻をえらび、気もちをこめて仕事にとりかかる。
(14) 商品をつんだ船のように、遠方から家に食べ物をもたらす。
(15) まだ暗いうちに起きて、一家のために食べ物を割りあて、奴隷たちに十分なだけ分けてやる。
(16) よく考えたうえで畑を買い、もうけた分で葡萄畑をひらく。
(17) 猛然と務めにとりかかり、奮って仕事にとりくむ。
(18) 商売がうまくいっていることを見とどけて、ひと晩じゅうその灯が消えることがない。
(19) 手には糸巻き棒をにぎり、指で紡錘《つむ》をつかむ。
(20) あわれなひとたちに寛大で、貧しいひとたちに助けの手を差しのべる。
(21) 雪が降っても一家を心配することはなく、それは彼らが二重にマントでくるまれているからだ。

(22)自らの寝台の掛け布と、りっぱな亜麻布できた紫の衣服をつくる。
(23)夫は会合ではよく知られた存在で、その土地の長老とともに座を占めている。
(24)彼女は亜麻布を織って売り、帯を商人に供給する。
(25)力と気品を身にまとい、明日にほほえむ余裕がある。
(26)口をひらけば賢明に語り、その教えは健全だ。
(27)一家を切り盛りすることから目をはなすことなく、怠惰のパンを食べることがない。
(28)息子たちはこころを合わせて彼女の美徳を称揚し、夫も熱烈に彼女を賞讃する。
(29)多くの女性がその有能さを発揮しているが、あなたは彼女たちみなにまさる。
(30)色香は欺き、美ははかない。しかし主を畏れる女性は讃えられる。
(31)彼女が成しとげたすべてのゆえに、彼女をほめたたえよ。市の城門で、彼女の功績に栄誉をもたらせ。(19)

モニカは家の物資の管理にかんしてこうした賞讃にじゅうぶん値したかもしれないが、アウグスティヌスは『告白』でこのくだりをモニカに関係づけてはいない。彼がこのくだりについて、『告白』を書き始めたのと同じ年に説教したとき、彼はその最初の詩句に注目した。その詩句は彼のラテン語訳では、「強い女性を見いだすのはだれだろうか」だ。彼は、「強い女性」（mulier fortis〔ムリエル・フォルティス〕）とは信仰の母なる教会のことであって、別の女性のことを語るのは適切でないとただちに説明した（『説教』三七・一）。彼は強い女性への賞讃を解説するとき、いつも教会に関係づけて解説していて、彼や彼の聴講者たちが知っている一般的なことばで強い女性、すなわち自分で衣類を作り、暗いうちに起きて一家のために食べ物を用意し、多くの奴隷たちにもそれを割り当てるような女性のことを示唆することはなかった。そこで彼はこう問うていた。

これらの奴隷たち［ancillae］は彼女のものか、それとも彼女の夫のものか。彼女の夫のものだから、彼女のものか。彼女自身が、多くの奴隷のひとりなのか。彼女は一家の女主人［materfamilias］だとはいえ、奴隷であることを恥としない。彼女に、彼女自身への買取りを待たせよ、自らの主を愛させよ。あえてわたしはいう、彼女に自らが奴隷であることを認識させよ、自らの境遇を恐れさせるな。彼女にかくも多くをもたらしたかたは、彼女を自らの妻とすることを恥としないのだから。善い妻はみな、自らの夫を主人と呼ぶ。彼女は夫をそう呼ぶだけでなく、そう考え、それを話し、こころにそれを抱き、口でそれを語り、婚姻契約書を彼女の買取り証書とみなす。だから彼女は奴隷たちに仕事を与える奴隷だ。彼女は奴隷だ、だから彼は、「わたしはあなたの奴隷にしてあなたの奴隷の息子だ」と語る、彼女の息子だ。（『説教』三七・七）

アウグスティヌスが語ったのは、キリストの配偶者である教会のことだ。キリストは自らの死をもって、配偶者なる教会をもたらした（エフェソ五・二五、まえに引用）。キリストは罪を贖って教会を奴隷状態から解放し、この解放奴隷を自らの妻にする、が、明らかに教会はいまだ罪から自由になっていず、アウグスティヌスがそうつけ加えているように、教会は自らの買取り価格を待たねばならない。アウグスティヌスは、解放されて妻とされた奴隷ということと、次のところで述べていること、すなわち善い妻はみな自らの夫を「主人」と呼び、婚姻契約書を買取りの契約書と考えるということ、つまり、自由であった妻が奴隷になるということに会衆が同意するよう期待して述べていることとが相反することに気づいていないようだ。おそらく彼はミラノで、エデンの園で神の命令に従わなかったことにたいするエウァの罰についてアンブロシウスが論じるのを聞いていなかった。エウァは、苦しんで子どもを産み「おまえの夫がおまえの主人となるだろう」といわれたが、アンブロシウスは、「あなたは主人ではなく、夫だ。あなたは奴隷を得たのではなく、妻を得たのだ」と、聴衆に注意をうなががした。[20] あるいはおそらく、結婚していないイタリア人貴族であるアンブロシウスは、タガステやヒッポにおける男性たちの見方を共有していなかったのだ。

「彼女は婚姻契約書を、自らの買取り証書とみなす」ということは、モニカが隣人たちに助言するときにも繰り返されている。モニカはアウグスティヌスと同じように、「善い妻はみな、自らの夫を主人と呼ぶ」という習慣を最大限に活用したのだろうか。domine〔ドミネ〕、「主人よ」とは、たしかに奴隷たちが自分たちの所有者に呼びかけるしかただが、男性にたいして domine、女性にたいして domina〔ドミナ〕とは、家庭の内外で、礼儀ただしく、あるいは愛情をこめて呼びかけるのに広く使われた言い方だ。[21] パトリキウスは、自分がモニカの奴隷であるという含みは少しもたずに、モニカを domina と呼んでいたかもしれない。そうだとしたら、モニカや彼女の友人たちにとって、自分を夫の ancilla だと考えることはなにを意味したのか。それを判定するのはむずかしい。たとえば、ecce ancilla Domini〔エッケ・アンキッラ・ドミニ〕（ルカ一・三八）という、イエスの母であるマリアの、天使ガブリエルにたいする返答は、「主のはしためをご覧ください」と訳されるのが慣例だ。「わたしは主人の奴隷だ」のほうがより正確だろうか、あるいは、「奴隷」には古典古代において異なる響きがあるから、もしくは「わたしは主人の奴隷だ」というのは「なんなりとお申しつけください」というのと同じでおそらく慣例的に敬意ある返答だったから、そう訳すのは誤解をうみやすいだろうか。

訳者たちにとって問題は、奴隷制度（隷属状態）がこんにちあきらかによくないものとみなされることだ。[22] 所有者の求めることをしなければならない人間を売買することは、いかにして正当でありうるだろうか。しかし古典古代においては、主従関係は家庭にとって、そしてそれゆえ社会にとって基盤となるものだった。自由民は定義上、他人に奉仕しないから、家事への奉仕は奴隷によってなされた。雇われた労働者は一時的な被雇用者で、彼らの雇用者の責任はそこで終わった。奴隷たちは、少女のときモニカの父をおぶった子守りのように、好んで、その一家に生まれ、生涯その一員となった。奴隷に乱暴だったり、役立つにはあまりに年老いて弱った奴隷を売ったりしたのは、悪い所有者だけだった。だから奴隷制度は、それ自体としては非道をうながすものではなかった。

アウグスティヌスは、奴隷制度を人間の罪の結果とみなした。[23] それは男性への女性の服従のような本来的な服従ではなく、すべての人間が罪深いゆえの正当な罰であると彼は書いた（『神の国』一九・一五）。個人の隷属状態は、かの個人の罪に由来するか、あるいは他のひとびとの罪に由来する帰結かもしれない。アウグスティヌスは、他のひとびとを支配しようとする人間の衝動は根本的な問題だと考えたが、そのことは彼が人間社会における支配の諸構造を変化させようとすることを意味しなかった。彼は自分の修道的共同体のメンバーたちが、彼らが所有する奴隷をみな解放することを期待したが（『説教』三五六・六―七）、それは奴隷制度が悪いと考えたからではなく、その共同体のメンバーたちが所有物をもつべきないと考えたからだ。不法な奴隷制度は、また別の問題だった。ヒッポにおけるアウグスティヌスの集会は、奴隷貿易商によって誘拐されたり船で外国に輸送されるために港町に連れてこられた一二〇人のひとびとの救出に介入した。彼らは故郷から遠く離れて、自由な身分を証明するものを持参できなかった。アウグスティヌスは、法についての助言とそれを施行するさいの援助をもとめた（『手紙』一〇*）。だがこれらの被害者を救出しようと介入したひとたちは、彼ら自身や、またそれをするだけの余裕があるほかのだれであれ、家や土地や仕事で働かせる奴隷を所有するのは当然だと思っていた。

だから、もしモニカが自分のことを夫の奴隷だと考えていたとすれば、おそらく彼女は、自分は夫の一家に従属するメンバーで、夫の要望に（もちろん、夫が事態を誤解していないかぎりでだが）従うべき者だという考えだっただろう。夫と妻の力関係は主人と奴隷のそれに似ているから、婚姻契約書が読みあげられるのを聞くときには女性は、それが売買証書であるかのように聞くべきだとも彼女は考えていたかもしれない。結婚は対等な者同士の関係ではなかった。たとえ、うまくして女性がいくらか教育を受けられるばあいであっても、男性がよく考えられ説得的な議論を組立ててそれを表明するようになるのと同じようには、訓練されなかった。女性には、そうした技術が必要とされるような公的生活の場がなかったからだ。[24] だから夫は、妻よりいくらか年下だとしても（おうおうにして年上だが）、たいていは妻よりもよりいい教育を受けていたし、世間の経験も多かった。パトリキウスが亡くなったのはモニカが四〇歳になるまえだと暗に示されてはいるが、彼が彼女より年上だったかは明らかでない。アウグスティヌスは三十代のはじめに、二年後に一二歳になる少女と結婚しようと待ち望んだ。彼女は、自分の夫より二〇歳以上年下だったことになるだろう（『告白』六・一三・二三）。

　こうした社会的慣習は、女性は身体において男性よりも弱いのと同じく理性においても弱く、ゆえに女性たちは彼女たちに責任をもつべき男性による世話と保護を必要とし、ときにはしつけを必要とするかもしれぬという広くはびこった信念を強化した。[25] アウグスティヌスは、『七書（聖書の最初の七書）についての諸問題』で、劣等者にたいする優等者の役割を論じ、理性は非理性的生にたいして支配権をもつのが正しいのだから、ひとびとは動物にたいして支配権をもつと主張した。反対に奴隷制度は、人間の邪悪や不運からの結果だ。「そしてひとびとのあいだには、女性が自分の夫に仕え、子どもが自分の両親に仕えるといった自然の秩序がある。なぜならここにおいても、より弱い理性はより強い理性に仕えるということが正当だからだ。」人間の邪悪のゆえ、あるいは人間たちのあいだの多様性のゆえに、支配する者がつねに理性において強いというわけではないということを、彼は認めていた。[26] こうしたことが生じるとき、善いひとびとはそれに耐えることになるが、天国では十全な幸せに至るだろう。アウグスティヌスは、より強い理性が責任をもつように関係を変化させるべきだとは示唆しなかった。彼の両親のばあい、それはモニカだっただろう。

　女性にたいする男性の支配は、最初の女性であるエウァの、神への不服従への罰の一部だとアウグスティヌス

図版3. 1.　モニカとパトリキウスがアウグスティヌスを学校へつれていく。Benozzo Gozzoli, 1464-1465. Wikimedia Commons.

は考えた。「おまえは、苦しんで子を産むだろう。おまえは夫を求め、夫はおまえを支配するだろう。[27]」アウグスティヌスは、女性は神が与えたもうた創造の秩序のもとで、本性的に男性に従うものだと考えてもいる。[28] ある説教で彼は、「いったいなにが、女が男に命令をする家より悪いだろうか。男が命令し女がそれに従うとき、家は正しくある」（『ヨハネによる福音書論考』二・一四）と問うた。別の説教（『説教』一五二・四）では、これをいっそう露骨にいう、「もし一家において男と妻のあいだに意見の相違があるなら、夫は妻を飼いならす［domare〔ドマレ〕］よう努める必要がある。飼いならされた妻が夫に服従させられる。妻が夫に服従させられるとき、そこに平和がありますように」と。これは肉をコントロールする霊のイメージだが、彼は会衆がその一般原則に同意することを期待した。アウグスティヌスに従えば、モニカとパトリキウスに意見の不一致はなかったが、他の女性たちはどのように飼いならされたのだろうか。

『神の国』（一九・一六）でアウグスティヌスは、ひいてはそれが都市〔国家〕の平和に貢献することになる家庭の平和を妨げるひとたちを、叱責したり殴ったりその他合法の罰を与えることで罰する責任が、一家の長にはあると断言した。『告白』はモニカの人生からひとつの例を提供してくれる。

彼女の姑は、はじめは、よからぬ奴隷女たちが噂するのをきいて彼女〔モニカ〕にたいして怒っていた。［モニカは］服従と辛抱強い我慢、素直さによって姑を負かし、その結果、姑は自ら進んで、奴隷たちの干渉的な舌のことを息子に報告した。それらの舌によって彼女と彼女の嫁〔義理の娘〕とのあいだの家内の平和が邪魔されるので、罰が必要だというわけだ。そのため彼は、自分の母親に従い一家の善い秩序に注意を払い家族の調和を気づかって、報告した彼女が望んだように、報告された者たちを殴ることで抑えつけた。このとき彼女は、好意を勝ちとるために嫁についてなにか悪口を彼女にいう者は、同じ報いを受けなければならないと約束した。だれもあえてしようとはせず、彼らはたがいにたいして、忘れがたいほど喜ばしい善意をもって生活した。

（九・九・二〇）

アウグスティヌスは、こうした殴打が、よくある暴力や怒りが爆発した結果ではなかったことを明らかにした。彼らは家の主人によって、主人の母の求めどおり、家庭の平和と規律を確保するために礼儀正しく秩序づけられていた。[29] しかし彼は、父はかんしゃくもちで、母は夫の怒りがおさまらないうちは彼にはむかうべきではないと分かっていたと認識してもいた（九・九・一九、まえに引用）。多くの哲学者が指摘したように、怒りは、一家の支配者だと主張するその男性が、じつは自らの感情の奴隷だと示した。[30] モニカは、はむかうより避けるという冷静な方法をすでに学んでいたのだろうか。アウグスティヌスは、彼の母が傷を負わされているのをだれも見たことがないし、口論があったことをだれも聞いたこともないと主張した。おそらく「だれも」は、彼女の子どもたちを含む。彼は、「彼らはすばらしい調和をもって生活していたので」、valde concorditer vixerant〔ヴァルデ・コンコルディテル・ウィクセラント〕、モニカは彼女の夫と埋葬されたかったのだと語った（『告白』九・一一・二八）。彼は、怒りのことばによってなされた被害の告発にたいして平和を創造したモニカへの賞讃を奉じている（九・

九・二二）。身体的暴力で吐き出された怒りよりも、むしろこの種の怒りこそが、彼を悩ませた[31]。おそらく彼は、両親の結婚において自分が見たかったものを見た。おそらくモニカは、打たれた妻たちの服従と機転が失敗した責任は彼女たちだけにあると信じるように彼を導いた。

アウグスティヌスは、妻が夫に恥をかかせるふるまいをするばあいだけでなく、夫の望みに抗ったり夫のふるまいに文句をつけたりするばあいには、妻を殴ることは容認できると多くの男性が考えていたという証拠を提供している。アウグスティヌスは、こうした思い込みに異議を申し立てはしなかった。彼と同時代人のヨハネス・クリュソストムスは、アンティオキアとコンスタンティノープルでの彼の説教で異議を申し立てたのだが[32]。ヨハネスが強調したのは、妻は、夫に従うとはいえ自由な女性であって、殴られたりその他のしかたで虐待されるべきではないということだ。彼は妻たちが夫たちに従うことを期待していたが、家事への貢献も認めていた。彼がいうには、妻は、布を作り、家事をまかない、子どもを育て、女奴隷たちに注意を払いつづけるのに長けている。彼女の夫は、家や貯蔵庫、羊毛の仕事、食事、衣類への配慮から解放されている[33]。しかし、この、いっそう積極的な態度さえ、打たれた妻たちのための避難所や支援の調達を教会にさせることにはならなかった。この司教は、おそらく婚姻契約書に署名をしたし、妻が奴隷でないことはたしかに知っていた。しかしキリスト教の説教者は、打たれた妻たちが辛抱強く我慢して、寛大さによって夫に勝つことを希望しながら、夫のもとに留まるように強いた[34]。

ある点においてアウグスティヌスは、夫たちの望みに反してでも、教会による支援を妻たちに提供した。性道徳についての〔男女間での〕同一の基準の主張だ。既婚男性が自らの妻に貞節であるよう促す説教のなかで、彼は、夫を主人とさせ妻を奴隷とさせた契約書を引用し、それを、妻の身体は彼女のものではなく夫に属するというパウロの教えと結びつけた。

あなたがたは、あなたがたの妻にとって十分なものでありたいからには、あなたがたの妻を、あなたがたにとって十分なものとしなさい。あなたがたは、あなたがたなしに彼女になにか起こってほしくはありません。あなたは主人で、彼女は奴隷、神は両者をおつくりになった。聖書はいっている、サラはアブラハムを主人と呼んで、アブラハムに譲った〔1ペトロ三・六、まえに引用〕。司教が、あなたがたの妻はあなたがたの奴隷であり、あなたがたはあなたがたの妻の主人だという契約に署名したこと、これは真実だ。しかし、性を区別することが用務となって、それぞれの性が他方と混ざるときには、「妻は彼女自身の身体に権能をもたない、だが夫はもつ。」あなたは幸せだった、あなたは堂々とふるまった、あなたは見せつけた。使徒はうまく語った。じつにうまく語った、選ばれし器〔パウロ〕よ。「妻は彼女自身の身体に権能をもたない、だが夫はもつ」〔1コリント七・四〕。「そうです、わたしこそは主人なのですから」。あなたはそれを賞讃したが、続けていわれていることをお聞きなさい、どうか、あなたが聞きたくないことを聞きなさい。「それはなんですか。」お聞きなさい。「そして同様に夫は」、すなわち主人は、「そして同様に夫は彼自身の身体に権能をもたない、だが婦人はもつ」〔同〕。すすんでこのことを聞きなさい。あなたから取り去られるのは悪徳であって、支配権ではない。あなたがたの姦通は禁じられており、女性たちは立ちあがらされていない。

（『説教』三三二・四）

集会にいただれもが、アウグスティヌスがこの注意深いことばでなにをいおうとしているかわかった。妻は夫の性的要求に応じなければならないし、他のひとと性的関係をもってはならない。しかしキリスト教徒の妻は、同じことをキリスト教徒の夫に要求することができた。アウグスティヌスは、この教えによって「女性は立ちあがらされていない」と主張したが、それはつまり、妻たちは反抗するようにはつくられていないということだ。

だがこの説教は、自分たちを主人とみなしたい男性たちのことを、じつによく表現しているし、彼らがどう反応するかを、彼はモニカをとおして知っていた。別の説教（『説教』三九二・二）は、同一の基準を求めるこの要求以外のすべてにおいて、妻たちは夫に従順で、自らの所有物を放棄する用意のできた奴隷であらねばならないということを、アウグスティヌスがどれほど強く主張していたかをあきらかにしている。しかし、彼がいうには、この点においては、だれもが聞かなければならない。すなわち、洗礼を求めるひとたち（competentes〔コンペテンテス〕）は、姦淫してはならないし結婚しているあいだやそのまえに愛人をもってはならない、すでに洗礼を受けたひとたち（fideles）は、妻の「あとやほか」の関係にかんしておおやけの悔悛をしなければならないことを。

わたしは、あなたがたが見守られるよう、あなたがたの妻に託す。彼女たちはわたしの娘だ、あなたがたがわたしの息子であるように。彼女たちにわたしの話を聞かせなさい。彼女たちには夫に嫉妬深い〔zelent〔ゼレント〕〕ままでいさせなさい。夫の不貞をおとなしく耐え忍んでいるからという理由で不貞の夫に賞讃されている、既婚女性の空しい栄光を保持しつづけさせてはならない。わたしは、キリスト教徒の女性にこのような忍耐をさせたくない。それはだめだ、彼女たちには嫉妬深いままでいさせなさい、彼女たちの夫にたいして、彼女たち自身の身体にではなく、彼女たちの夫のたましいにたいして。わたしは、たいへん強くこのことを助言する、わたしがそれを教える、わたしがそれを命じる。司教がそれを命じる。キリストが、わたしにおいてそれを命じるのだ。［女性たちは、夫に反対して訴え出なければならない、行政上の諸権威にではなく、教会に、キリストに。］その他のことがらすべてにおいて、夫の奴隷［ancillae］でいなさい、敬意をもって夫に従属して［subditae ad obsequium〔スブディタエ・アド・オブセクィウム〕］。あなたがたのなかに、厚顔がないように、高慢がないように、傲岸がないように、その他いかなる種類の不服従もないようになさい。奴隷たちのように仕えなさい。しかし、祝福された使徒があなたがたを等しくする作業にいたるとき、「夫は妻に与えられるべきものを与えなさい、同じように妻は夫に与えなさい」〔1コリント七・三〕といって、付け加えた、「妻は彼女自身の身体に権能をもたない、だが夫はもつ」と。なぜ自分を高ぶらせるのか。続きを聞きなさい、「同様に夫は彼自身の身体に権能をもたない、だが婦人はもつ。」ここに至れば、あなたがたのものを求めて叫びなさい。あなたの夫はあなたの黄金を彼の必要のために売る。それに耐えなさい、女性よ、それに耐えなさい、奴隷よ、訴えてはならない、それに抗議してはならない。あなたの黄金への軽視が、あなたの夫への愛だ。彼があなたの villa〔ウィッラ、別荘〕――それはあなたのものである――を彼の必要のために売るのなら（それはあなたのものでないなら彼のものではありえない、妻にあるべき愛があなたのなかにあっても）、忍耐強くそれに耐えなさい、そして彼がためらえば、自らそれを差し出しなさい。夫への愛のために、すべてのものを軽んじなさい。しかし彼に貞潔でいてほしいなら、彼が貞潔でいるよう訴えなさい。あなたの家を滅びさせなさい、忍耐強く。あなたが忍耐するあいだ、彼のたましいが滅びないように。わたしは、男性たちに、この件で妻たちに嫉妬するようにとはいわない。わたしは彼らがどのようかわかっている。だれが姦通する妻に耐えられようか。ところが女性たちは姦通する夫に耐えるよう命じられている。なんという正義。なぜか、わたしはあなたに問う、なぜか。「わたしは男だからだ。」

（『説教』三九二・四―五）

このときアウグスティヌスは、お気に入りの言い分、「あなたが男性なら、男性であれ」を使っている。男性は、女性が行くべきところへ女性を導く女性のかしらだと想定されているのだ。

アウグスティヌスは、どれほど男性たちが、ダブル・スタンダードを攻撃されることを嫌うかを知っている。それを女性たちは、受けいれるようになってしまっていた(『説教』九・四)。ひとびとは、奴隷といるところを取り押さえられた女性が、そこで非難され恥辱を受けるべく広場へ引き出されるということを聞いたことはあっても、女の奴隷といるところを取り押さえられた男性については聞いたことがなかった。だが罪は同じだ。

さて、もしかすると今日は、とても辛辣でとても自由に不平をいう妻に苦しんでいるひともいるかもしれない。というのも彼女は、それは男性には許されていると思っていたが、男性に許されてはいないと教会で聞いたのだ。さあ、そのひとは、わたしがいったように、とても自由に不平をいう妻に苦しんでいる。彼女はいう。「あなたがしていることは許されてはいません。わたしたちはそれをいっしょに聞きました。わたしたちはキリスト教徒です。あなたがわたしに要求するものをわたしに与えなさい。わたしはあなたに貞節の義務を負っていますし、あなたはわたしに貞節の義務を負っています。わたしたちはふたりともキリストに貞節の義務を負っています。そしてもしあなたがわたしを欺いても、あなたは、わたしたちが属しているそのかたを欺かない、わたしたちを贖ってくださったかたをあなたは欺かない。」彼が聞き慣れていないこうしたことを聞いて、彼は自分について健全になりたくなくて、それでわたしに反抗して不健全になる。彼は怒る、彼は呪う。おそらく彼はいう、「どうして生じるのか、この男がここに来るとか、あるいはちょうどこの日に教会でわたしの妻のそばに来るなんてことが。」わたしは、彼がこういうのは、彼の考えのなかでだと思う。彼は、ひとりでいる妻のまえでさえ、あえて吐き出さずそれを声にしないのだから。それはおそらく、もし彼が吐き出してそれをいってしまったら、彼女は、「あなたはなぜ、あなたが少しまえに喝采したひとを呪っているのですか。わたしたちは夫婦です。あなたの舌が不一致なら、どうしてわたしと一致して生活できるのですか」と答えることができてしまうからだ。

（『説教』九・四）

モニカは、おそらくは、「夫の不貞におとなしく耐えているという理由で不貞の夫らに誉められている」既婚女性のひとりだった（同『説教』九・四）。パトリキウスはキリスト教徒ではないから夫に異議を申し立てしないのだと、彼女は主張できた。それにたいし、アウグスティヌスの説教は、キリスト教徒、あるいは少なくとも教会で彼の話を聞くことに関心をもっている男性たちに向けてなされたものだ。彼は、妻たちの反抗が怒りと暴力で応じられるならそれがどれほどけしからぬことになるか、彼らに告げなかった。彼は、少なくとも、妻たちのしつけを奴隷たちのしつけとは区別した。

もしあなたが、自分の家になにも悪いことが起きないことを確実にしようと努めるのなら、それなら救いと永遠の休息がそこにある神の家になにか悪いことを見れば、あなたは自分にできるかぎり、それを忍耐すべきではないか。たとえば、あなたは劇場に急ぐあなたの兄弟を見るか。彼を引き止め、警告し、嘆きなさい、もし神の家への熱い思いがあなたを焼き尽くすのなら。あなたは、まったくふさわしくない神聖な場所ででも、酒を飲むために急ぐ他のひとたちを見るか。できるかぎり彼らを止めなさい、できるかぎり思いとどまらせなさい、できるかぎり怖がらせなさい、できるかぎり彼らにやさしく話しかけなさい。だが黙っていてはだめだ。それは友か。ならば彼はおだやかに忠告されるがいい。それはあなたの妻か。叩いてでも、彼女は止められるがいい。

（『ヨハネによる福音書論考』一〇・九）[35]

しかし家の主人は、なんであれ必要な、法によって許された方法を用いて家庭の平和を維持する責任がある（『神の国』一九・一六)。別の説教では、アウグスティヌスは占星家を嘲った。占星家はひとびとに、星々が彼らの人生を決定するといいながら、自らの信念にもとづいて行動しない。彼の妻は、「それはわたしじゃなかった、ウェヌス神だったのよ」というかもしれない。しかし、

もしその占星家が、妻がいちゃついているのを見たり、あるいは家族以外の男性たちをふしだらにも待ちこがれているのを見たり、あるいはたえず窓のところへ行くのを見れば、彼は彼女をつかまえて、彼女を殴り、彼の家でしつけをたたき込まないだろうか。

(『詩篇講解』一四〇・九)

期待されるこたえは、「もちろん、彼はそうする」だ。

多くの碑文が結婚を記録しているが、決して不平をともなっておらず(sine ulla querela〔シネ・ウッラ・クゥエレラ〕)、妻を賞讃するお気に入りのことばは、morigera〔モリゲラ〕、夫に「従順な〔女性〕」や「忠実な〔女性〕」だ。モニカは、ローマの伝統からみても、キリスト教の基準からみても、善い妻だった。[36]「彼女はひとりの夫の妻だった、彼女は自分の両親の配慮に報いていた、彼女は家事を忠実に切り盛りしていた、彼女の善い仕事が彼女を証していた、彼女は自分の子どもたちを育てあげていた」(『告白』九・九・二二)。これらの言い回しは、パウロのテモテへの第一の手紙のなかの、善い寡婦についての記述(五・四、九、一〇)からとられたものだ。[37]機転、忍耐、平和を生みだすことは、すべて賞讃に値することだが、しかしそのリスクは、こうした奉仕が、女性への暴力を許容する、あるいは促進さえしてしまうということだ。奴隷への暴力は、かわりに妻や子に向けられていたかもしれない怒りを放出したものだといわれることもあるが、しかしそれはギリシアやローマの哲学者たちが考えたことではない。彼らは怒りを無節制にすることに対して警告した。それはその習慣を強めてしまうか

らだ。[38] 奉仕と服従は、いまもなお多くの女性たちに提示される理想であり、あるひとたちによって奉じられている。モニカの故郷の町では、家庭内暴力は地域に特有のもので、どうやら、家族や隣人たちによる異議申し立ての余地はなく、服従は、奴隷たちにとってと同じく、妻たちにとってうまくやっていくための方法だった。

友人たちへのモニカの助言は、夫の生き方に文句をいった結果生じた打擲の責任は、彼女たち自身にしかないということだった。虐待する男性たちは同じことをいう、それはぜんぶ彼女が悪い、彼女がわたしを怒らせた、わたしは彼女に教訓を与える〔思い知らせる〕必要があった、と。いまもなお、このように考える文化や下位文化があって、そこでは男性たちはこのように考えることを許され、あるいは助長されているが、こうした虐待のひとつの要因は、女性たちが自分の娘たちや息子たちに、どうふるまうべきか教えるしかたにある。被害者が虐待的関係のなかにとどまるのは、その文化が、被害者たちに他の援助を与えず、もし文句をいえばその家族が苦労することになりうるからだけでなく、被害者自身が、それは自分にすべての非があって虐待を受けるに値すると信じているからでもある。パトリシア・クラークは、女性たちと奴隷制についての明敏な研究のなかで、『告白』九・九・一九でアウグスティヌスが、「伝統的言説、すなわち、女性は男性のふるまいとそれを変えていくこととに責任がある、彼女自身のふるまいを変えることによって夫が自分たちを殴るのをやめさせることができる、彼女たちは相手をなだめなければならない、家庭内暴力については黙っていてそれをおおやけにするのを避けなければならない、そしてもしすべての方法がうまくいかないなら耐えるしかない、ということをとりわけ勧める伝統的言説」をよく映し出していると述べている。[39] アウグスティヌスのモニカは、彼女が自らの能力を使うことを妨げる文化のなかで、虐待の被害者であるからといって泣いている打たれた女性ではなく、他のひとたちへの奉仕に自らの願望を従属させ、自らの息子に過大な希望をかける。[40] 彼女は妻として、母として、隣人として尊敬され、アウグスティヌスは、彼女を有能で進取的とはっきりとはいわないが、彼女がそうだったことを示している。しかしおそらくアウグスティヌスは、彼自身の見解にしたがってモニカの結婚を想像した。あるいは、ことによるとモニカの成功が、彼が家庭内暴力を容認することの一因となった。

第四章　モニカの教育

三八六年初秋、ミラノ郊外のカシキアクムに借りたヴィラで、アウグスティヌスとふたりの学生、そして彼の息子は哲学的議論にいそしんでいる。

そのときわたしは、他のひとたちが笑みもせずにわたしたちを見ていることに気がついた。彼らは、こうしたことをなにも知らないけれども、わたしたちのあいだでとても楽しんで論じられたことを知りたいと思っているのだ。彼らはちょうど、食べ物を横取りする強欲なひとたちとの食事のとき（よくあるように）、自らの品性のゆえに横取りするのを控える、あるいはその謙虚さのゆえに横取りしたがらないひとたちのようだ。［アウグスティヌスは、自らがホストの知的宴席で、不公平な分配をしたくなかったのだ。］わたしは母に微笑んだ。すると彼女は気前よく、足りないものを彼女の貯蔵庫から出すよう注文するかのように、「さあ、それじゃあ、こちらのアカデミア派のひとたちはいったいどなたで、なにについて学究するかたがたなのかわたしたちに教えてちょうだい」といった。わたしが、だれも教えられないまま去ることのないよう、簡潔に短く彼女に説明すると、「そのひとたちは卒倒者［caducarii〔カドゥカリイ〕］なのですね」（じっさいそれは、世のわたしたちの一部では癲癇で卒倒するひとを指す一般的な名称だ）といって、立ちあがって去った。それでこの一件は終わりになり、わたしたちはみな気分よく笑いながら去った。

（『幸福の生について』二・一六）

このくだりは、アウグスティヌス最初期の著作群、すなわち彼がミラノでの修辞学教授としての地位を辞すことを決めたあと（三八六年夏）、受洗するまえ（三八七年復活祭）に書かれた哲学的対話篇のひとつからのものだ。これらの対話篇は、モニカにかんする主要な情報源として、唯一『告白』に次ぐ。しかし、「あなたがたが読んでいるそれらの書物では、女性がこの種の議論に参加を依頼されたことがあると聞いたことがあったかしら」（『秩序』一・一一・三一、あとで論じられる）と彼女がいうように、これらの対話における彼女の役割は予期されたものではない。彼女はそんなことがあると聞いたことはなかった。というのも哲学的議論の技術は高等教育に属するもので、ほとんどつねに男性の領分だった。だからその対話が提起した問いは、アウグスティヌスのモニカについての問いや、女性が学ぶ機会についてのものとなった。なぜアウグスティヌスはこれらの対話にモニカを参加させたのか、そして彼女の役割はなにか。[1]

カシキアクム対話篇には、『アカデミア派駁論』、『幸福の生について』、『秩序』がある。モニカは、『アカデミア派駁論』ではほんの少し登場するが発言はなく、だが参加者たちを昼食に急きたてることで議論を終わらせている。『幸福の生について』と『秩序』では議論に参加している。対話群のなかでもっとも専門的な『アカデミア派駁論』は、真理を知ることは可能かを問う。『幸福の生について』が関心を寄せるのは、幸福に至るためのただしい生き方だ。それは、（ラテン語で、ひとをlaetus/a〔ラエトゥス（男性）／ラエタ（女性）〕に、つまり悦ばしいきもちにする）主観的な幸福感ではなく、（ひとをbeatus/a〔ベアトゥス（男性）／ベアタ（女性）〕に、つまり幸福にする）客観的な幸福ないし祝福だ。『秩序』が関心を寄せるのは世界の秩序であり、悪も含め万物は神の秩序のもとにあるか否かを問う。

まえに引用したくだりで、モニカは「こちらのアカデミア派のひとたちはいったいどなた」とたずねることで、他のひとたちが恥をかかないようにしている。これはわけのわかった質問だ。「アカデミア派」という表現はプラトンのアカデミー〔アカデミア〕に由来する。そこは、アテネ郊外にあるプラトンが哲学を教えた場所で、（あまり知られていないが）英雄アカデーモスの神殿があったことからアカデーメイアと名付けられた。今日、高等教育に携わる学者たちは自らを「アカデミクス（academics）」と呼ぶが、それは彼らが、議論が導くところまで議論を追求し、彼ら自身も含め一般に受けいれられているもろもろの考えを問いなおすプラトンの伝統を継承しているから。古典古代において、アカデミア派は哲学の学派だ。「新アカデミア派」（前三世紀）の哲学者たちは、われわれは確実なしかたで真理を知ることは決してできず、蓋然性にしたがって判断し行動するべきだと主張した。アウグスティヌスは、彼らについてキケロの哲学的対話篇『アカデミカ（*Academica*）』から学び、自分がマニ教の宗教的信念から移るときに重要な影響を彼らが与えたと書いた。「アカデミア派と呼ばれる哲学者たちは他の者たちより優秀だ。なぜなら彼らは、すべては疑われるべきだと考え、人間たちが捉えうる真理などなにもないといいきった」（『告白』五・一〇・一九）[2]。

アウグスティヌスの説明へのモニカの返答は、哲学のもつれを一蹴する常識のように聞こえる。彼女はまた、彼女の介入の一度が「あきらかに」（plane〔プラネ〕）で始まり、ほかの二度が「たしかに」（prorsus〔プロルスス〕）で始まるとき、そうした印象を与える。アウグスティヌスは、これは特徴的なことだと示唆している。彼は『幸福の生』では、いくぶん多すぎる賞讃を「たしかに母は」といって始めているし、『秩序』では、彼のふたりの学生たちが「たしかに」といって言明を始めている。モニカは、教授である息子に威圧されない。彼女は複雑な言い回しを嫌っていて、彼女のいうことは歯切れがよく簡明だ[3]。モニカの確信は彼女の信仰を表すが、アウグスティヌスは単純な信仰を複雑な哲学と対照させるために対話を用いていない[4]。彼は、モニ

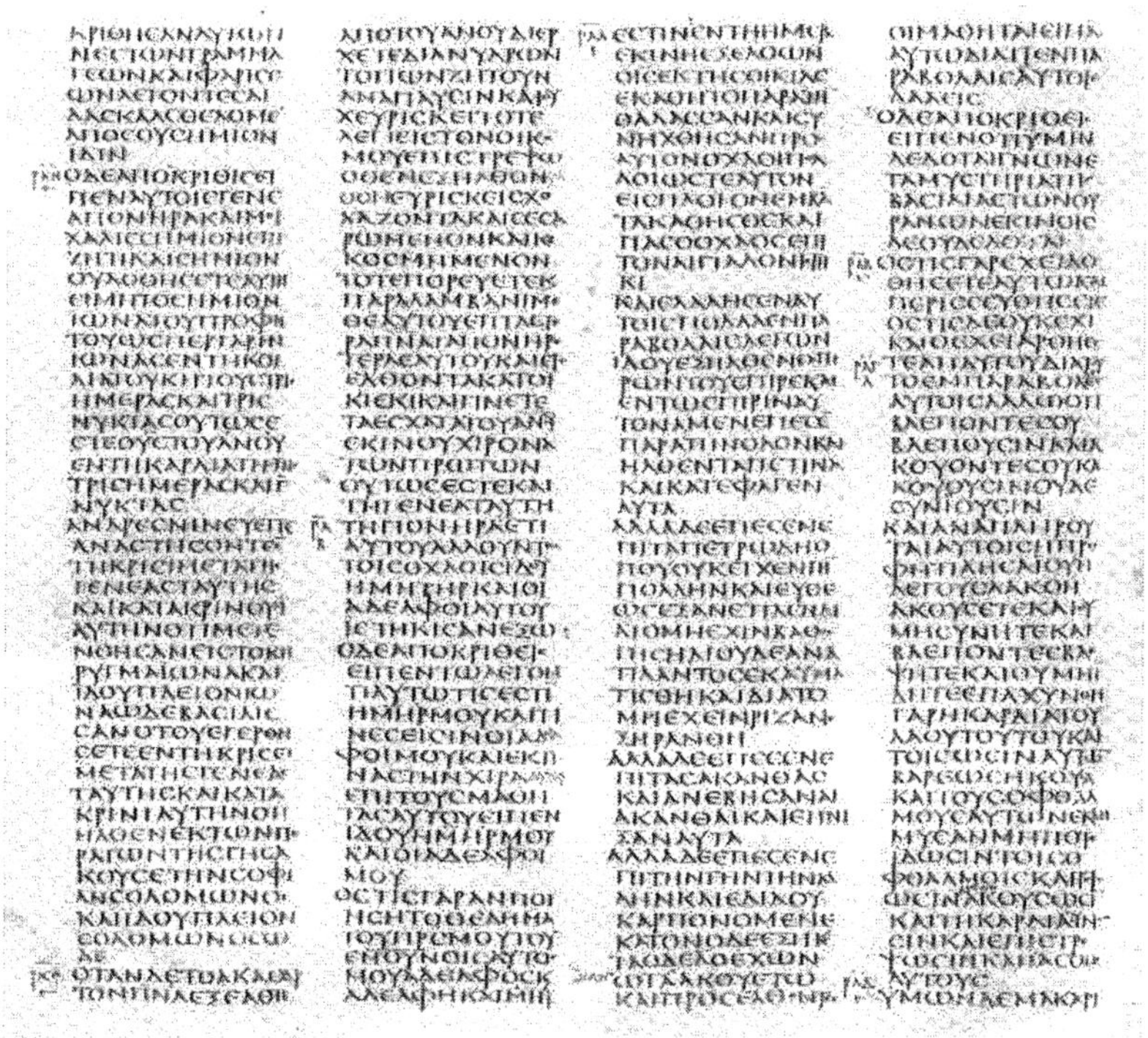

図版4. 1.　価値の高い4世紀の聖書、シナイ写本の一葉

©British Library

カの知性（ingenium〔インゲニウム〕）と、彼女がその神への献身的な愛と聖書を把握する力とをとおして至る理解をほめる。彼女は文学と哲学によって訓練されてはいないが、しかし、アウグスティヌスが述べているように（『告白』九・九・二二）、神は彼女のこころのschola〔スコラ、学堂〕にいますうちなる教師だ。scholaは学生たちとその教師との集まりであり、アウグスティヌスにとって、こころは感情と同じく思考の中心だ。モニカは、聖書が読まれ、説教者たちがそれを解説するのを聞いた。わたしたちは、アウグスティヌスの教養ある友人のアリピウスがその司教になる以前にタガステでどのような説教がなされていたのか知らないが、モニカはミラノでアンブロシウスの説教を聞いた。アンブロシウスは熟練の話し手で、神学的討論についてよく知っていた。彼女はさらに家庭でも聖書読解をくりかえすことができた。彼女は聖書について考え、祈った。だからといって、彼女が、現在よくある、すべての正典が入っている一巻の聖書をもっていたわけではない。そうした一巻本は、作るのがむつかしく高価だったから、聖書（ギリシア語でta biblia〔タ・ビブラ〕、「諸書」）は、書物の集まりだった。ヒッポの司祭や司教としてアウグスティヌスは、彼の会衆が、読みたい諸書を簡単に手に入れることができると思っていた。

彼自身の説教のひとつで、アウグスティヌスは、冬に備えて穀物を貯える働きもののアリのイメージを箴言（六・六―七）から借りた。

> 神のアリを見よ。彼女は毎日起きると神の教会へ走って行き、祈り、聖書が読まれるのを聞き、讃歌を歌い、聞いたことをよく思い返し、それについて考え、脱穀場から集めてきた穀物のなかに貯める。これは、賢く聞くひとびとがすることだ。彼らが教会へ行き教会から戻るのを、説教を聞き、聖書が読まれるのを聞き、書を見つけ、それを開いて読むのを、だれもが見る。
>
> （『詩篇講解』六六・三）[5]

モニカはまさにこうした神のアリであり、言語の正式な使用法（文法）や議論の技術（論理学）や公開弁論の技術（弁論術・修辞学）を教えられてはいなかったけれども、彼女は議論において頭の回転が速く冴えている。彼女は、『キリスト教の教え』におけるアウグスティヌスの後期の主張のいい例となっている。つまり、能力のあるひとは、文法の規則や弁論術の訓練を受けていなくても、いい話し手の話を聞くだけで正しい話法と雄弁を学ぶことができるという、聖書自体が弁論の技術を示しているという、そして、聖書についてよりすぐれた理解力をもつひとは、よりすぐれた知恵をもって話をするものだという主張だ。(6) しかし、つねのごとく、わたしたちにはモニカが実際に議論に貢献したかどうか知るすべはないし、もし貢献したのだとしても、アウグスティヌスが彼女の貢献にいかに手を加えたのかを知るすべはない。『告白』（九・六・一四）でアウグスティヌスは、一六歳になった息子アデオダトゥスは、対話篇『教師論（*de magistro*）』で彼に帰せられている諸見解（sensa〔センサ〕）をじっさいに提言したとはいうが、アデオダトゥスがそれらのことばで提言したとはいわなかった。初期対話篇におけるモニカの部分について、彼はなにもいわなかった。

アウグスティヌスのモニカは、女性らしく語るのだろうか。彼は、女性らしい語りを伝えることができたはずだし、ふさわしい文体で書くことができたはずだ。だが、女性の語りや書き方の例は、対照するにはあるにしても少ない。古典古代のもので女性によって書かれたほんのわずかなテキストのひとつは、二〇二／三年にカルタゴで殉教した、立派な家柄の出身の既婚女性ペルペトゥアの獄中日記だ。(7) この短いテキストは、いくにんかのキリスト教徒の拘束と死についての物語の一部をなしていて、その日記は、序文や死者たちについての説明と同様に、男性の著者によって書かれたか編集されたと主張されることもある。(8) ペルペトゥアは、liberaliter educata〔リベラリテル・エドゥカタ、「自由に教育された女性」〕として描かれている。これは彼女が商業活動のために訓練されたのではなく、自由な市民として生まれた（libera〔リベラ〕）女性にふさわしいように教育されたことを意味している。それは彼女が、文学や弁論術を含む「自由学芸」で訓練されたことを意味しない。彼女が散文のリズム〔散文律〕や文末の下げ調子（clausulae〔クラウスラエ、「結び」〕）を用いているかどうかについては見解が分かれている。もし用いていたとすれば、彼女は公開演説や説教でそれを聞くことによって獲得することができた。訓練された話者とは違い、彼女はことばをくりかえし、古典ラテン語よりも「普通の」ラテン語（つまり、一般に語られていたようなラテン語）に属することばを用い、ひとつの節を次の節に従属させるよりも、「そして」でもって節を結びつけている。彼女の文体は、書きことばというより話しことばのやりとりの特徴かもしれない(9)。

このことは、モニカと同時代のエゲリアについてもいわれてきた。エゲリアは三八〇年代始めに、自らの「〔ドミナ〕なかまたち」（dominae sorores〔ドミナエ・ソロレス〕）のために、彼女が聖地で訪れた場所や、目撃した宗教的習慣、とくにエルサレムの教会での典礼について説明を記した(10)。彼女はペルペトゥアよりはフォーマルな文体で書いたが、古典の訓練の基準からすれば、いくつか文法や統語法を間違えている。彼女はことばをくりかえしていて、自分がいた場所や、そこではなにが提示され見られたかを正確になかまたちに理解させたいとき、とくにそうである。古典の著作家を引用することはなく、聖書のラテン語訳を思い起こさせる。とはいえ彼女の控えめな古典的な文体それ自体が、この著者が女性であることを示しているわけではない。たとえば、ここで、彼女はセレウケイアにある聖テクラ聖堂で夜を過ごすことを決める。

といいますのも、わたしはそこで、わたしの一番大切な友人を見つけましたし、彼女のために、東方のひとはみな彼女の生を証ししました。彼女はマルタナという聖なる女性助祭で、わたしはエルサレムで彼女を知りました。彼女は祈るためにエルサレムにのぼっていたのです〔ヨハネ五・一、マタイ一四・二三〕。彼女はapotactici〔アポタクティキ〕［隠遁者たちのこと、このことばはまえに説明されている］や処女たちの修道院を取り仕切っていました。彼女がわたしを見たときに、わたしや彼女のどんな喜びがそこにありえたか、いったいわたしに書けるかしら。[11]

（『エゲリアの旅路（*Itinerarium Egeriae*）』二三）

アウグスティヌスのモニカについては、彼女がなにを見て、ものごとがそこではどのようになされていたかにかんする、まさにこうした注意深い関心をもって、イタリアから書かれていると想像しうる。だが、もし彼女が家で手紙を書いたのなら、あるいは離れて暮らしているときにアウグスティヌスに宛てて書いたのなら、それらの手紙は失われている。一般に、女性からの手紙は残存しない。アウグスティヌスは女性たちからの手紙への自分の返信の写しを保存した。彼は女性たちに見下ろした態度で話すことはなく、返信を書くよう相手に勧めることもあった。だが彼女たちの手紙を保存しはしなかった。[12] 彼はある女性の筆記の小さな例をひとつ提供しているが、それは彼に宛てられた彼女の手紙から引用をしたときだ。

そういうわけで、わたしたちの教えはあなたにあたたかく受けいれられ、あなたはこう返答しました、「あなたさまはわたしに、わたしたちの尊い信仰を堕落した論考でしばしば堕落させるひとたちに、わたしが耳を貸さないよう勧めてくださいました。ですからわたしはこの敬虔な教えに、あふれるほどの感謝をささげます」と。だがあなたは付け加えました、「ですが、聖職者様はぜひお知りおきください。わたしとわたしの小さな家はこの種のひとたちとは大きく隔たっており、わたしたちの一家全体はカトリックの信仰にじつにしっかりとつきしたがっておりますため、いかなる異端にもけっして迷いこむことはなかったし、異端に陥ったことなどないのです。わたしは、とうてい償われることができないそれらの考え方にいっているのではありません、小さな間違いをしているように見えるそれらの考え方にいっているのでもありません」と。これこそが、健全であることにさえ損害を与えようとするひとたちにかんするあなたの癒しにおいて、ますますわたしを黙ったままにさせておかないことなのです。わたしたちは、あなたの家をキリストの小さから ぬ教会と見なしています。

（『手紙』一八八・二―三）

これらはたしかに、彼女が書いたことのアウグスティヌスによる要約や言い換え、あるいは彼女がいいたかったことの秘書による説明というよりは、むしろ、アウグスティヌスが彼女に注意を与える必要がないということを礼儀正しく伝えているユリアナのことばかもしれない。(13) もしそうなら、この書き方には、これらのことばが女性によって書かれたことを示すものはなにもない。

アウグスティヌスは対話篇のなかで、モニカの話しぶりは教育を受けた男性のそれとは異なっているということを明らかにしたが、しかしこのことは、不明瞭だとか不正確、あるいはとりとめがないという意味であり、無学な話しぶりだということを意味しているのではない。その話しぶりは、より sermo humilis〔セルモ・フミリス〕、すなわち、アウグスティヌスが老若男女や、さまざまな教育水準のひとたちに宛てて語った説教で展開した、意識的に簡素な「低い〔卑しい〕文体」のようであり、それは彼が聴衆に印象づける必要があったときに用いたフォーマルな文体とはまったく異なるものだ。(14) しかし、sermo humilis はキケロによっても使われていて、修辞学の学生たちに教えられた。(15) 対話のなかでアウグスティヌスは、そこにいた教育を受けていないふたりの従兄弟の発言は引用せず、彼らの反応を伝えるのに間接的な発言を採用した。

アウグスティヌスはこの対話を、いなかの家でプライベートになされた会話の記録として提示している。参加者たちはみな、ある意味で家族だ。モニカ、アウグスティヌスの弟ナウィギウス、彼の息子アデオダトゥス、ふたりの従兄弟ラルティディアヌスとルスティクス、アウグスティヌスのふたりの学生リケンティウスとトリゲティウス、そして彼の親しい友人アリピウス。みな、タガステからやって来た。トリゲティウスについてはこれ以上なにも知られていないが、リケンティウスは、アウグスティヌスが教育を受けるのに資金を援助したロマニアヌスの息子で、アリピウスはロマニアヌスの親戚だ。これらの会話のいくつかは、「ペン」によって、つまり速記者（notarius〔ノタリウス〕）によって記録されたと語られている。記録は、さまざまな到着と出発、ことばでは表現されない沈黙やためらい、笑い、同意といった反応についてのメモを含んでいる。アウグスティヌスは、これらのメモは、いわれたことを思い出したり違ったふうに表現したりする労力をかけることなく自分が書きたいことを書きあげるのを（つまり口述するのを）容易にしたと述べた（『秩序』一・二・五）。彼は、より広く流布させてくれると期待できるひとたちに写本を献呈し、『アカデミア派駁論』は、法律の用務でミラノにいたロマニアヌスに、『幸福の生について』は、哲学を学ぶためにミラノに引退していた前属州知事テオドルスに、[16]『秩序』は、文学を教え哲学を学んでいた友人ゼノビウスに送った。かくして、家族と友人のあいだの議論は、結果として他のひとたちも読めるテキストとなった。受けとったひとたちは、アウグスティヌスのモニカが含まれていることに驚いたり、面食らったりしただろうか。

プラトンは、哲学的対話という文学様式を確立した。会話、そしてときおりの演説が、形式ばらない設定のなかにある。[17]彼の対話篇では、すべての参加者が成人男性か青年だ。彼らは、ギムナジウム、すなわち身体トレーニングのための場所という、男性ばかりの舞台設定で出会うこともある。『シュンポジウム』、つまり「饗宴」では、アテナイの慣習どおり、客はみな男性だ。彼らは笛吹きの少女を追いはらうし、愛についての議論への唯一の（報告されている）女性の貢献は、若者のころにソクラテスが巫女にして予言者のディオティマから教えられたことについての、ソクラテスによる説明だ。[18]『パイドン（*Phaedo*）』（六〇ａ）では、自分の処刑のまえにソクラテスは、男性の友人と話せるように妻と幼児を追いはらう。アウグスティヌスは、おそらくプラトンの対話篇を読んだことはない。ミラノで彼は、いくつかの「プラトン派の書」のラテン語訳を受けとったが、それらが対話篇を含んでいたのか、あるいはのちのプラトン派の哲学者による書ではなく、たしかにプラトンの書が含まれていたのかは明らかでない。[19] いずれにしても、ラテン語の哲学的対話篇に手本として提供されたのはプラトンによるものではなく、キケロによるものだった。[20] キケロの〔対話の〕参加者は、ローマの公的生活で指導的役割を担う男性たちだから、ここでも、女性の不在についてコメントする必要はなかった。女性たちは、ローマの社会的慣習によってではなく、関連する経験の欠如によって排除される。

女性たちが哲学的な議論に参加しなかったのは、彼女たちがそれをするための教育を受けていなかったからだ。彼女たちは公的な役割を担わなかったので、おおやけの場で話すことや討論するために訓練されることはなかった。古代末期には、少年たちが将来、市民の義務を担うよう家族が期待するか、本人が望むなら、言語と文学の教師である grammaticus〔グラマティクス、文法家〕のもとへ送られた。その教師とともに少年たちは古典の著作家を学んだ。ラテン語の話し手たちにとっては、キケロやウェルギリウス、テレンティウス、サルスティウスがお気に入りの作家だった。キケロは、政治や法、個人や都市の利益において、多様な聴衆に向けた多様な種類の演説にふさわしい散文を提供した。ウェルギリウスは、ローマの歴史、帝国、文化についてのヴィジョンを提供した。grammaticus は、ローマの伝統や祭儀については、キケロの同時代人である学識高いウァロの著作の助けを借りて説明した。他の者たちより一世紀早い、劇作家のテレンティウスは、人間本性について明瞭で、かつ引用に値する所見を提示した。サルスティウスは風刺詩の様式と忌まわしく記憶に残される歴史とを結びつけた。これらの著作家をとおして、少年たちはローマの歴史と文化についての定説を吸収し、公的な演説で使える引用文や手本を蓄えた。注目すべきことは、彼らは四〇〇年もまえに生きたキケロの文体で話し、書くよう訓練されたということだ[21]。この公式の文体は、もちろん彼らが家庭や町で話していた日常のラテン語とは異なるものだったが、書写され、それゆえに残存した作品は公式の文体だったから、「共通の」ラテン語（vulgaris〔ウルガリス、「普及している」〕、〔英語で〕vulgar（俗な）という助けにならない語で訳されることもある）の例はわずかに残るのみなのだ。

ひとつの例は、この章のはじめに引用した文章に見いだされる。モニカは caducarius〔カドゥカリウス〕ということばを使い、アウグスティヌスは、これは comitialis morbus〔コミティアリス・モルブス〕のために転ぶひとたちを指して彼の故郷で使われることばだ、と読者に説明している。この病（morbus）とは癲癇だ。これはギリシアでは、その突然で予測できない発症は、神々によって送られたという理由で「聖なる病」と呼ばれたが、ヒッポクラテス全集に収められている有名な論考は、この見方に反論している。ラテン語では、神々から警告のしるしがあると comitium〔コミティウム〕（議会）を開催できないということから、comitialis と呼ばれた。それはなん世紀ものあいだ適切なことではなかったし、キリスト教の時代には、明らかにふさわしくないことだった。にもかかわらず、対話の後半で（三・二〇）ナウィギウスは、このことば、caducarius は共通の話しことばで、粗悪なラテン語だという見解を述べている。どうやら正しいラテン語は、時代遅れの名称の使用を求めたようだ。grammaticus によって教えられた少年たちは、このようにして、ことばの選択への感受性を身につけた。彼らは議論を構成し、それを説得的に提示し、感動的な反応を駆りたてるよう訓練された。訓練は、ひとつの事例（たいていは架空のセンセーショナルな事例）の両方の立場について論じることや、配役になりきって語ることを含んでいた。アウグスティヌスは学生のとき、ウェルギリウスの『アエネイス』における怒った女神ユノによってなされた発言〔とうぜん韻文〕の散文表現で、賞を獲得した（『告白』一・一七・二七）。しかし、教えられた技術は実践的なものだった。というのも、たとえ若者たちが、キャリアを求めて地元を離れなくても、彼らは自分のために、あるいは自らの扶養者のために訴訟で争う必要があるかもしれず、緊急時には帝国当局に助けてくれるよう、あるいは税金を減らすよう説得する必要があるかもしれず、町やその後援者たちを讃えて演説する必要があるかもしれなかったからだ。彼らによる古典的言語の使用や文学作品への言及、おなじみの文例は、彼らが社会的エリートの文化を共有していることを聞き手たちに示した。(22)

少女たちは、これらの技術を必要としなかった。彼女たちは故意に無知のままにされたのではなく、貧しく無学の家庭出身でないかぎり無学ではなかったが、モニカやその他の少女たちがどのように教育されたかを示すものはほとんどない。彼女たちは、家で、あるいは少年たちといっしょに小学校で、読み書きを学ぶことができた。アウグスティヌスは、自らの聴衆に、教会で聞いた読解を家でくりかえすように勧めたし、これが女性たちにとっていっそう困難なことだとは示唆しなかった。さらに、彼の修道的共同体のための規則は、男性たちと同様に女性たちも、書物を管理するだれかを有することを前提としている。(23)おそらく少女たちも、家計を見守るためだけになら、算術を学んだ。彼女たちが他になにを学んだかは、彼女たちの家族次第だった。(24)ヨハネス・クリュソストムスの母親は彼に、娘たちは、心配はかけるかもしれないが、息子ひとりの教育のための費用はかからないと語った（『司祭職について』一・五）。少女たちには、秘書や朗読者として働く家内奴隷を含む家庭教師がいたかもしれない。議論や娯楽のために文章を読みあげさせることは普通のことだったのだ。少女たちは、とくに家に蔵書があるなら、教育された母親に教えられることもありえたし、思いやりのある父親や兄弟から学ぶこともありえた。(25)ニュッサのグレゴリウスは、彼の姉マクリナは母親によって、よくある悲劇や喜劇、詩からではなく、子供にふさわしい聖書、とくに知恵の書や詩篇から教えられたと書いた（『マクリナの生涯（*Vita Macrinae*）』三）。グレゴリウスによれば、マクリナは後年には、流ちょうな哲学的論議に参加することができた。

ヒエロニムスによれば、彼のローマのエリート家庭出身の文通相手の女性たちは、聖書の学術的な注釈を求めたし、自分たちのためにヘブライ語を学びたがった。[26]おそらく彼女たちは、すでにギリシア語は知っていた。ギリシア語は、広範囲におよぶ文学や新しい神学に近づく道筋を彼女たちに与えただろう。ラテン語の話し手たちにとって、ギリシア語は教養のしるしだった。アウグスティヌスはそれを学校で苦心して学んだが、海沿いの町々にギリシア語の話し手たちがいたローマ領アフリカでは、いくつかの碑文が、「両方の言語で教育された」と記録している。（これにたいし、たいていのギリシア語の話し手は、ラテン語は教養を欠き、帝国行政にキャリアを求めるひとや、ラテン語の公文書を処理しなければならないようなひとでなければ学ぶに値しない、ギリシア語の劣った方言だと見なしていた。）アウグスティヌスの同時代人のなかでは、年長と年少のメラニアのいずれもが、ギリシアの神学を熱心に読んでいたといわれているし、[27]詩人クラウディアヌスは、結婚について考えずに母親とラテン語やギリシア語のテキストを読んでいる花嫁について、熱く語った。具体的には、彼女はホメロスやオルペウス、サッポーを読んでいた。これはありそうにない講義要綱に見えるかもしれないが、おそらくクラウディアヌスは、三人の崇められていた詩人の名を挙げたのだ。[28]だがこれらの女性たちは、モニカよりはるかに高い社会的地位に属していた。

教育は、哲学的教養をもつ夫からも受けられた。アウグスティヌスは、かわいらしく、控えめで、世話好きで、教育を受けたかあるいは自分によって教えられやすいという、妻についての幻想を自分が本当に諦めたかどうか、「理性」〔対話の相手〕が問うのを想像した。[29]そうでなければ、少女や女性たちは、奴隷が朗読したり、男性たちが話したりするあいだ、簡単に聞くことができた。モニカがパトリキウスから学んでいたということはありそうもないが、彼女はアウグスティヌスが学生たちとともに読んでいた書物についてなにがしか知っていた（『秩序』一・一一・三二）。彼女は特別なケースだ。というのも、彼女の息子は、友人や生徒たちとの議論

図版4.2.　アウグスティヌス、書物とともに。Public Domain.

のために、テキストを朗読することを、あるいは読んでもらうことを望み、このことが通常、家のそとの講義室や家のなかの分かたれた部屋でおこなわれないように望む教師だったのだから。黙読は古典古代には知られておらず、とくに教師が写本をただひとつもつときは、語と語の切れ目や句読点のないテキストを朗読するほうが、たいてい簡単だった（これが、講読、文字どおり、「読むこと」の起源だ）。アウグスティヌスは、ミラノの司教アンブロシウスを訪問したことを思い出した。だれでもなかに入ることはできたが、だれも公式には取りつがれず、アンブロシウスは、すでに会話に参加しているのでなければ、沈黙のうちになされる読書に専念していた。アウグスティヌスはなぜだろうかと思案し、アンブロシウスは休息を望んでいて、なにかむつかしい問題が生じて議論や説明に時間を費やしたくないのではないか、またことによると彼の声を休ませているのかと結論した（『告白』六・三・三）。

それゆえ女性たちは、家庭教師や家族から、あるいは自分で読むことによって、ある程度の教育を得ることができた。そしてキリスト教徒なら、聖書の勉強と説教を聞くこととから教育を得られた。アウグスティヌスのモニカは、聖書のことばから、祈りから、彼女の息子から学んだ。女性たちは哲学者になることもできた。というのも、哲学は文字どおりには知恵への愛で、女性たちも知恵を愛することができるからだ（アウグスティヌスが『秩序』で指摘する点）。道徳教育は、言語や文学や議論のための形式的な訓練を必要としないし、古代末期には、教育を受けた男性たちは、道徳教育が女性たちの能力の及ぶ範囲をこえるものではないことを認めていた。アリストテレスは、女性が男性より弱いのは身体的にだけではなく、自らの欲望を制御するために理性を使う能力が劣っていると論じた。これは単純に、女性において理性は十分に発達していないという生物学の問題で、それゆえ、控えめで秩序を守ることができるという善い女性のもつ諸徳は、善い男性のもつ諸徳とは異なる。しかしストア派は、徳は男性たちにとっても女性たちにとっても同じであって、女性たちが女性的な弱さを克服して徳を、勇気という男性的徳をさえ示すことができると論じた。（ギリシア語でもラテン語でも、同一の語が「男らしさ」と「勇気」を意味する。）それゆえ、女性たちは哲学者になることができる。それは、彼女たちが哲学的議論に参加するという意味においてではなく、モニカがそうであったように、道徳原理を理解でき、それに従って生きようと努めるという意味においてだ。

哲学者たちは、哲学的な女性たちはより善い妻になると考えた。それゆえプルタルクスは、一世紀後半に女性たちの徳について書き、妻ティモクセナを、彼らの幼い娘が死んだときに示した勇気と自己制御のゆえに讃えたし、彼の『花嫁と花婿への助言』で、両者ともが哲学に従って生きようと望むとみなした。ポルピュリウスは三世紀末に、学友の寡婦マルケラと結婚し、たとえ家事のさなかにあっても、また彼が助言するためにそこにいなくても、彼女は哲学原理によって生きるだけの能力があると保証した。[30]キリスト教の著作家たちは、女性たちは霊的に男性に等しく、女性としてのその本性的な弱さを克服できるという信念を共有した。だが、理性を使うべく少女たちを少年たちと同様に教育するためのもっとも強力な論拠を提示した一世紀のストア派の哲学者ムソニウス・ルフスでさえ、むろんそれは彼女たちが議論することを教わるのを意味しないと述べた。[31]女性が実際に哲学を論じているのを描く著作家たちはほとんどいない。三世紀末、メトディウスはプラトンへの応答として『饗宴（*Symposium*）』を書いた。プラトンが男性たちにエロス的愛の賞讃の演説をさせているところで、メトディウスは乙女たちに、処女性の賞讃の演説をさせている。一世紀ののち、アウグスティヌスの同時代人ニュッサのグレゴリウスは、姉のマクリナが指導的役割を果たす対話篇『たましいと復活について（*De Anima et Resurrectione*）』を書いた。彼女は、古代末期において、哲学を教えていたといわれる数少ない女性たちのうちのひとりだ。以下の例は、いかに彼女たちが例外的かを示す。それぞれが哲学者や教師の娘で、女性としてたいへんまれな人生を送った。

アウグスティヌスとほぼ同時代人[32]、アレクサンドリアのヒュパティアは、哲学者にして数学者テオンの娘で、教師や学生であふれている都市に哲学者たちのなかで育った。彼女の父親は彼女を教育して、教えることができるようにした[33]。彼女は結婚できたのにしないことを選んだ、キリスト教徒でない女性のまれな例だ。一般に、哲学に興味を抱く女性たちは、哲学に興味を抱く男性と結婚して子どもをもうけることによって、家族と都市への義務を果たした。こうした夫婦は、シンプルなライフスタイルに、そして家族が完成したあかつきには修道的禁欲に同意する可能性が高かった。彼らに共有される目的は、道徳的と知的との進歩であって、夫はその市民としての義務を、野心や誇示なく引き受けた。こうした結婚は哲学者たちの家族同士を結びつけたし、アレクサンドリアにはふさわしい配偶者がきっといただろう。だれもヒュパティアについて書かなかったし、わたしたちは、彼女がなぜ哲学上の養子を自分の父親の学校に入れなかったのか知らない。おそらく彼女は、哲学者というものは不死不変の世界に関心をもつべきで、そこでは新しい生が生じると古い生が死ぬ、「生成と壊滅」の一過性の世界に関心をもつべきではないと考えたのだ。彼女の学生にはキリスト教徒も含まれていて、そのうちのひとりが、キュレネの司教になったシュネシウス〔三七〇頃―四一三頃〕だ。彼はアレクサンドリアを去ってからも連絡を取り続け、ある手紙では彼女を、「母、姉妹、教師、これらすべてにおける恩人」

と呼んだ（『手紙』一六）。ヒュパティアは、地元役人たちと友好な関係にある有名人だったから、彼女の学生たちにとって恩人たりえた。このことが、彼らの司教キュリルス〔四四四年死〕への敵意を市長に抱かせたかどで彼女を非難した、リンチを企むキリスト教徒の暴徒たちの手になる、彼女の悲惨な死の一因となった。彼女には、数学や天文学についての注釈があったと信じられているが、彼女がしたのは彼女の父親の著作の編集にすぎないという主張もとうぜんされ、現存するものはほとんどない[34]。

第二の例のソシパトラは、まったく違う種類の哲学者だ。彼女は、四世紀末に東地中海世界における哲学者たちのネットワークについて執筆したエウナピウスによる伝記集に登場する。これは、不運なことに、時期が早すぎてヒュパティアを含まない[35]。彼は、哲学者たちの超自然的能力にとりわけ関心をもっていて、ソシパトラが神的に霊感を与えられていることを示すことで、自分が女性を含めることを弁護する。彼女は、同じく哲学者で、彼女と結婚するにふさわしいただひとりの男性、彼女の夫エウスタティウスよりも賢くさえある。彼女は夫に、自分たちが三人の息子をもつだろう、彼は五年以内に死ぬだろう、そのとき彼のたましいはある高いレベルへ帰還するだろうと告げる。彼女は、もっと高められさえする彼女自身のたましいの帰還については、彼に告げることを許されない。エペソス近郊で裕福な家庭に生まれたソシパトラは、五歳のときに、父親の同意のもと、「カルデアの知恵」を伝授されていることがのちに明らかになる男性ふたりによって引きとられた。それはバビロニアの古代の知恵で、「カルデア神託」として知られるテキストに霊感を吹き込むと考えられていた。この男性たちは彼女の父親に、「あなたの娘さんは、女性らしくなるばかりではありません、人間らしくなるでしょう」（エウナピウス四六七）と話した。彼女が一〇歳になると、カルデアの知恵を伝授され、特別な衣装と、書物が入った封印された箱を託された（同四六八）。彼女には他に教師はいなかったが、「彼女は、その唇に詩人たちと哲学者たちと雄弁家たちの書物をもっていて、他のひとたちが大変な苦労をもってしてもおぼろげにしか理解しないことがらを、なんなくすばやく明らかにして、いとも簡単に説明した」（四六九）。

寡婦となって、ソシパトラはペルガモンにある彼女の家族の地所に戻る。そこでは彼女の息子たちが、哲学者アエデシウスによって教えられていた。彼女は、従兄弟のピロメトルによって彼女にたいして使われた愛の魔術を経験するが、抵抗する。哲学者たちは、権威ある他の人物らと同様に、特別な椅子である cathedra〔カテドラ〕に座った。それは背もたれがあり、ときに肘掛けがついている。ソシパトラは彼女の家に自分の椅子を用意し、アエデシウスの学生たちは授業が終わると彼女の話を聞きに来る。「彼らはアエデシウスの精確さを心底から誉めたが、彼女の霊感を崇めた。」たましいについての議論では、「ソシパトラは話し始めると、徐々に自らの論証をもって、差しだされた諸見解にうまく対処した。そうして彼女は、たましいの下降と、そのいかなる部分が「身体のなかに監禁されることによって」罰を被り、いかなる部分が不死であるかを論じるところまで降りていった。神に所有された発言のさなかに彼女は沈黙に陥った」（四七〇）。彼女は、のちに正しいことが証明されることになる、ピロメトルが馬車の事故で怪我を負う示現をもつ。エウナピウスはソシパトラによる著作についてはなにも述べていず、現存するものはない。

マクリナが第三の例だ。彼女を「教師」と呼んだ彼女の弟ニュッサのグレゴリウスは、『マクリナの生涯』を書き、彼の哲学的対話篇『たましいと復活について』では、彼女はもっとも重要な話し手だ。彼女は、彼らの兄弟バシリウスの死のおりのグレゴリウスの悲嘆に異議を唱え、たましいの不死と復活について彼の疑念に応えるために、聖書と専門的な哲学との両方を活用する。グレゴリウスにとって「哲学」は、たましいを完全にする祈りによる禁欲生活を意味する。[36] マクリナは、人間の徳の高みにまで至り（『マクリナの生涯』一）、そこにおいて、痛みをともなう感情からも世俗的なことがらや身体への気遣いからも解放されて、キリストとひとつにされることだけを望む天使的生にまで進歩している。彼女は、彼女の母親、彼女の兄弟、そして彼女の宗教的共同体のメンバーたちのための教師にして助言者にして指導者だ。世俗的な教育や討論からはかくまわれていたが、それにもかかわらず、彼女はキリスト教の真理がどれほど異教の哲学を凌駕するかを示す。(37)『たましいと復活について』がマクリナの主張を報告しているのかどうか、あるいはグレゴリウスが自分に霊的権威を与えるために彼女を利用したのかどうかについては、議論が続いているが、(38)彼女の文体は、修辞学の訓練を受けた彼女の弟の文体と異ならない。

アウグスティヌスのモニカは、これら三人の女性たちとは違い、ふつうの家庭出身で、正式の教育を与えられなかった。彼女の討論への貢献は、文体の点では正確だが、作法の点で男性たちのそれらと異なっていて、アウグスティヌスは、彼の母親がこれらのことを語ったということを読者たちが信じうるようにした。いよいよそれらについて詳しく考察するときだ。

アウグスティヌスの哲学的対話篇は、八月後半に葡萄収穫休暇〔八月二三日―一〇月一五日〕が始まったとき、彼が友人ウェレクンドゥスから借りた、ミラノ郊外にあるヴィラに設定されている（『秩序』一・二・五）。彼は、学生たちとともにウェルギリウスを読み、あるときは手紙を書くという「家での仕事」に、美しい日中のほとんどを費やしたが（『アカデミア派駁論』二・四・一〇、二・一一・二五）、かつてミラノでいつもしなければならなかったように、授業や公的演説の準備をしたり要人たちを訪ねたりする必要はなかった（『告白』六・一一・一八）。そのかぎりにおいて、この設定は、そこでは参加者たちがだれかの快適な家で閑暇を楽しむ、四百年まえに書かれたキケロの対話篇と相似している。「閑暇」は、otium の訳で、negotium〔ネゴティウム〕、「otium でない」――すなわち、仕事――の反対語だ。キケロの対話篇では、弟のクイントゥスや友人のアッティクス、その他の話し手たちは高い教育を受けた男性で、彼らにとって otium は、公務を退職してからするような、自らの精神を耕す機会だ。彼らは、法や社会、道徳や政治を論じるあいまに、文学的な、また哲学的な軽口を交わす。

　アウグスティヌスも、高い教育を受けたひとたちのあいだでの対話を構成することはできたが、彼の『幸福の生について』への導入は、彼がそうすることを選ばなかったことを明らかにしている。この対話は、属州知事を退職したテオドルスに宛てられている。彼は、アウグスティヌスを含む、それに関心をもつ他のひとたちとともにプラトン主義の哲学を議論することに自らの otium を使った（『幸福の生について』一・四）。テオドルスは学問に通じ、キリスト教徒だった（『再論』一・二）。彼は、自分と同様にまえの属州知事で、アウグスティヌスが「わたしたちの祭司」と呼ぶ司教アンブロシウスを知っていた（『幸福の生について』一・四）。アウグスティヌスはその対話を、テオドルスの交友の範囲に設定することもできた。あるいは、ミラノにいるひとたちの機嫌を損ねるリスクを見てとるなら、過去の英雄たちから参加者を利用するキケロの模範に従うこともできた。かわりに彼は、テオドルスが知ることを期待されえなかったひとたちを選んだ。アウグスティヌスの誕生日の一一月一三日に、そのグループは軽いランチを食べ、それから浴場に座りに行った。（これはディナーに設定される哲学的対話との意図的な対比なのかもしれない、なにかそうした例をすでにアウグスティヌスが読んでいたとすれば。[39]）

そこにおりましたのは、ともうしますのもあなたの格別のご親切にたいし、おそれおおくも彼らの名をお知らせするのですが、まず、わたしの母――わたしの生のすべては彼女のおかげだとわたしは思っています――、わたしの兄弟ナウィギウス、そして同郷の市民にして学生のトリゲティウスとリケンティウスです。わたしは、従兄弟たちラルティディアヌスとルスティクスを、彼らが grammaticus のもとで学んだことすらなかったとはいえ除きたくはありませんでしたし、彼らの常識がわたしが取り組むことがらには必要だと考えていました。また、みなのなかで最年少でしたが、その知力が、愛がわたしを欺いているのでなければ、多くを約束している、わたしの息子アデオダトゥスもわたしたちといっしょでした。

（『幸福の生について』一・六）

アウグスティヌスの母は、読者たちが彼女のために祈れるようにアウグスティヌスが彼女の名を明かさざるをえなかった『告白』第九巻の終結部を除くと、ここでも他のどこでも、じっさいには名によって知らされない。同じことは、その息子たちによって讃えられる他の女性たちにも当てはまり、明らかに、公然と彼女たちの名を明かすことは適切なことではなかったのだ(40)。自分の知らないひとたちについてのこれらの文章を読みながら、テオドルスは、ナウィギウスが、従兄弟たちとは違い、兄と同様に教育されていると推測することができたし、アウグスティヌスの母親が、他の女性たちと同様、初等教育以上は受けていないと推測できた。アウグスティヌスの主眼とするところは、生きるための正しい道についてだれもが考える必要があるのだから、公式の教育を受けていないからといってだれも取り残されるべきではないということだ。彼は、世俗的なキャリアを捨て去っていた。おそらく司教アンブロシウスの後援で教会に奉仕し、聞きに来るだれにでも聖書やキリスト教の教えを説明することを、彼はすでに思い描いていたのだろうか。教会に来るひとたちは、少なくとも貧しくも無知でもないという意味で社会的エリートの一部だったという主張がしばしばなされる。しかし、アウグスティヌスは、老若男女すべてに開かれた講義室としての教会をのちに描いたが（『手紙』一三八・一〇）、それは、彼が文学や修辞学を教えたり、自主的に教育を受けたグループと哲学を論じあったりするときに直面したのよりずっと大きな異議申し立てを出現させた。アウグスティヌスは経験豊かな教師であり、だれもが理解できるための、また、なにごとも自分にと同じく学生たちにも興味深いこととして説明するための方法をいつでも見つけられるという、教師に特徴的な信念をもっていた。そうではあっても、彼は回想のなかで、初期対話篇は世俗文学の習慣によっていまだに「膨れあがっていた」とみなした（『再論』序・三）。この表現の参照しているところは、1コリント八・一、「知識は膨れあがり、愛は造りあげる」だ。これらの対話篇は、討論するための学習と能力を提示するが、じっさいには、アウグスティヌスは全員を議論に引きこみはしなかった。ラルティディアヌスとルスティクスは同意を表明する以外のことはしていないし、アウグスティヌスが議論モードから講義モードに切りかえるとき、彼らはおそらく当惑した。

哲学的対話は、主張を述べ、それらの主張を、異なる登場人物たちとの共同によって記憶に残るものにするための明瞭かつ役立つ方法であるべきだ。しかし、とくにだれが話しているのかはっきりしないときは、主張や反論が混乱していると感じとるひとたちもいる。アウグスティヌスの一世紀のち、シリアのキュロスの司教テオドレトゥスは、キリストの本性について対話篇を書いた。読者たちに易しくするために彼は、話し手のひとりをOrthodoxus〔オルトドクスス、「正当なひと〔男性〕」〕と呼び、もうひとりをEranistes〔エラニステス〕、つまりおのれの主張をどこからでも集めてくる「寄せ集めるひと〔男性〕」と呼んだ。彼はその序文で、明瞭をむねとし彼らの名前が彼らが話すたびに余白〔欄外〕に記されると説明した。明らかに、これは普通のことではない。対話篇では、演劇のテキストと同様に、話し手の交代を記すために余白にあるのはダッシュ（paragraphos〔パラグラポス〕）だけで、読者たちは努力してそれを理解しなければならなかったのだから。アウグスティヌスの時代にヒエロニムスは、著作のひとつを『ペラギウス派に反駁する対話』と呼び、はじめのところでどちらの話し手が正しいかを述べることによって、自分の立場をはっきりさせた。アウグスティヌスは、かわりに自分の著作の様式を変える決心をした。三八七年の復活祭での受洗後、彼は対話篇より論考をより多く書き、三九一年の司祭への叙階以降、対話篇はない。(41)

アウグスティヌス自身による自らの著作リストの最初の書は『アカデミア派駁論』だ。これには、モニカは短く現れる。アウグスティヌスと友人アリピウスと学生のリケンティウスは、天気のいい日に草原に出かけ、なにか農作業を手伝い、それからアカデミア派について論じながら、ランチに帰る。やがて家に着くと、モニカが入ってくる（『アカデミア派駁論』二・四・一〇―五・一三）。「アリピウスは続けようとしていましたが、わたしの母が（わたしたちはもう家でした）わたしたちをランチに急かせましたので、議論の機会がありませんでした。」彼らは空腹を満たすのに十分な程度に食べ、それから草原へ戻り、議論を再開する。モニカの役割は、明らかに、実際の必要を主張することで議論に中断を与えることだ。たとえ確かなことはなにもなく、感覚は信用されえないとしても、哲学者にはランチが必要だ。リストの次の対話篇『幸福な生について』では、モニカは、より大きな役割を、そして食事とアカデミックな哲学との両方にたいして違った関係をもっている。討論者も違っている。アウグスティヌスの友人で知的に対等なアリピウスは不在で、アウグスティヌスは、知的地位のより低いひとたちに囲まれている。息子アデオダトゥスはとても知的だが、若い。学生リケンティウスとトリゲティウスは、まだ教育を受けているところだ。母親と従兄弟たちは、初歩的以上の教育を受けていない。grammaticus のもとへ通ったことがある弟は、当初は討論に気乗りしていないようだ。

『幸福の生について』は、アウグスティヌスの誕生日のランチにその始まりがある。参加者たちは、ナウィギウスがいくらか躊躇したあと、人間はたましいと身体とからなると同意する。身体は食べ物を必要とする。たましいはなにを必要とするのか。「知識がその食べものだと思いますか」とアウグスティヌスがたずねると、モニカは彼女の最初の貢献をする。「あきらかに［plane］、たましいは理解と知識においてのみ養われると信じますよ」（二・八）と答える。トリゲティウスが疑いの様子を見せると、ランチの途中で彼が、どんな器（vasculum〔ウァスクルム〕）を使っていたかやっといま気がついたと語ったのを、モニカは彼に思い出させる。（誕生日のためのなにか特別なものだったのか。）彼女は、「あなたが、自分が食べていることに注意を向けていないあいだ、あなたの精神はどこにあったのでしょうか」とたずねる。「わたしを信じてくださいね。これらこそが、たましいが養われる食べもの、つまり、たましい自身の内省と思考です。たましいがそれらからなんでも得られるのだとすれば。」みなが語り始め、アウグスティヌスが介入するが、モニカにとっては、とても明らかに見えるこの言明のもつ困難についてはなにもいわない。彼は、食べものの比喩を発展させて、もし彼らが食べたいのならという条件で、別の種類のランチ、精神のための食べものを差しだす。

もちろん彼らは食べたい。そこでアウグスティヌスは始める、「わたしたちは幸福でありたい」と。「幸福」は beatus〔ベアトゥス〕の訳で、文字どおりには「祝福されている」という意味だ。これは、感じかたではなく状態としての幸福だ。わたしたちが幸福でありたいことは、だれもが同意する。「欲しいものをもたないひとは、幸福だと思うか。」彼らはみな、否と答える。「では、欲しいものをもつひとはみな、幸福だろうか。」モニカの答えは、みごとに明確で簡明だ。「もしそのひとが、善いものを欲していて、それらをもっていれば、そのひとは幸福です。しかし悪いものを欲しているのなら、それらをもっているとしても、そのひとは悲惨です。」[42] ここでアウグスティヌスとアウグスティヌスのモニカとのあいだで重要なやりとりが生じる。

わたしは喜びをもって彼女に微笑み、いいました。「たしかに〔prorsus〕、お母さん、あなたは哲学の砦をつかみました。疑いもなく、あなたは、キケロのようにあなた自身を開示するだけのことばを、いまは欠いています。これらが、この問いについてのキケロのことばです。哲学を讃え守るために彼が書いた書物『ホルテンシウス（*Hortensius*）』のなかで、彼はいいます、『見よ、哲学者たちばかりか、議論を熱望するひとはみな、欲するとおりに生きるひとたちは幸せだ、という。しかし、これは偽りだ。というのも、正しくないことを欲することは、まったくの悲惨だ。欲しいものを得ていないことは、欲するべきでないものを得たいと欲することほど惨めではない。壊れた意志は、幸運がだれであれ善いひとに善をもたらす以上に悪をもたらす』と。」これらのことばに彼女は歓声をあげ、それは、わたしたちが彼女の性別を完全に忘れて、だれか偉大な男性がわたしたちとともに座っているかのようだった。その間にわたしは、わたしにできるかぎり、なんの源泉から、またいかなる神聖な源泉から、これらのことばがあふれ出たかを理解した。そのときリケンティウスが、「しかしあなたは、すべてのひとが幸福なためには、なにを欲するべきか、そしてどんなものごとを望まなければならないか、いう必要があります」といった。（『幸福の生について』二・一〇）[43]

モニカがキケロをすでに読んでいたり、彼の対話篇『ホルテンシウス』についてすでに聞いていたりすることは期待されえないし、彼女は、悠々としたキケロ的な文体で語るように訓練されてはいないが、同じ点を指摘した。引き続くキケロからの引用は、たしかにより長めだが、明確に表現されている。この引用のあとのアウグスティヌスのコメントは、完全には明確でない。モニカはキケロのことばにたいして歓声をあげているのか、それとも息子によって語られた讃辞にたいしてか。キケロのことばのほうがありそうだ。なぜなら、「これらのことばに彼女は歓声をあげ」は、「これらが、この問いについてのキケロのことばです」を拾いあげているし、彼女が女性であることを男性たちに忘れさせるのは、彼女による直接の理解だからだ。[44]これは高い賞讃であり、アウグスティヌスは『告白』においてそれをくりかえす。「母は、わたしたちのすぐそばにいました。女性の衣装ではありましたが、男性的な信仰をもち、老女の静けさと、母性的な愛と、キリスト教への献身的な愛情を有していました」（『告白』九・一一・八）。女性を「男性的な」と呼ぶことは、彼女が身体と精神の女性的な弱さをすでに克服していることを意味した。しかし、アウグスティヌスが、彼にできるかぎり、「なんの源泉から、またいかなる神聖な源泉から、これらの［ことば］があふれ出たか」を理解するとき、彼が意味するのは、彼が与えないモニカの歓声のことばか、それとも彼がいましがた引用したキケロのことばか。おそらくキケロのことばだ。アウグスティヌスはのちに『キリスト教の教え』で、異教徒の著作は健全な教えを提供するかも知れないと書いたし、(45)『幸福の生について』では、高等教育の大黒柱のキケロは、モニカがすでに理解していることをはるかに詳細に語る。しかし、この対話篇のもっとあとで（四・二七、あとに引用）、アウグスティヌスは「多くの多様な教え」と、「神に向かってこのうえなく注意を向けるたましい」、つまりモニカのたましいを対照させ、「わたしたちが驚かされるあれらのことばが、そこから来るのでないとしたら、いったいどこから来るのだろう」と問うている。

学生リケンティウスは、「ひとびとが欲するべき善いことがらとはなにか」という、次の問いをあげる。失われるかも知れない時間的なものをもつことにおいて幸福であることは不可能だと、だれもが同意する。モニカの貢献はもういちど、アウグスティヌス自身ほどには洗練されないしかただが、明確で簡明だ。しかも彼女はもういちど議論の核心を直接に見ている。

「たとえもしだれかが、自分はなにも失わないだろうと確信していても、彼はそうしたものに満足することはできません。ですから、彼は悲惨なのです、いつも欠乏しているのですから。」わたしは彼女にたずねた、「彼が、そうしたすべてのものでふんだんに満たされているけれども、自分の欲望を制限して、もっているもので満足し、ほどよく快適にそれらを楽しんでいるとしたらどうでしょうか。彼は幸福だと思いませんか。」「そうだとすれば、彼はそれらのものにおいて幸福なのではありません、そうではなくて、自分のたましいの節制において幸福なのです」と彼女はいった。「すばらしい」とわたしはいった、「それはこの質問にあなたによって与えられるべき唯一の答えです。」

（『幸福の生について』二・一一）(46)

このとき、幸福なひとは不運が取り去ることができないものをもつべきだし、それは神だということに、みなが同意する。そこでアウグスティヌスは、だれが神をもつのかとたずねる。学生ふたりが解答で割り込み、アデオダトゥスがあとに続くが、アウグスティヌスは、なにを考えているかひとりひとりが問われていると確認する。

リケンティウスは、「善く生きるひとが神をもちます」といった。トリゲティウスは、「それがなされるように神が欲することをなすひとが、神をもちます」といった。ラルティディアヌスは彼に同意した。しかしみなのなかで最年少のあの少年が、「汚れた霊をもたないひとが、神をもちます」といった。母はどの意見にも賛同したが、とりわけこの意見に賛同した。ナウィギウスは黙っていた。わたしが、彼の考えをたずねると、彼は最後の答えが気に入っているといった。この大事な問いについてルスティクスにも、彼の意見はなにかたずねるのを怠ってはならないように思われた。というのも彼は、考えあぐねているからというより、むしろ控えめなゆえに黙っている様子だったからだ。彼は、トリゲティウスに同意した。

（『幸福な生について』二・一二）

全員が、同意するだけであれ、アウグスティヌスがアカデミア派に言及するまでに、議論に巻きこまれていた。彼がなにを語っているかわかっている三人（ふたりの学生と、おそらくはアデオダトゥス）は、背筋を伸ばして熱中した様子だった（二・一二―一三）。アリピウスの不在への言及もありながら、『アカデミア派駁論』におけるのと同様の矢つぎばやの討論が続く。だが今回は、そこには別のひとたちもいて、アウグスティヌスは

（二・一六、本章の冒頭で引用）彼らが置いてけぼりにされていたことに気づく。そのひとたちは、アカデミア派について聞いたことがないと述べるのが恥ずかしいのかもしれなかったが、女性がそれを知っていることを期待するひとはだれもいなかった。だからアウグスティヌスは、問われるとすぐに答え、アカデミア派を、caducarii、つまり「卒倒病」をもつひとびとと呼ぶことで議論を終わりに向かわせたモニカに微笑みかけた。

いまでは受けいれがたいこのコメントは、つかわれていることばのゆえに、また、ちょうどモニカが、先行する対話においてランチを急かすことでおこなったのと同様に、アカデミア派の哲学を地に落としているがゆえに、「地上的」なものとして特徴づけられている。(47) しかし、これはそんなに「地上的」だろうか。同じ比較が、四世紀初期、マカリウス・マグネスによって、反キリスト教の主張にたいして入念に書かれた論駁書のなかで使われた。彼は、敵対する者たちを、「わけのわからないことを喋る epilēpta〔エピレープタ、ギリシア語で「捉まえられたもの ら」〕」と表現した。おそらく、癲癇の発作において、筋肉が収縮して肺から空気を押し出すときに起こりうるように、彼らが理解不能でまとまりのない音声を発することを彼は意味しようとした。同様に、アウグスティヌスのモニカが、たんなる悪口をいっているわけではないことはありうる。アカデミア派は、わたしたちは自分たちの感覚による知覚を信用できないと主張したが、癲癇の発作に先だつかもしれない徴候や、（プリニウスがいったように、『博物誌（*Historia Naturalis*）』一一・一四六）両目は開いているのに精神が昏《くら》くされるときに発作に続くかもしれない精神錯乱の意味でいうことは、彼女にはできたはずだ。

翌日の議論でモニカはふたたび、複雑な主張について説明してくれるよう求める。アウグスティヌスはアデオダトゥスに、彼が「汚れた霊をもたないひとが、神をもちます」といって、なにを意味したかたずねる。するとアデオダトゥスは、悪霊に取りつかれたひとを意味したのではなく、霊が清らかで神にのみよりすがるひとを意味したと決定する（三・一八）。そうしたひとは、必然的に善く生きるに違いなく、善く生きるひとは必然的にそのようであるはずだと、みな同意する。彼らはさらに、神はひとびとが神を探し求めることを欲し、神を探し求めるひとは悪く生きることはなく、汚れた霊は神を探し求めることはできないと同意する（ナウィギウスはもういちど、同意するまえに躊躇する）。いまやアウグスティヌスは、ひとつの問題を提示する。

「では、神を探し求めるひとが神が欲することをし、善く生きて、汚れた霊をもたないにしても、神を探し求めるひとはまだ神をもっていない。そのばあい、善く生きる、あるいは神が欲することをする、あるいは汚れた霊をもたないだれもが神をもっていると、かならずや〔continuo〔コンティヌオ〕〕いわれるにちがいないというのは、事実ではないですね。」他の者たちは、自分たちが容認したことでかつがれてしまったというので、笑った。わたしの母は、しばらく呆然としていた〔stupida〔ストゥピダ〕〕が、わたしが結論の必然性で、複雑なしかたでいってしまったことを、自分のために説明して解きほぐすよう頼んだ。わたしがそのようにすると、彼女は、「しかし、神を探し求めないかぎり、だれも神のもとへ行くことはできません」といった。わたしはいった、「すばらしい。しかし神をいまなお探し求めているひとは、まだ神のもとへ来ていませんが、すでに善く生きてはいます。ですから、善く生きるひとならだれでも神をもっているということは事実ではありません」と。彼女はいった、「神をもたないひとはいませんが、善く生きるひとは好意的な神をもち、悪く生きるひとは敵対する神をもつとわたしには思われます。」わたしはいった、「それでは、もしすべてのひとが神をもっているのに、まだみなが幸福ではないとすれば、昨日わたしたちが、神をもつひとは幸福だと結論したのは間違いだったことになりますね。」「では、『好意的な』ということばについて付け加えさせてくださいね」と彼女はいった。

（三・一九）

いまや、いつも黙っているナウィギウスがなにかをいいたがり、彼もまた、ことばについて気になっていて、議論を組み立てることができることを示す。アウグスティヌスはたずねる、「好意的な神をもつひとは幸福であるということに、わたしたちはみな同意するでしょうか。」

ナウィギウスはいった、「わたしは同意したいのですが、いまこの問いをたずねているひとのことが不安です。とくに、あなたが、アカデミア派のひとは幸福だと結論しないか不安です。昨日の会話で、アカデミア派のひとはcaducariusと呼ばれました。このことばは、通俗的なことばで、悪いラテン語ですがたいへん適切だとわたしには思われました。といいますのも、わたしは、神は神を探し求めるひとに敵対するとはいえませんし、もしそういわれるのが間違いなら、神は好意的なかたでしょうし、好意的な神をもつひとは幸福です。そうだとすると、探し求めているひとは、幸福でしょう。しかし、探し求めるひとはだれも、望むものをまだもっていません。ですから、望むものをもたないひとは、幸福でしょう。昨日は、このことはわたしたちの全員に不合理なことと思われましたし、アカデミア派の暗闇は散らされたとわたしたちは信じました。ですから、リケンティウスはわたしたちにたいして勝ちほこり、賢明な医者のように、わたしが自分の健康の利益に反して軽率に受けとった甘いものが、いまやわたしに罰を与えていると、わたしに警告するでしょう。」［「甘いもの」とは、モニカがアカデミア派についてたずねる直前の、二・一四でのやりとりへの言及だ］。（三・二〇）

母もこれに微笑んだ。トリゲティウスは、「わたしは、神がだれかにとって好意的でないなら、神は必然的に彼に敵対するということが妥当とは思いません。そのあいだになにかがあると思います」といった。わたしは、「神がそのひとにとって好意的でもなければ敵対もしないような中間にいるひとが、なんらかの意味で神をもつことが妥当だと、きみは認めるのですか」と答えた。彼が躊躇すると、母が、「神をもつことと神なしでないことは、別です」といった。わたしは、「では、神をもつことと神なしでないことでは、どちらがより善いのですか」といった。彼女は、「わたしが理解できるかぎりでは、これがわたしの意見です。善く生きるひとは神をもっていますが、好意的な神です。悪く生きるひとは神をもちますが、彼に敵対する神です。いまなお探し求め、まだ見いだしていないひとは、好意的な神も敵対する神ももちませんが、神なしにいるのではありません。」

（三・二一）

アウグスティヌスのモニカは、二重否定をともなう複雑な議論に、一時的に呆然とさせられたが、ここでは別の、明確で簡明な区別を提示している。はじめに、彼女はその区別を仮に提示するが、それはおそらく、彼女が人間たちについてではなく神について語っているからだ。みなが彼女の定式化を受けいれ、彼らはさらに、神を探し求めるひとに神が好意的なのは妥当だと認める。いまやアウグスティヌスは、ナウィギウスによって示された問題に戻る。つまり、探し求める者は、欲するものをもたないが、神は彼に好意的だ、だから彼は欲するものをもたなくても幸福だ、という問題だ。はじめて、モニカは明らかに議論に負けている。

「わたしは実際には、ひとが欲しいものをもたないとき、そのひとは幸福だとは思いません」と母はいった。わたしは、「それなら、好意的な神をもつだれもが幸福というわけではありません」といった。彼女は、「もしそれが推論が命じるところなら、わたしは否定できません」といった。

（三・二一）

アウグスティヌスは、モニカが提供できた答えを、ここでは展開しない。すなわち、神を探し求め、好意的な神だすとき、彼らは真実に幸福だろう。

いていても、自分たちにまだ足りないものを見いだそうと努めていることを彼らは知っているからだ。神を見い

をもつひとは、客観的には幸福だ。彼らは、まだ欠いているが、客観的には悲惨ではない。なぜなら、彼らは欠

三日目は天気がよく、それゆえ彼らは、浴場で雨宿りをするかわりに、近くの草原に座る。議論は、前日にモニカがいったことから始まる。「悲惨は欠乏にほかならないと、母によっていわれました。欠乏しているひとたちは悲惨だということは、わたしたちのあいだで同意されています。しかし、悲惨なひとたちがみな欠乏しているのかという問いがあり、昨日わたしたちはそれに取りかかれませんでした」（四・二三）。もういちど、今度はトリゲティウスとのあいだで矢つぎばやの議論がなされ、アウグスティヌスは、「理解するのに時間がかかるひとたちもいる」ことを認識し、それゆえそのひとたちに、もっとふさわしいことばでできるかぎり説明する。実際には、正式の様式で長い演説をしながら、彼は、テレンティウス（もうひとりの古典作家）によるふたつの問いとキケロによるひとつの例をあげ、講義モードにはいる。やがてリケンティウスと短い議論があり、そこからアウグスティヌスはこう結論する。「欠乏していなくても、［失うことを］恐れるひとは悲惨だった。それゆえ、悲惨なひとがみな欠乏しているということは事実ではない。」いまやアウグスティヌスのモニカは、以前にはしなかったことをする。質問に答えるかわりに、彼女が質問するのだ。彼女は、それをためらいがちに、かつそつなくおこなうが、学生がおこなうように異議申し立てを投下したり反対論を掲げたりするのではなく、アウグスティヌスの結論は間違っていると、それとなく述べる。

わたしがその意見を弁護した彼女は、ほかのひとたちとともに賛成したが、少しためらいながらいった、「わたしはわかりませんが、いかに悲惨が欠乏から、あるいは欠乏が悲惨から分けられうるのかを、まだ明

らかには〔plane〕理解していないのです。じっさい、お金も富ももち、あなたたちがいうようにそれ以上なにも求めなかったひとは、〔自分の富を〕失う心配があったのですから、なおも知恵を必要としていました。彼が銀や金銭を欠くとしても、知恵を欠いていなければ、わたしたちは、彼を欠乏しているひとと呼ぶべきでしょうか。」だれもが感心して叫び、わたしは嬉しくなった。なぜなら、わたしが哲学者たちの書物からなにか偉大なこととして、また最後のことばとして提言しようと用意していたことが語られた、しかも彼女によって語られたからだ。「みなさん、わかりますね」とわたしはいった、「多くのさまざまな学説と、神にこころを傾注しつくすたましいとは別のものです。わたしたちが感心しているこれらのことばは、そこ〔そうしたたましい〕からでなければ、どこからくるというのでしょうか。」（『幸福の生について』四・二七）

モニカは明らかに講義についてきた、あるいは少なくとも、講義に続くリケンティウスとの議論についてきた。しかし、だれもが彼女をほめても、そしてアウグスティヌスが、「わたしはまさにその点を指摘しようとしたのです」というのを控えても、アウグスティヌスが講義モードで続けるあいだは、彼女は黙ったままだ。彼はサルスティウスとキケロの引用を口にして、ときどきリケンティウスかトリゲティウスとことばを交わす。そのほかの者は微笑み同意するだけだ。最後に彼は、「たましいの完全な充足、つまり幸福の生とは、あなたがだれによって真理に導かれているか、いかなる真理を享受するか、そしてなにをとおして至高の尺度〔summus modus〔スンムス・モドゥス〕〕に結びつけられるのかを、衷心に、完全に認識することだ。これら三つは、神を理解するひとに、さまざまな迷信の愚かさを排除して、一なる神と一なる実体を示す」〔四・三五〕と結論する。彼の言語は複雑だが、モニカは〔以前なら呆然とさせられていたか〕、ラテン語では結合して一語の「三にして一なる神」ということばに反応する。

ここでわたしの母が、彼女の記憶にじつに徹底して刻まれていたことばを認めて、まるで彼女自身の信仰に目覚めたかのように、喜びにあふれて、あのわたしたちの司教の一節「三位一体よ、祈るわれらを育みたまえ」を引用して、付け加えた「これこそが幸福の生です、だれも疑いません。それが完全な生で、その生をめざして急ぐわたしたちは、安心な信仰と、生き生きとした希望と、燃える愛によってそこに導かれることができると、わたしたちは見なさなければなりません。」

（四・三五）

モニカによって引用されたアンブロシウスの聖歌のひとつからの一節が、幸福の生についてなにがいわれる必要があるかを語って、対話は終わりになる。

アウグスティヌスのリスト〔『再論』〕の第三の対話は、『秩序』だ。これは、彼の感情や健康状態について語っている点で、もっとも個人的なものだ。彼は友人のゼノビウスに（一・二・五）、自分が親切な友人ウェレクンドゥスのヴィラにいることを説明している。アリピウス、兄弟のナウィギウス、リケンティウス、トリゲティウスとの、「ペン」によって記録された議論はあったが、いまだモニカについての言及はない。対話は、アウグスティヌスが暗闇のなかで目を覚まして横たわり、自らの思考に時間をかけているところから始まる（一・三・六）。彼は学生たちに、書物にだけ注意を向けるのではなく、同じことをするように促す。浴室の背後を流れる水音が、ときにいっそうはっきり聞こえたり、ときにいっそう早くなったりするのを聞いている。なぜそうなるのか。そのとき、学生たちも起きていることが明白になり（アウグスティヌスが自分の部屋をもたない事実への言及はない）、アリピウスとナウィギウスは市〔ミラノ〕へ行っていたので、だから schola の全員がそこにいる。議論は、不規則な水の流れ（落ち葉が排水溝を塞いでいる）についての説明から、宇宙の秩序へと動き、議論の推移のなかでリケンティウスは、詩から哲学へ回心させられる。朝日（一・八・二二）がすばらしい光景をもたらす。そのなかで、リケンティウスの霊的な歓喜とアウグスティヌスの喜びとが、トリゲティウスの当惑した反応や便所へ行くことと織りあわされる。学生たちは起きる。アウグスティヌスは、ひとり残され、熱心に祈っている。そのときリケンティウスが声をひそめて詩篇〔七九・八〕をうたっているのが聞こえる。このことが、対話において、報告された最初のモニカの登場を促す。

昨日、夕食後に、彼は自然の諸要求〔排泄〕のためにそとへ出たとき、それをむしろ声高すぎるくらいで歌ったので、わたしの母は、それらがくりかえしその場所でうたわれることに耐えられないほどだった。彼女はその詩歌を近ごろ覚えて、たまたま聞き慣れぬ旋律を気に入ったので、ほかにはなにも歌わなかった。彼女は、ご存知のように、とりわけ宗教心が篤いので、その場所は詠歌にはふさわしくないといって彼を叱った。すると彼は、ちゃかして、「では神は、もし敵がわたしをそのなかに閉じ込めてしまったらわたしの声をお聞きにならないのですね」といった。それで、朝、彼はひとりで戻ってきて（それぞれ同じ理由で出かけていた）、わたしのベッドのもとにやってきた。

（『秩序』一・八・二二—二三）

リケンティウスは、彼についてアウグスティヌスが実のところどう思っているかを知りたかった。三人は、浴場で議論を続け、それからアウグスティヌスはそれを書きあげる（一・八・二六）。彼らは翌日も続けるが、学生たちはキリストの、神への関係についての議論に入り、それから、誤った言明は記録されるべきかどうかについての（さらなる）議論に入る。アウグスティヌスは、彼らの競争心や名声への彼らの関心によって悲しまされる。この時点で（彼女は声があがるのを聞いたのか）。

わたしの母が入ってきて、わたしたちがどれほど進展したかたずねたが、彼女も探究について知っていたからだ。わたしが、〔彼女が〕入ってきたことや問いを習慣どおり書きとめるよう命じると、彼女は、「なにをしているのですか。あなたたちが読んだそれらの書物のなかで、女性たちもこの種の討論に導き入れられるのを、わたしは聞いたことがあったでしょうか」といった。

（一・一一・三一）

アウグスティヌスは、長い返答を始める。あるひとたちは、彼らが訪ねるひとたちを、彼らがどんなひとたちかではなく、彼らの衣類や周りのきらびやかさによって判断するのと同じように、書物を判断する。しかし、あるひとたちは、金メッキされ飾られた扉をとおって哲学のうちなる聖所に到達する。これらのひとのなかには、モニカは読まれるのを聞いたことがあるいにしえのラテン語の著作家たち〔maiores nostri〔マイオレス・ノストリ、「わが偉大なひとたち」の意〕〕もいるし、彼の時代にはテオドルスがいる。

もしわたしの書物〔libri〔リブリ、liber〔リベル〕の複数〕――アウグスティヌスの著作の諸部分〔例えば、『幸福の生について』はひとつの、『秩序』はふたつの、『告白』は一三のリベルからなるので、前者はリベル、後二者はそれぞれリブリと呼ばれうるが、『秩序』や『告白』を構成する部分としてのリベルは「巻」、よってリブリは、書物、諸書物、諸巻を意味し、ここでは『秩序』を指すか〕〕が、こうしたひとたちのひとりの手に渡り、彼らがわたしの名を読むときに、「彼はだれだ」といって書物〔codex〔コデクス〕、背の部分が綴じられた〔冊子体の〕書物〔アウグスティヌスの時代は、それまで主流だったパピルス製の巻子体の書物、volumen〔ウォルメン〕から羊皮紙製の冊子体の書物への移行期だった〕〕を投げ捨てず、好奇心や熱意から、その質素な戸口を気にせずになかへ入るなら、そのひとたちはわたしがあなたと哲学を語ることに気分を害することはないでしょうし、おそらく、わたしの文章と混ぜ合わされていることばがだれのものか気にすることはないでしょう。じっさい、彼らは、自由人［liberi〔リーベリ、「子供（たち）」という意味ももつ〕］というだけでなく――これは哲学ばかりか、自由学芸にとっても十分なことです――彼らの同郷人のなかでも高貴な生まれです。しかし、たいへん学識あるひとびとの著作には、哲学する靴屋や、財産の水準のはるかに低い［ひとたち］ながらも、知性と徳のそれほどの光で照らされて、たとえ交換可能でも、どんな条件でも、自分たちのもつもろもろの善いものをこの世のどんな高い地位とも交換したいと思わないようなひとたちに言及しています。さて、わたしを信じてください、ここでそのひとたちが見いだす、なにか別の楽しかったり重要だったりすることによりも、あなたがわたしと哲学を語っているという事実にいっそう喜ぶひとたちがいるでしょう。いにしえの著作家たちのなかで［apud veteres〔アプド・ウェテレス〕］、女性たちが哲学をしましたし、あなたの哲学はわたしをおおいに楽しませてくれます。お母さん、あなたがよくご存知のように、このギリシア語の「哲学」はラテン語で「知恵への愛」を意味しています。ですから、あなたが熱烈に抱きしめている神聖な書物は、避けられ嘲られるべきは哲学者たち全般ではなく、この世の哲学者たちだと教えています。［……］ですから、もしあなたが知恵を愛さないのなら、わたしのこれらの著作のなかで、わたしはあなたを軽蔑するでしょうが、あなたが控えめながらもそれを愛するなら、わたしはあなたを軽蔑しないでしょうし、あなたがわたしが愛しているのと同じくらい知恵を愛するなら、軽蔑するなどとんでもないことです。じっさいには、あなたは、あなたがわたしを愛する以上に知恵を愛していますし、わたしはどれほどあなたがわたしを愛しているか知っています。それにあなたは、どんな不運の恐怖や死の恐怖によっても怯えることがないほど、それにおいてはるかに進歩しています。それは、たいへん学識のある男性にとってでさえ実に難しいことですし、これこそが哲学のもっとも高い砦だとだれもが認めています。わたしをあなたに学生としてささげることを、いったいわたしがよろこばないでしょうか。

彼女は、優しくかつ神に忠実に［blande ac religiose〔ブランデ・アク・レリギオセ〕］、わたし〔アウグスティヌス〕がこれほどの嘘をかつてついたことはない［numquam me tantum mentitum esse〔ヌムクァム・メ・タントゥム・メンティトゥム・エッセ〕］、といった。
（一・一一・三一―三二）(48)

アウグスティヌスは、まことに正しかった。いまや、彼の対話に見いだす他のなにごとよりも、そのなかのモニカの〔対話への〕出席という事実にいっそう喜ばされるひとたちがいる。そのなかのあるひとたちが、この本〔つまり『モニカ』〕を読んでいる。しかし、彼らの諸著作のなかで［apud veteres］女性たちが哲学をするその数形「いにしえの著作家たち」によって、いったい彼はなにを意味しえたのだろうか。もっとも説得的な答えは、複「いにしえの著作家たち」とは、一八歳のアウグスティヌスを哲学の学びへと感化した、いまや現存しないキケロの対話篇『ホルテンシウス』（『告白』三・四・七）のなかのある話し手による以下のコメントを指しているというものだ。「わたしの祖母は、なにごとも運命によって生じるという、ストア派のひとたちの語ることをいつも語るが、賢い女性だったわたしの母は、そうは考えなかった。(49)」

『秩序』の第二巻は、モニカに対する別の賛辞で始まる。

数日後に、アリピウスが帰って来ると、輝かしい陽光と、（冬のこの場所にしては可能なかぎり）穏やかな天候に誘われて、わたしたちはよく行っていた草原へ下りていった。わたしの母もいっしょだった。長くいっしょに住み愛情をもって注意を払うことで、わたしはすでに彼女の知性と神的なことに燃える彼女のたましいとを見ていた。わたしの誕生日にわたしがともに住んでいたひとたちとおこない、短い書物［*de beata vita*〕で説明した、ある重要な問題についての議論において、彼女の精神はじつに偉大なものとしてわたしのまえに現れ出て、これ以上に哲学にふさわしいものはないと思われるほどだった。そこでわたしは、彼女には十分な閑暇〔otium〕があったので、わたしたちの会話に彼女が不在であってはならないという慣行を定めた。このことを、あなた〔ゼノビウス〕はこの書物の第一巻からご存じだ。（『秩序』二・一・一）

モニカは家事から退いて、彼女の otium を哲学を学ぶために使う。この時点では、彼女は議論に欠席していないが、貢献しない。奴隷がランチの支度ができたというために家から駆けおりてきてはじめて、それは終わる（二・六・一八）。モニカの出席に喜ぶ読者がたは、彼女がいまや、ランチへの呼びかけによって中断されるひとたちのなかにいることにお気づきだろう。彼女は『アカデミア派駁論』では中断させたのだ。ランチのあと浴場へ戻って議論は再開する。モニカは議論が始まったあとにようやく到着し（二・七・二二）、議論が神の正義に移るとき、最初の貢献をする。

アウグスティヌスは、リケンティウスに、彼が以前にいったことについて思い出させることから議論を始める。この文章は、ラテン語で読むほうがスムーズにいく。英語では、「bad」あるいは「the bad」が悪い物あるいは悪いひとたちを意味しうるが、抽象的でもありうる。それにたいしてラテン語は、語の数〔単数形・複数形〕や性〔男性形・女性形・中性形〕によって、それらのいずれが意味されているかを示す。

わたしは、神の正義とは、それによって善と悪〔ひとびと〕を区別し、各自に各自のものを与えるものだと君がいったのを、覚えている。〔……〕君には、神はこれまでに正義でなかったことがあると思われるだろうか。「いいえ、けっして」と彼はいった。「では、神がつねに正義だったのなら、善と悪〔抽象的〕はつねに存在したのだね」とわたしはいった。「たしかに〔prosus〕」と母がいった、「わたしは他の結論はないように思います。なぜなら、悪〔抽象的〕がなかったら神の正義はなかったのですし、あるとき神が善と悪〔ひとびと〕に各自のものを与えなかったとしたら、神が正義だったと見られることはできません。」リケンティウスは、彼女に、「では、あなたは悪〔抽象的〕はつねに存在したとわたしたちはいわなければならないとお考えなのですね」といった。「あえてそうはいいません」と彼女はいった。「では、わたしたちはなんといいましょうか」とわたしはいった。「もし神が、まさに善と悪〔ひとびと〕のあいだを判断するからこそ正義だとすれば、悪〔抽象的〕がなかったときには、神は正義ではなかったのですね。」彼らは黙り込み、わたしはトリゲティウスが答えたそうなのに気づいたので、語ることを許した。「たしかに〔prosus〕」と彼はいった、「神は正義だった。なぜなら、悪がすでに存在のなかに入りこんでいたのなら〔si extitisset〔シ・エクスティティッセト〕〕、神は善を悪〔抽象的〕から区別することができたし、それができたという事実から、神は正義です。〔トリゲティウスは人間の類比を使う。すなわち、キケロは知恵の諸徳や、自己節制、正義、勇気をもち合わせていたのだ、たとえカティリナが国家に対して陰謀を企てないで、キケロがそれに応じてそれらの徳を活かすことがなかったとしても、と。〕悪が存在に入りこんで〔extitit〔エクスティティト〕〕、神がそれを善から区別したとき、神はそれぞれに神自身のものを与えることを遅らせませんでした。というのも、神はそのとき正義を学ばなければならなかったのではなく、すでにつねにもっていた正義を使わなければならなかったのですから。」

（二・七・二二）

アウグスティヌスのモニカは、ある困難のなかにいる。始め彼女は、神の正義がつねに存在していたのなら、「たしかに」善と悪〔抽象的〕はつねに存在していたはずだということを受けいれる。しかし彼女は、悪〔抽象的］がつねに存在していたとむりにいいたくはない。アウグスティヌスは、なぜ彼女がむりにそういいたくないのか記していない。問題は、悪［抽象的］がつねに存在していたのなら、それは神が創造した秩序の一部ではなく、ちょうどマニ教徒たちが主張するような、対立する勢力だということだ。トリゲティウスは解決案を提出する。悪［抽象的］はつねに存在していたのではないが、神はつねに正義を行使できていたはずだから、神の正義はつねに存在していたのだ。リケンティウスとモニカはこの議論を受けいれなければならないが、このときアウグスティヌスは、リケンティウスに異をとなえる。秩序のそとにはなにもないという彼の主張はどうなるのか。「なぜなら、悪が生じるためになされたことはむろん神の秩序においてなされたのではなく、悪が生じたとき、悪は神の秩序に含まれたのだ。」リケンティウスは **prosus** ということばをもって返答を始める。「たしかに、わたしは、秩序は悪［抽象的］が存在し始めたときから始まったといいます。」彼は、このときジレンマに捕えられる。もし悪が始まったとき秩序も始まったのなら、そのばあい、悪は秩序のそとで始まったか、それとも悪は神の秩序の一部分かだ。彼は沈黙に陥り、モニカがいう、「わたしは、神の秩序のそとになにかが［無が？］起こりえたとは思いません。なぜなら、生まれた悪そのもの［抽象的］は、神の秩序のなかにはけっして生まれなかったが、正義はそれが秩序づけられないことを許さず、悪にふさわしい秩序へそれを追い返したのです」（二・七・二三）[50]。

この言明は、アウグスティヌスのモニカにはめずらしい。それは、**ego non puto**〔エゴ・ノン・プト〕、「わたしはそうは思わない」という強調で始まり、もし無は神の秩序のそとに起こるということと、悪［抽象的］は神の秩序のうちには生まれないというということとの矛盾を、モニカがたんに再確認しているだけなら、それは明らかに議論をまえに進めない。しかし、彼女が実際にいっているのは、ego non puto **nihil** potuisse praeter Dei ordinem fieri〔エゴ・ノン・プト・**ニヒル**・ポトゥイッセ・プラエテル・デイ・オルディネム・フィエリ〕、文字どおりには、「わたしは、**無**が神の秩序のそとに起こりえたとは思わない」だ。**nihil** は **non** を強調する否定辞だろうが、より深い意味をもちえた。アウグスティヌスは、悪はマニ教徒が論じるような〔善から〕離れた勢力ではなく、善の欠如、**privatio boni**〔プリヴァティオ・ボニ〕だと考えるようになった。もしそうなら、悪は善の欠損でしかなく、それゆえ欠損すべく残された善のないところには、無がある。[51] すると、悪は神の秩序のそとには生まれなかった。それは、神の秩序からの墜落だ。しかしこのことにかかわるかわりに、アウグスティヌスは講義モードに入る。残りの対話のために、アリピウスとの二度の短いやりとりから離れて、彼は、理性と自由学芸について論じる。ある時点で、彼はモニカに再確認する。

しかし、わたしたちが探究していることのためにこれら〔の学芸〕から必要としているものにかんして、お母さん、どうぞ諸主題のこの巨大な森をしてあなたを阻止させないでください。これらすべてのなかから、いくつか選びだされるでしょう。それらは、数においてほんのわずかでも、力においてはとても強力です。多くのひとには、それらをつかむのは困難です。でもあなたにとって、すなわち、あなたの知性はわたしには日々新たで、わたしの知るとおりあなたの精神はとても高く昇り、年齢をとおして、あるいは見事な自己抑制をとおしてあらゆる些末から遠ざけられ、身体という大きな汚れから離れて精神そのもののなかへ浮上していますが、そのあなたにとって、これらは、怠惰で惨めに生きているひとたちにそれらが困難なのと同じ程度に、容易でしょう。もしわたしが、あなたは語りや表現の欠点のないやりかたを容易に手に入れるだろうといえば、明らかにわたしは嘘をついているでしょう。こうしたすべてを学ぶ必要がおおいにあったわたしでさえ、ことばの発音についてイタリアのひとたちに、まだしばしば苦しめられますし、逆にわたしが発音にかんして彼らを非難することもあります。といいますのも、わざと無頓着なのと、出身地のゆえに無頓着なのとは別だからです。教育のあるひとは、注意して聞けば、おそらくわたしの演説のなかに、わたしたちが文法違反と呼ぶものを見つけるでしょう。じっさい、もっとも偉大な技術をもつキケロそのひともいくつかこうした間違いをしていると、わたしに説得するひとにはことかきません。蛮語にかんしていえば、わたしたちの時代には、ローマを救ったまさにその言語が野蛮なように見えるというふうに理解されています。[52]しかしあなたは、あなたにとって子供っぽいか無関係なこれらのことを気にすることなく、文法のほとんど神的な力と本質を理解していますが、それはあなたが、文法のたましいを掴んでいて、文法の体を賢いひとたちに残しているように見えるしかたによってです。

(二・一七・四五)

そのあと、アリピウスとの短い最後のやりとりを例外として、講義が続く。

アウグスティヌスは、これらの対話篇を書いている時期には、自由学芸とは知恵のためのトレーニングだと信じていた。なぜなら自由学芸は、学生たちに、じかに彼らを取り巻くものや経験から彼らの精神を自由にして、個別のものから根底にある原理へと向かうように教えるからだ。彼はこのことを七学芸すべてについての論考で示そうと計画したが、文法学についての書だけを終わらせた。彼はそののち、この書も、弁証法(論理学)、修辞学、幾何学、数学、そして哲学について書いたものも紛失したが、アフリカに戻るや、音楽論の一部として、韻律にかんする六巻を完成させた(『再論』一・六)[53]。彼は、モニカが専門的知識に取り組む必要があるとは考えなかった。彼女が公的な生活の技術を必要としなかったからだ。彼は、哲学のために必要な準備である倫理的訓練を日々の家庭生活が供給したひととして、彼女を表現している。彼女は、哲学の諸原理を把握するための知性をもっていて、ちょうどアウグスティヌスが『告白』でおこなったように、聖書と祈りをとおして神との議論に従事しているのだ。

アウグスティヌスは、モニカは信仰深く、日に二度、教会にかよったと書いた。「それは彼女があなた〔神〕のことば〔具体的には聖書や司教による聖書講話〕においてあなたを聞き、彼女の祈りにおいてあなたが彼女を聞くためでした」（『告白』五・九・一七）。この哲学的トレーニングは、彼女の死の直前に、精神が神へと上昇するヴィジョン〔見神体験〕を息子と共有することを彼女に可能にする。

彼女がこの世の生から去ることになる日が近づいていた頃（それをあなた〔神〕はご存知でしたが、わたしたちは知りませんでした）、それはあなたの隠されたしかたであなたの配慮によってなされたとわたしは信じていますが、彼女とわたしはふたりだけで、わたしたちがいる家の中庭が見える窓に寄りかかって立っている、ということがありました。そこはティベル川のほとりのオスティアで、そこでわたしたちは、長い旅の苦労のあと、人込みから離れて、船旅のために自分たちの元気を回復させていました。それでわたしたちは、ふたりだけで、とても楽しく語りあっていました。そして過去を忘れて、わたしたちのまえにあるものにこころを向け（フィリピ三・一三）、わたしたちは共同で、あなたである真理のまえで、聖者たちのきたるべき永遠の生命はどのようかを探究していました。その生は、「眼は見ず耳も聞かず、人間のこころに浮かびあがりもしなかった」（1コリント二・九）ものです。わたしたちは、こころの口で、あなたの泉、あなたのなかの生命の泉の天上の流れを渇望していました。それは、わたしたちの度量のかぎりそれに潤されて、かくも偉大な問いをどうにかして考えるためでした。

（『告白』九・一〇・二三）

ふたりの会話のなかで、アウグスティヌスとモニカは感覚による喜びとすべての物体的なものとを超え、彼ら自身の精神もこえて、そこには過去も未来もない神の永遠の知恵にまで動いていった。「そしてわたしたちが語り、それに憧れているあいだに、こころのまったき一撃〔ictus〔イクトゥス〕〕によって、ほんの少しだけ〔modice〔モディケ〕〕、それに触れます」(九・一〇・二四)。彼らは、そこにおいてことばが始まり終わる、「口舌の騒音」に戻り、アウグスティヌスは、「わたしたちが話していた」ことを続ける。すなわち、神がお造りになったものがことごとく沈黙したとしよう、ちょうどいまわたしたちが永遠の知恵に触れるときのように、いかなる声も介在せず、神ご自身のことばをわたしたちが聞くことができるようになったとしたら、それこそが、わたしたちが復活するときに永遠の命がそのようであろうものだ(九・一〇・二五)。そうして彼は、「わたしたちが話していた」ことから以下へと移る。

> わたしは、なにかこうしたことを話していました、たとえこうしたしかたでもこれらのことばによってでもないとしても。しかし主よ、あなたはご存知です、わたしたちがこうしたことを話していたその日に、そしてわたしたちがこの世のことを話し、そのあらゆる喜びがわたしたちに無意味になったときに彼女がいったことを。「息子よ、わたしについていえば、わたしはもはやこの世の生でなにかに喜ぶことはありません。いまここでわたしはなにをしたらいいのか、なぜわたしがここにいるのか、わたしには分かりませんし、もうこの世での希望ははたされました。そのためにこの世の生にもう少し留まっていたいと思っていたことがひとつありました。それはわたしが死ぬまえに、カトリックのキリスト教徒のあなたを見ることです。神は、わたしにこれをたっぷり与えてくださったので、わたしは、地上の幸福を見すてて神の奴隷となったあなたを眼にしています。わたしはいったいここでなにをしましょう。」
> (九・一〇・二六)[54]

多くの注釈者が、この共有された経験と『告白』七・一七・二三でアウグスティヌスによって記された精神の上昇との違いを指摘している。(55) 第七巻では、アウグスティヌスはプラトン派の哲学を読んでいて、それが彼に、彼自身のなかへ入るように命じる。彼は身体の諸感覚を超えて、感覚の報告を評価する理性へと進んでいく。理性は、不変性、無変化が、おのれの可変性より優れていることを理解している。それゆえ理性はなんらか不変性を知っているはずで、「その震えながらの一瞥の一撃［ictus］において」、在るところのもの〔神〕に一瞬間、触れる。

ポリュピリウスは、彼が書いた哲学者プロティヌスの『生涯』のなかで、プロティヌスは、ポリュピリウスが彼とともにいる年月に、神的なものとのこうした合一を四度達成し、ポリュピリウス自身は一度それを達成したと語った（『プロティヌスの生涯』二三）。両者とも、質素に生活し、哲学的な著作を読んで議論し、講義し、執筆したことで、生涯を哲学に捧げた。第七巻ではアウグスティヌスは、自分自身のなかにひき退いて見ようとするが、第九巻では、彼の説明は、聖書からの表現に満ち、彼とモニカは、ふたりして、神の永遠の知恵を聞こうと努める。ふたりは、それぞれの出会いの瞬間にちがうふうに応じている。ふたりともに、すべて地上の喜びはいまや無関係だと見いだしているが、アウグスティヌスが永遠の生の本性について、さらに『告白』であとで追求するつもりのテーマについて反省するのにたいして、モニカは自分が死ぬ準備ができていることを表明する。彼女は、哲学者たちが達成しようと努めていることを達成している。彼女は身体の欲望とこの世への気遣いを克服している、彼女は神的なものに触れている、そして、彼女は死を恐れていない。

第五章　モニカの宗教

アウグスティヌスの母モニカは一貫してキリスト教徒だ。彼女は洗礼を受けたカトリック教会のメンバーで[1]、彼女の祈りと涙とは、たとえアウグスティヌスが知的に、また身体的に不在のときでさえ、彼を教会に、そして司教に結びつける。彼の最後の著作群のひとつで、アウグスティヌスは問うた。

さて、わたしのささやかな諸著作のいずれが、わたしの『告白』の諸巻より、もっとしばしばもっと喜びをもって知られているでしょうか。〔……〕また、わたしはその同じ諸巻〔『告白』〕のなかでわたしの回心についで語りました。〔マニ教徒の〕わたしが惨めな狂気の饒舌によって荒廃させていたあの信仰〔カトリック教会〕へと神がわたしを回心させたことを語りましたが、それをあなたがたは記憶していることでしょう。そしてそれは、そのようにして、わたしが滅びないように、わたしの母の信実の、日々の涙がいかにかなえられたかを示すためでした。そこ〔『告白』〕でわたしは、たんに正しい信仰から離反しただけでなく正しい信仰に背きもした人間どもの意志を、神はご自分の恩恵によって正しい信仰へ回心させることを宣べ伝えたのでした。

（『堅忍の賜物』二〇・五三）

『告白』のなかで、モニカは、聖書が朗読され解釈されるのを聞くために教会に規則正しくかよった。家庭で彼

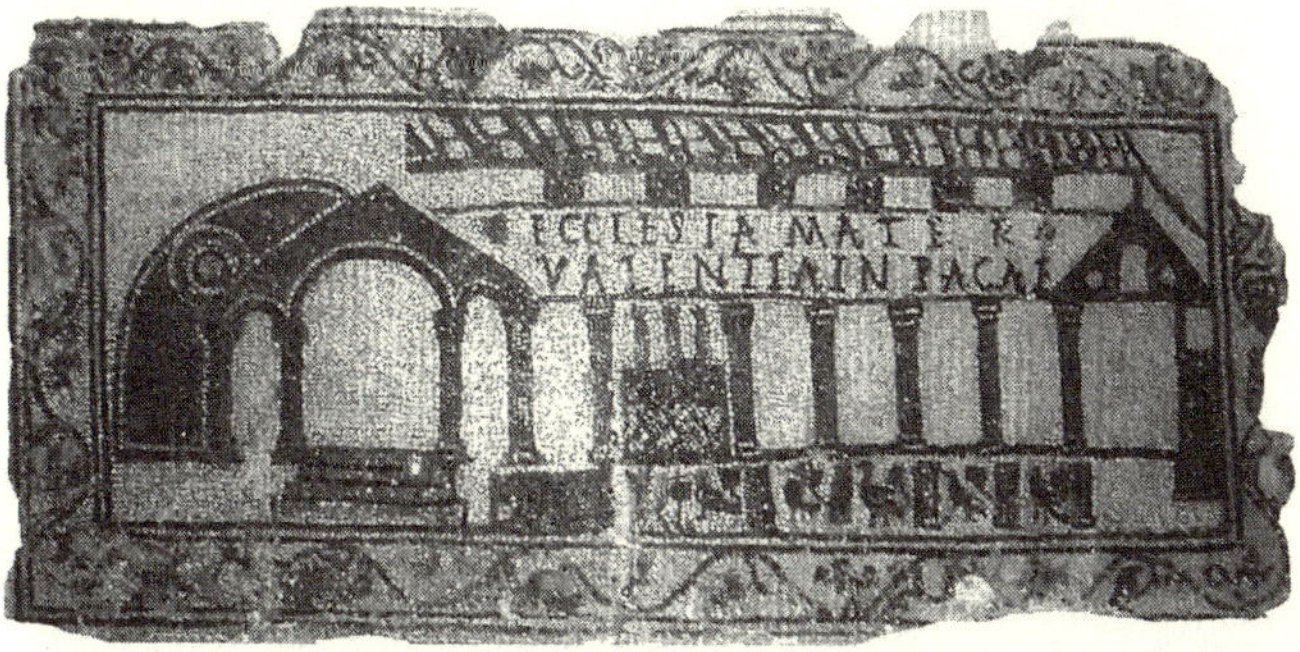

図版5. 1.　母なる教会［Mother Church］: Mosaic from Tabarka.
© Bardo Museum.

女は祈り、また聖書の読解を突きつめる。タガステでは、彼女は、幼い息子を教会に連れていくひとりの信心深い信徒だ。彼女の家族は夫を除いてキリスト教徒だし、ついには彼女という手本が夫をもキリスト教徒へと導く。しかし、そこには教会かよいに加えての、あるいはそれにかわる、家庭の宗教的実践への言及はない[2]。アウグスティヌスが成長して、自分たちの教えこそが真のキリスト教だと信じていたマニ教徒に加わったとき、モニカは彼と家を共有することや食事をともにすることを拒否しようと考え、若い頃にマニ教徒だった司教に助けを嘆願する。そしていく世紀ものあいだ、おもに司教からの返答のために、彼女は記憶されることとなった。「それほどの涙の子が滅ぼされるはずはありません」（『告白』三・一二・二一）[3]。アウグスティヌスがまだマニ教徒で、カルタゴで修辞学を教えていた年月、モニカは彼のために嘆き、祈り続けた。アウグスティヌスはモニカをだましてイタリアへ逃げ去るとき、カルタゴの殉教した司教、聖キプリアヌスの記念聖堂に彼女を置き去りにする。彼女はそこで祈り、普通の生活に戻る[4]。モニカはアウグスティヌスを追ってイタリアに行き、ミラノで、司教アンブロシウスの集会に参加する。アンブロシウスは、教会かよいと善いはたらきへの彼女の献身を讃える。すでにマニ教徒ではなかったアウグスティヌスは、アンブロシウスの説教を聞くが、キリストは受肉した神、「肉とされたことば」だというキリスト教の中心的教義の理解に苦労し、キリストを卓越した知恵をもつ人間と考える〔『告白』七・九・二五〕。モニカは、キリストの神性についての論争には煩わされない。彼女は、断食日や死者に敬意を表す正しい方法についての教会ごとに異なる伝統に関わる。しかし、彼女はアンブロシウスの助言に喜んで従う。そして、異なる神学的諸見解をもつ皇母〔ユスティナ〕によって欲しがられている教会を占拠しているあいだ、彼女は勇敢にもアンブロシウスの支持者たちに加わる〔『告白』九・七・一五〕（あとを見よ）。

アウグスティヌスはモニカについて他の可能性を示しはしないが、それらの可能性はいつもそこにあった。タガステはキリスト教的というよりも、おそらくいっそう異教的だった。モニカは、真のカトリック教会だと主張した対立教会のメンバー、ドナトゥス派として育ったかもしれない。マニ教徒たちは自分たちのものが真のキリスト教の教えだと主張し、友人たち数人をマニ教徒に参加するよう説得したアウグスティヌスは、彼女もそうするほうがいいと母親に勧めた〔『告白』三・一一・二〇〕。アンブロシウスにはミラノに敵対者たちがいた。そこでは、少年皇帝〔ウァレンティニアヌス二世〕の母親〔ユスティナ〕と皇帝のゴート族の護衛団がアリウス派のキリスト教解釈を支持していた（あとを参照）。異教徒、ドナトゥス派、マニ教徒、アリウス派、これらはみな、自分たちの観点において真理に合致して神性を崇拝するひとたちについて、反対者たちによって押しつけられた名称だ。反対者たちが勝利して、それらの名称は定着したが、モニカの生きた時代には、いずれの道が正しいかそれほど明らかではなかった。最近の研究は、それ〔カトリック教会〕が他の側にどう見えていたかを理解することに大きな努力をはらってきた。

モニカは、キリスト教の支持への道を開いた最初のローマ皇帝、コンスタンティヌスの治世の後期〔三三一年〕に生まれた。コンスタンティヌスは、その生涯の終わりに洗礼を受けた〔三三七年〕。モニカの生涯のほとんどすべてのあいだ、コンスタンティヌスの後継者たちはキリスト教の支持という彼の前例に倣ったが〔ユリアヌスは例外、あとで論じられる〕、彼らがそうするとき、献身の大きい小さいをともない、キリスト教の教義の異なる理解をともなった。彼らは諸教会に寄付をしたし、司教たちの公会議を招集し、彼らの非とする司教たちを追放し、彼らの観点において異端者たるひとたちを非難することで、教会の諸問題に介入した。ギリシアの哲学や医学の伝統において、hairesis〔ハイレシス〕（文字どおりには「選択」）とは、思想の学派であって、ある学派の支持者たちは、他の学派たちを論駁するだけだった。しかし、キリスト教の伝統において hairesis は、たましいを危険にさらす偽りの信仰、すなわち異端となり、異端は、知的傲慢と悪魔的な活動について非難された。異端にかんする論争はしばしば暴力沙汰を引き起こし、それは、公的秩序を維持するためにローマ当局が介入しなければならないことを意味した。キリスト教徒の皇帝たちは、真の神が正しく崇拝されることを保障する義務を認識していた。しかし、いかにして皇帝たちは正しい信仰を保障することができたのか、とりわけ、ある皇帝が、自分の後継者が、あるいは自分の同僚が正統と見なしていた信仰を異端と見なしたときには。コンスタンティヌスはただひとりの皇帝として支配したが、モニカの生涯の時代の多くの期間、ラテン語を話す西方〔西ローマ帝国〕にひとりの皇帝が、ギリシア語を話す東方〔東ローマ帝国〕にもうひとりが、ときには同時に三人の皇帝がいた。

モニカがほぼ五〇歳で、アウグスティヌスがカルタゴで教えていたころ、三八〇年からのある事例が、ひとびとが正しい信仰をもつことを保障することについて一般的な問題を示す。それはまた、アウグスティヌスが、そしてそれゆえモニカも、数年後にミラノで出くわす困難な状況を説明する助けになる。三八〇年に、グラティアヌス〔在位三六七—八三年〕——弟のウァレンティニアヌス二世とともに西ローマ帝国の皇帝だった——の招聘で、テオドシウス一世がすこしまえに、東ローマ帝国で政権を樹立していた。テオドシウスは三名全員の名で、東ローマ帝国の首都コンスタンティノープル〔コンスタンティノポリス〕のひとびとに勅令を出して、彼らのすべての被治者が、父と子と聖霊とが一なる神という教えを受けいれることを望むと述べたのだった。この三位一体の教義〔ラテン語でtrinitas〔トリニタス〕、「〔一なる神の〕三性」〕は、いま「ニケア信条」と呼ばれるもののなかで確定されている。(5)「信条」とは、ラテン語のcredo〔クレド〕、すなわち「わたしは信じる」から、「ニケア」とは、三二五年にコンスタンティヌスが、キリスト教信仰の合意された説明文を作成するために司教たちによる会議を招集した都市ニカエアから来ている。ニカエアは、都合のいいことに彼の新たな首都コンスタンティノープルに近く、彼は公会議に出席し、その地で司教たちは、父なる神と子なるキリストとは「同一の実体」〔ギリシア語でhomoousios〔ホモウーシオス〕〕だと確定した。このギリシア哲学の専門用語は、キリストの神性が神の神性と異ならないことを伝えようと意図するものだった。なぜなら、もし異なっていたら、神と人間性とはキリストにおいて十分には和解されなかったからだ。しかし、アレクサンドリアの司祭アリウスの解釈に〔おそらく〕同意するゆえに「アリウス派」として知られていたいくにんかの神学者たちは、これは聖書の語るところではないと捉えた。彼らは、「造られずして生まれた」、神の子たるキリストは、すべての被造物を超越しているが、その存在は父から来ると主張した。

コンスタンティヌスの息子、コンスタンティウス二世〔在位三三七―六一年〕は、アリウス派贔屓だった。東ローマ帝国におけるテオドシウス一世の前任者ウァレンス〔在位三六四―七八年〕も、そして幼皇帝ウァレンティニアヌス二世の母ユスティナもそうだった。グラティアヌスは、テオドシウスのようにニケア信条贔屓だったが、アウグスティヌスがミラノの修辞学教授に任命された三八四年までに、彼は謀反によって殺されていた。その間、三八一年に開かれたコンスタンティノープル公会議で、集められた司教たちがニケアの教説をふたたび確認し、聖霊の神性が、父なる神と子なる神の神性と異ならないことを明らかにした。異なる見解を取った者たちはどうなったのか。三八〇年の勅令でテオドシウスは次のように宣言した。

われわれは彼らに、この法律に従いカトリック・キリスト教徒の名を抱くことを命じる、また残余の者たちには、彼らは狂気だと判断し、異端の教えという infamia〔インファミア、「不名誉」の意〕［いくつかの法的権利の喪失］に耐えることを命じる。彼らの集まりは教会という名をもってはならない。彼らは、まずは神の罰によって、次いでそれをわれわれが天の意志から得たわれわれの強い感情［motus〔モトゥス、「こころの動き」の意〕］による報復によって、低められなければならない。（『テオドシウス法典』一六・一・二・一）

「われわれの強い感情による報復」とは、正確にはなにを示すのか。テオドシウス一世の勅令は、その孫テオドシウス二世の命令で作成された法集成のなかに、一部分が残存している。『テオドシウス法典』（「法典」と訳した code は、ラテン語の codex、背の部分が綴じられた〔冊子体の〕書物に由来している）として知られているこの集成は、明確で権威のある参照しやすい法律文書だ。法律委員会は、コンスタンティヌスの時代から始めて、偽造されあるいは損なわれた法律文書から真正の法を区別し、矛盾を取りのぞき、帝国全体にかかわる材料を抽出し、表題のもとに整理することを命じられた。これは必要不可欠かつ有益な作業だったが、抜粋されている法律の内容と目的を復元することはしばしば困難なものだ。この事例においては、テオドシウス一世は、帝国の報復とはなにかを明示しなかったようだ。この時代の法は、規則と罰との精密な組合せというよりも、むしろしばしば警告、あるいは帝国の見解の表明だった(6)。さらに、勅令はそのときの全皇帝の名において、コンスタンティノープルのひとりの皇帝によって発布されたが、彼ら全員によっていつも同意されていたわけではなく、あるいは議論されてさえいず、しかも、かならず帝国の他の地域に届いたわけでもなかった。したがって、カルタゴで、あるいはローマやミラノでさえ、当局者が、皇帝がコンスタンティノープルでなにを語ったか知らないということが起こりえた。

キリスト教徒たちは、キリスト教の解釈についても、伝統的なギリシア・ローマの宗教をとり扱う正しい方法についても、異なっていた。ふりかえれば、一八か月のあいだ統治したユリアヌス〔在位三六一―三年〕というひとつの短い例外を除くと、コンスタンティヌスからはじまる四世紀はずっとキリスト教徒の皇帝の連続を見せる。ユリアヌスの治世には、モニカは三十代の始めで、アウグスティヌス〔三五四年生まれ〕は子供だった。だが、ユリアヌスが権力を握ったとき、多くのひとびとは、正常な状態への復帰を眼にしたに違いない。ユリアヌスはキリスト教徒として育てられたが、権力を得るとすぐさま伝統的宗教への支持を宣言した。彼は追放されていた司教たちを呼びもどし、自分たちの論争を解決することをキリスト教徒たちに任せた。彼は、キリスト教徒の聖職者に市民の義務からの免除を与える理由が分からなかった。公的資金による教職の保有者を指名したいかとたずねられたとき、彼は辞退したが、いかに教師が重要だと自身が考えているかを示すために、都市が選んだ者の名は正式な承認のために自分に送られるべきだと答えた。それに続く手紙のなかで彼は、教師たちは高い倫理的基準をもたなければならず、キリスト教徒たちは、その宗教的で倫理的な教えについて非難されるときには、古典文学を欠くところなく教えることはできないと書いた。そのことから、キリスト教徒たちが文学や修辞学を教えることを彼が禁止したと解され、彼の支持者たちですらそれに抗議した〔『告白』八・五・一〇〕。しかし、ユリアヌスは、ペルシアで従軍中に死ぬまえ、ギリシア語を話す東ローマ帝国の、コンスタンティノープルとアンティオキアで短い統治期間を過ごした。「ヘレニズム」〔ギリシア文化の精髄〕は、神の霊感を与えられたギリシア文学や哲学のうちに表現された真の宗教だと、西ローマ帝国のラテン語を話す被治者たちに説明する時間は、彼にはなかった。アフリカでは、彼は、おもにドナティスト論争への影響のために記憶された。それは彼が、どちらかを支持して介入することを拒否したからであり、また、その論争の初期段階に没収されていた財産が、以前の所有者たちに返還されるように求めたからだ。彼は、賢い息子にかけたモニカの希望を打ち砕くほど長く統治したわけではなかった。[7]

たいていの皇帝がキリスト教徒だったが、それはモニカの生きた時代にローマ領アフリカがキリスト教の地域だったことには帰結しない。そこには、伝統的宗教の公的な実践にかんして、とりわけ血のいけにえにかんして、いくつかの法的な制限があった。コンスタンティウス二世は、自分はいけにえを禁止することについては父のコンスタンティヌスの先例に従っているといったが（『テオドシウス法典』一六・一〇・二、三四一年）、数年後には、いけにえが生じてはならないことを確実にするために、神殿の閉鎖を命じた（『テオドシウス法典』一六・一〇・四）。ユリアヌスはこれらの政策をくつがえした。ユリアヌスのあと、皇帝たちが介入するか容認するかは彼らの意欲において一様でなく、施行も、帝国の異なった地域でひどく異なりえた。[8] かくて、ウァレンティニアヌス一世（在位三六四―七五年）は容認したが、東ローマ帝国では、アリウス派のキリスト教徒だった彼の弟ウァレンスはときとして、ニケア信条に従うキリスト教徒たちに反対する行動をとった。ローマ市では、伝統的な宗教祭儀が維持されていたが、三八〇年代の始めにはグラティアヌスが資金援助を撤回し、pontifex maximus〔ポンティフェクス・マクシムス〕（祭司長）の称号を放棄して、[9] 元老院議事堂からウィクトリア（勝利の女神）の祭壇が撤去されるように命じた。ウィクトリアの祭壇と像は、ローマの初代皇帝となったアウグストゥスによって据えられていた。伝統に従えば、これは、元老院議員たちが忠誠を宣誓し、会議のまえに香を焚き、献酒するところだった。ローマ市の長官シュンマクスが、異教徒の議員たちの抗議を先導した。ローマの司教ダマススは、ミラノの司教アンブロシウスの助けで、キリスト教徒の元老院議員たちによるそれへの対抗を先導した。これらの宗教的差異は、暴力よりもむしろロビー活動にたどりついたが、東ローマ帝国では長官キュネギウス（在職三八四—八年）が、伝統的な宗教祭儀や諸神殿に暴力的な攻撃を加えた。

モニカが死去した四年後の三九一／二年まで、いまや唯一の皇帝テオドシウス一世は、伝統的な神々の公的私的な礼拝を禁止した。彼はローマ市の長官やエジプトを担当する補佐官に、だれもいけにえを献げてはならず、社や神殿に参ってはならず、ひとが造った像を崇めてはならないと命じた（『テオドシウス法典』一六・一〇・一〇、一六・一〇・一一）。だれも、香やワインや灯火とともに、家庭を守る神々［lares〔ラレス〕と penates〔ペナテス〕］やその家長の守護霊［genius〔ゲニウス〕］を崇拝してはならなかった（一六・一〇・一二）。この立法はときに異教の決定的な非合法化として呈示されるが、たとえ地方の当局者たちが最新の立法に気がついていたとしても、法律の執行は、彼ら自身が行動を起こすかそれとも抗議に対処するか彼らの意向にかかっていた。[10] キリスト教徒の皇帝たちはキリスト教徒の役人たちを指名することを要求しなかったし、ひとびとは、自分たちの宗教的信仰がなんであれ、町々で、あるいはその土地の労働者たちのあいだで、いざこざを引き起こしたがらなかったのかもしれない。そのため異教徒は、キリスト教徒がかつてそうだったようには迫害されなかった。彼らは、宗教的信念や実践のために死の危険性を負うことも、財産や地位を失うことさえもなかった。

だが、いったいだれが、異教徒と見なされたのか。そのことばは、ローマの伝統的神々を崇拝するひとびとにとってキリスト教徒の標識であり、だれも満足できる代替語を見いださなかったために、しばしばぎくりとさせる語として、いまなお使用されている。アウグスティヌスの哲学上の友人のひとりが自らを「異教徒」（『手紙』二三四〔一・二〕）と呼んだが、彼のいいかたは、ひどく念入りに敬意をはらっているので、皮肉のように聞こえるほどだ。

わたしは祝福され、あなたの発せられる徳の純粋な光のなかに浸されています。なぜなら、あなたがわたしを、あなたの神のごとき言説の名誉で戴冠されるにふさわしいと考えてくださったからです。しかし、尊敬すべき主人よ〔アウグスティヌスへの呼びかけ〕、あなたはわたしに重荷を、とりわけあなたの問いへの返答というもっとも困難な責務をわたしに課されました、いまこのときわたし自身の、すなわちひとりの異教徒の見解に従って、そのようなことがらを説明することにおいて。

大半のひとびとは自らを異教徒とは呼ばず、「わたしはいつも神々を崇拝してきた」といった。ある最近の研究は「多神教徒」を用いるが、異教徒たちは、自分たちはそうではないと主張するのが普通なのに、その名は、異教徒たちが多くの神々を崇拝したというキリスト教による非難を受けいれる。アウグスティヌスが学校に遣られたマダウラの文学の教師マクシムスは、公共の広場は目に見える神々でいっぱいだが、これらの神々は一なる神の力のさまざまなあらわれか、あるいはさまざまな面だとだれもが知っている、とアウグスティヌスに書いた。[11] 四世紀末期から書き始められたセルウィウス〔四世紀の生まれ〕のコメンタリー〔ウェルギリウスの詩の注釈書〕から判断すれば、これは、教師たちが授業をするときにウェルギリウスの詩をとおしてふつうに語っていたことだ。だからそれは、アウグスティヌスがタガステを離れて学校にいっているときに耳にしたことだった。古典教育にかかわるものはなく、モニカがアウグスティヌスの教育に学費をだして援助したことは理解できる。[12] もし彼女が、古典の内容に反対するよう彼に注意を促すか、あるいは彼がマダウラでキリスト教徒の家庭で暮らしそこの教会にかようよう保証するくらい十分に古典の内容を知っていたのなら、彼〔マクシムス〕はそうはいわなかった。それでも、彼女の全家族がキリスト教徒だったら、おそらく彼は、paedagogus〔三八頁を参照〕としてキリスト教徒の奴隷をもっていた。

モニカは、血のいけにえが法律によって禁止された時代に育ったが、異教徒たちは、土着の神性の祭司職を保有し、毎年の祭りに金銭を助成し、行列を引き連れ、劇場で祭司たちのために取っておかれた席に座ることで、いまだに伝統的宗教への公的な献身をなしえた。パトリキウスはcuriaのメンバーとして、伝統的な儀式や市民の宴会に参加することが期待されていた。受洗したキリスト教徒のモニカが、見世物や祝祭に参加していたことはありそうにないことだ（あとを見よ）。カルタゴで、その都市の守護女神カエレスティスを讃える、音楽家や歌手たちを含む行列を見物したことを、アウグスティヌスは記憶していた（『神の国』二・四）。これは、アウグスティヌスが学生として、またのちに教師としてカルタゴに暮らしていた三七〇年代か三八〇年代初頭のことだった。[13] たとえ、より厳しい立法が整ったときでさえ、異教徒たちは、神殿や像を修復することによって、また伝統的な民衆向けの祝祭を維持することによって、いまだに自分たちの町の遺産への献身を示すことができた。三九九年、テオドシウスの息子たちはアフリカ〔属州〕の知事に指示を送った。

われわれは、健全にする法律によって、すでに冒瀆的な儀式を排除した。それと同じようにわれわれは、市民たちの祝祭の集まりとすべてのひとたちに共通の幸いが取り除かれることを許さない。そのため、われわれは、いかなるいけにえやいかなる断罪されるべき迷信もなしに、いにしえの習慣に従うもろもろの快楽がひとびとに提供されることを、またもし公的な要望がそれを求めれば祝祭の宴会がおこなわれることを宣言する。

（『テオドシウス法典』一六・一〇・一七）

いけにえを止めることを望むけれども、諸都市の装飾が保存されることを望みもすると、彼らはすでにいっていた（『テオドシウス法典』一六・一〇・一五、三九九年）。これらの「装飾」は、公共の建築でもある神殿、芸術作品でもある宗教祭儀のための神像だった。たとえばローマの元老院議事堂にあったウィクトリアの像は、祭壇なしにはなんの脅威をもたらさないゆえに排除されなかった。わたしたちは、視野に入らない異教徒の家庭でなにが起こっていたか知らないが、もしだれかがもめごとを起こそうとすれば、彫像や廟は家族で伝えられた芸術作品として説明されえた。

五世紀初頭に、マダウラの町の参事会からの手紙に応えて、異教徒たちはおおやけに彼らの神々を崇拝することはもはや許されないが、彼らは自分たちのこころのなかの偶像を壊してはいないと、アウグスティヌスはいった（『手紙』二三二・一）。他の説教者たちと同様に、彼もしばしば不平をいった、自らをキリスト教徒と呼ぶひとたちでさえキリスト教徒だということが明白ではない、と。あるひとたちは（アウグスティヌス自身のように）、異教崇拝から離れてわずかに一世代だった。彼は、ある説教のなかで言及した。すなわち、「わたしは平和をもたらすためにではなく、剣をもたらすために来た」（マタイ一〇・三四）とキリストがいったとき、剣は、「信仰あるひとたちひとりひとりを、キリストを信じないひとりひとりの父親から、あるいは同じく不信仰の母親から分けた。あるいはもし、そのひとがキリスト教徒の両親から生まれたのなら、そのばあいはすくなくとも、その家族の、よりまえの世代から分けた。じっさい、祖父や曾祖父、あるいはもっとまえの先祖を異邦人たちのなかにもたなかったひとは、わたしたちのなかにはいない」（『詩篇講解』九六・七）。聖書はキリスト教徒たちに、「異邦の神々は悪魔たちだ」（詩篇九六・五）といったが、彼らは、これらの悪魔的な存在にあまりにもすすんでおのれをさらしていた。それらの存在は、「偶像においで、わたしの祭壇においで」とあからさまにはいうことはできず（『説教』六二・一〇・一五）、いっそうねじれた方法を使った。アウグスティヌスは、カルタゴでおそらく三九九年に語られた説教のなかで、キリスト教徒たちは「偶像のある場所で横になっている［食事をしている］」（1コリント八・一〇）ように見えるといった。文脈は、これが市民の宴会だったことを示し、キリスト教徒たちは、自分たちが招待を拒否したらだれか権力のあるひとを怒らせはしないか不安だといった（『説教』六二・四・七―五・八）。とにかく彼らはいう、「それは神ではない、なぜならそれはカルタゴの守護霊だから」（同六・一〇）。もしそれが神でなければ、なぜそこに祭壇があるのか、とアウグスティヌスは問いただす。キリスト教徒たちはそれが神ではないと知っていたが、異教徒たちはそれは神だと考えていた。そのために、キリスト教徒たちが異教徒の非難にさらされ、異教徒たちが、「キリスト教徒たちがわたしたちとともに崇拝する神々を、どうしてわたしたちが捨てなければならないのか」と考える危険があった（同六・九）。

キリスト教徒たちは、これらの見世物は自身の崇拝者たちを破滅させたがる偽りの神々を喜ばせるために催されたと知りつつも、劇場で不道徳な見世物を見物した。悪魔たちの力に依存する占い師たちにキリスト教徒たちは助言を求めたし、悪魔たちの力を呼び起こすお守りをキリスト教徒たちは身につけた[14]。タガステスのような小さな町では、教会にだれが行きだれが行かなかったか明らかだったが、献身のあの証拠がなければ、だれが彼自身や彼女自身を〔つまり自分を〕キリスト教徒と思っているか明らかではなかった。服装や語りかたなどの外的な目印はなかった。教会にかようひとたちも劇場の見世物に行ったし、日常生活上の諸問題の処理では妥協した。「わたしにこのようにいわないでください。『そうだ、わたしは偶像にかよう、幻視者や占い師たちから助言を得るために。でもわたしは神の教会を捨てていない。わたしはカトリック教徒だ』と」（『詩篇講解』八八・二・一四）。

次のように語るひとたちがいる。「神は、善く、偉大で、至高で、不可視で、永遠で、不滅だ。神はわたしたちに与えるだろう、永遠の生命を、神が復活において約束した不滅を。しかし、これらのこの世的にして時間的なものは、悪霊どもの領域にしてこの世の闇の権能だ。」このように語りつつ、これらのものへの愛に巻きこまれるとき、彼らは神を棄てる、これらのものが神の領域ではないかのように。そして彼らは、口にするのもおぞましいいけにえによって、ある種の薬によって、あるいはひとびとへのある種の不法な説得によって、金銭や妻や子どもたち、そしてこの束の間の生における慰めや、そこを通りいくひとたちへの妨げのような時間的なものごとを、自分たちのためにまえもって調達しようとする。（『詩篇講解』三四・一・七）

自分たちはキリスト教徒だといい、知的な関心をもち、たまたま、教会にやって来る洗礼志願者だが、洗礼へと進み出るための、またキリスト教の道徳の教えにそって生きるための気構えはまだないひとたちもいた[15]。

モニカはキリスト教徒の家庭で生まれたが（『告白』九・八・一七）、彼女の名は、彼女の家族のなかに古くからの宗教的信心が存在したことを示していると、ときに受けとられる。モンニカ（Monnica）、またはノンニカ（Nonnica）は、アフリカの彼女の地方で見いだされる名だ。それは、ティグニカ（Thignica）（いまチュニジアにある）の碑文に言及されている土着の神格モンナ（Monna）〔女神〕の指小辞〔「ちっちゃなモンナ」の意となる〕だ。モーリタニアの王子ヌベル（Nubel）の妻ノンニカは、アウグスティヌスの母親の同時代人だった。その母親の名が、現代の学識において、しばしばMonnicaと綴られる。ポストコロニアル時代〔植民地だったチュニジア（一九五六年独立）やアルジェリア（一九六二年独立）などの北アフリカ諸国が独立したあとの時期、おおむね第二次世界大戦終了の数年後から〕の研究者たちは、ローマ帝国のなかに、ローマ以前の、また非ローマ的な諸文化の痕跡を見つけることに、そしてローマ化がつねに、文明化されていないものの文明化のプロセスだというどんな想定からも離れることに、熱意を示してきた。この熱意は、ローマ時代のアフリカとの関係で、とりわけ強かった。フランスやイタリアの学者たちによる、より早期のある研究成果は、外国による軍事占領とあまりに密接に結びつけられていると見られている。考古学者と歴史家はリビア地域の文化とベルベル人の現代へと続く連続性について議論してきた(16)。ウィリアム・フレンドは、ドナトゥス派教会〔あとを参照〕にかんするそのおおいに異議がだされた研究において、問うた、「ドナトゥス主義は、日常生活のルーティンにおけるベルベル人たち〔ローマの支配以前からの北アフリカの土着のひとたち〕自身と根本的には不変の、持続的な土着の宗教的伝統の一部ではないのか」と(17)。だから、Monnica は〔この綴りとともに〕ベルベル人だったと、ときおり断言されるが、それは、その名がローマによるアフリカ征服〔紀元前二世紀から〕以前ばかりか、紀元前七世紀のフェニキアからの入植者〔カルタゴを建設したポエニ人〕たちの到着以前にさかのぼる、ヌミディア土着の諸民族に属するという意味においてだ。

しかし、「モンニカがベルベル人だ」ということは、いったいなにを意味するのか。この状況のなかで、だれがベルベル人か。民族的血統と文化的アンデンティティーは、ローマによる征服〔第三次ポエニ戦争が終わったのは紀元前一四六年〕のはるか以前から、ヌミディア人、リビア人、マウリ人、そしてポエニ語を話す入植者たちのさまざまに変化した関係によって複雑化していた。多くのひとびとがひとつ以上の言語を話し、各自の境遇に依存しながらひとつ以上の文化の諸要素を取り入れていた(18)。リビア人の証拠は、もろもろの碑文からだ。一世紀から二世紀までのいくつかが、タガステで発見された。だが、モニカの生きた時期の、リビア語の持続的な使用を示す碑文はなく、古代のリビア人と現代のベルベル人とあいだの繋がりを証示することは困難だ。フェニキアからのローマ以前の入植者たちによってもたらされたセム語系言語のポエニ語の証拠は、文学における言及からだ。それは、アウグスティヌスの時代には地方の諸地域でまだ話されていたが、自分の司教区のこれらの地域のためにポエニ語を話す司教たちを見つけることは、彼には困難だったし、彼自身はポエニ語について限られた消極的な知識しかもたなかった(19)。「マッパリア〔カルタゴの地名〕のひとたちがわたしたちふたりの話しを聞けるようにしなさい」と、彼はライバルの司教に書いた。「わたしたちのいうことが書きとめられるようにしなさい、そしてわたしが書くことをポエニ語に翻訳させなさい」（『手紙』六六・二）。明らかに、彼が言語を習得するのを助けた乳母たちは（『告白』一・八・一三）、ポエニ語を話さなかった。モニカはアフリカの出だったという意味で、Afra〔アフラ〕、アフリカの女性だった、アウグスティヌスが、Afer〔アフェル〕、アフリカの男性だったのと同じく。そのため、すべての訓練を終えたあともアウグスティヌスが、出自がわかる地域特有のアクセントだったのだから（『秩序』二・一七・四五）、疑いなしにモニカもそうだった。しかし、彼女と彼女の家庭はラテン語を話し、彼らの文化はローマのそれだった。

モンニカという名は、それ自体では、家族が最近までキリストではなく、むしろモンナを崇拝していたことを示さない。古代後期のほとんどのひとたちが、家族で伝統的な名をもっていたし、キリスト教の家族は、子どもたちにキリスト教的な名を与える必要を感じなかった。たとえば、カエサリアのバシリウスは、父親の名をつけられ、長姉のマクリナは、彼らの父方の祖母の名をつけられた。ナジアンズスのグレゴリウスの姉妹ゴルゴニアは、母方の祖母の名をつけられ、娘をもうけたとき、夫のアリピウスにならいアリピアナと名づけたし、母にちなんでノンナと名づけられたもうひとりの娘がいた。[20] モンニカもまた、おそらく祖母の名から名づけられた。彼女の息子たち、ナウィギウスとアウグスティヌスは、キリスト教的な名を明らかにもたなかったし、ナウィギウスの息子は祖父にちなみパトリキウスと呼ばれた。ローマ時代のアフリカのあるひとびとは、たしかに宗教的な名をもっていた。アウグスティヌスは息子を、アデオダトゥス（Adeodatus）、「神によって与えられたもの」と呼び、クォドウゥルトデウス（Quodvultdeus）、「神の意志するもの」と呼ばれる助祭とも符合していた。だが、いったいどの神か、これらの名は曖昧だ。アデオダトゥスは、ポエニ語のイタンバアル（Iatanbaal）やギリシア語のディオドロス（Diodoros）と同義的だ。[21] アウグスティヌスは、ヨハネス・クリュソストムスがかつておこなったようには（『創世記講話』二一・三）、聖人たちにちなんで子どもたちを名づけることを自らの会衆に奨励することはなかった。
　モニカのもろもろの夢が、土着の宗教との結合のもうひとつの可能性だ(22)。その証拠は軽微で、幾世紀にもわたって散見される。これはローマ以前の文化の残存を見つけるための努力のもうひとつの例かもしれない。だが、死者のための祭儀と結びつけられ、とくに女性たちによって実践された夢による占いの伝統については、ある証拠がある。モニカは、死者の墓で分かちあうために食物やワインを持ちこむことでアフリカの習慣に従った。あるキリスト教の指導者たちは、これを死者たちの祈念ではなくむしろ死者たちへの祭儀と解釈し、モニカも、ミラノでアンブロシウスがそれを禁じたと告げられたときに、その実践を断念した。アウグスティヌスは、別のだれかのためだったら彼女は同じようにはすすんでそうしなかっただろうと考えた（『告白』六・二・二(23)）。しかしアウグスティヌスは、モニカの夢と死者たちへの訪問とを関係づけないし、アウグスティヌスの母モニカは、自身の夢を、祈りに答えてキリスト教の神によって送られたと考える。『告白』で彼が報告する最初の夢は、彼がマニ教だったときの、安心させるためのものだ。

あなた〔神〕が母をなぐさめたもうたあの夢［somnium〔ソムニウム、「夢を見ること」および「見られた夢」の意〕］は、どこから来たのでしょうか。その夢によって母は、わたしといっしょに暮らし、家でわたしといっしょに食卓をすることに同意しました。それまで彼女は、わたしの冒瀆的な誤謬〔マニ教〕を受けいれず、それらを難じ、これを拒絶し始めていました。彼女は〔夢で〕、自分がある木製の定規のうえに立っていて、輝くばかりにはれやかな若者が彼女に近づき、彼女が悲嘆し、悲嘆によって消耗させられているときに、うれしげに彼女に微笑むのを見たのです。〔夢のなかで〕彼は、彼女の悲しみと日々涙を流している理由をたずねました（彼女に教えるために、よくあるように、知るためにではなく）。母は、わたしの滅びを嘆いているのです、と答えました。若者は安心するようにといって、よく見るように、母のいるところにわたしもいるのを見るだろう、と母に忠告しました。そこでよく見ると、わたしが同じ定規のうえ、母のそばに立っているのが見えました。あなたの両耳が母のこころを聞いたからでなければ、どうしてこういうことがおこったか。おお、善き全能のかたよ。

（『告白』三・一一・一九）

モニカは、自身の見た示現［visum〔ウィスム、「見られるもの、幻視、示現」の意〕］（三・一一・二〇）についてアウグスティヌスに語った。彼はそれを、彼がそうであるもの〔マニ教徒〕になる望みを彼女はなくすべきではないということを意味すると解釈しようとしたが、彼女は特徴的な明快さをもって答えた、「彼のいるところにあなたもいるだろう」ではなく、「あなたのいるところに、彼もいるだろう」（not ubi ille, ibi et tu, sed ubi tu, ibi et ille〔ノット・ウビ・イッレ、イビ・エト・トゥ、セド・ウビ・トゥ、イビ・エト・イッレ〕）〔まえの引用文の対応箇所はいわゆる間接話法だが、ここは直接話法のため人称が一致していない〕だった、と。そのとき彼は、母を慰めた夢［somnium］によってというよりも、むしろ「めざめているわたしの母をとおしてのあなたの responsum〔レスポンスム、返答〕」によっていっそうこころが動かされた［commotus〔コンモトゥス〕］。responsum は、たずねるひとに与えられる神託についてしばしば用いられるし、アウグスティヌスは、マニ教徒として育てられたある司教をとおして与えられた、もうひとつの responsum をも思いだした、「このような涙の息子が滅びることはありえません」[24]（三・一二・二一）。モニカはアウグスティヌスに、このことばを、あたかも天から響いたものとして受けとったと、いつも話したものだった。

モニカの信仰深いキリスト教的な実践を語る文脈にはみな、他の安心させるためのものがあった。

あわれみ深い主よ、あなたが、貞潔でまじめな〔酒をたしなまない〕寡婦の打ち砕かれてへりくだったこころを拒絶しようとしたでしょうか。彼女は気前よく施し、あなたの聖徒たちを敬って仕え、祭壇に供え物を一日も怠らず、日に二度、朝と晩に欠かすことなくあなたの教会にかよいましたが、それは、むだ話や老女たちのおしゃべりに加わるためではなく、あなたのことば〔つまり聖書、また聖書についての講話・説教〕のなかにあなたを聞くために、彼女の祈りにおいてあなたが彼女を聞いてくださるためでした。涙とともに彼女がもとめていたものは、黄金でも銀でもなく、不安定で変わりやすい善でもなく、息子のたましいの救済でした。いったいあなたが、このような涙を拒絶し、援助をこばもうとなさったでしょうか、あなたのたまものによって彼女がこのようだった、そのあなたが。主よ、なさらなかった、そうはなさらなかった、あなたはそこにいらして、彼女を聞き、あなたが予定された順序で、なされることになっていたことをなされた。あれらの示現やあなたのもろもろの返答 [visionibus et responsis tuis〔ウィジオニブス・エト・レスポンシス・トゥイス〕]――わたしがすでに言及したものも言及しなかったものもあります――のなかであなたが彼女を欺いていたなどということは絶対にありません。それらを母は、信仰深いこころのなかに保ち、いつも祈りながら、あなたの署名した証文のように、あなたにさしだしていたのです。（『告白』五・九・一七）

アフリカからイタリアへ海を渡っているときに、モニカは水夫たちを安心させることができた。篤い信心で意志強固な母は、すでにわたしのもとに来ていました。彼女はわたしを追って陸と海とをわたり、どんな危険のなかでもあなたを信頼していました。海上の危機にさいしても、彼女は水夫たちを安心させました。深い海に不慣れな旅人たちは、不安におそわれると水夫たちによって安心させられるのがいつものことですが。母は水夫たちに、安全な到着を約束したのです、あなたがそれを、示現をとおして［per visum〔ペル・ウィスム〕］彼女に約束してくださったゆえに。

（『告白』六・一・一）

しかし、アウグスティヌスがモニカに、自分の結婚にかんする示現をもとめて祈るよう頼むときは違っていた。

わたしの願いと彼女自身の熱望によって母は、生じようとしているわたしの結婚についてなにかを示現をとおして［per visum］示してくださるように、こころの大きなさけび声とともに毎日あなたに祈っていました。だがあなたはけっして示そうとされなかった。母はなにかむなしい幻影をいくつか見ましたが［videbat quaedam vana et phantastica〔ウィデバット・クゥアエダム・ウァナ・エト・パンタスティカ〕］、こういう問題にあくせくしている人間の霊の力で、それらへと彼女が駆りたてられたからでした。彼女は、それについて話したときも、あなたが示されるときにいつももっていた確信とともにではなく、軽蔑とともに話しました。ことばでは説明できない一種の味わいによって［sapore〔サポレ、sapor（サポル）の奪格形〕］、あなたの啓示と彼女のたましいによる夢見とのあいだの違いを見わけることができる、と母はいっていました。

（『告白』六・一三・二三）

幻影［phantastica、phantasticum〔パンタスティクム〕の複数形］は、真実のものごとのイメージ〔心象〕か否かはともかく、イメージを形づくる人間精神の能力たる想像力［phantasia〔パンタシア〕］の産物だ。六世紀なかごろ、大グレゴリウス〔五四〇頃―六〇四年〕はモニカの体験を広く知らしめた。「聖なるひとたちは［原文のまま］、ある内的な味わいによって示現のまさにことばやイメージをとおして幻影を啓示から区別して、自分たちがなにを善い霊から受けとるのか、なにを幻影から体験するのかを知る」(『対話』四・四八)[25]。アウグスティヌスの結婚は生じなかったし、おそらくモニカは、夢見についての土着的伝統から移り去っていた、ちょうど死者についての土着的宗教祭儀から移り去っていたように[26]。

キリスト教の家庭に生まれたモニカが、土着の宗教的伝統によって、あるいはローマの神々の受容によって触れられずにとどまったことに疑いの余地がないわけではなかった。だがアウグスティヌスにしたがえば、それは、強い意味でキリスト教の家庭だった。彼は、モニカは in domo fideli〔イン・ドモ・フィデリ、つまり「信仰深い家に」〕生まれたと書いた。彼が fidelis〔フィデリス〕、「信仰深い」をつかったのは、洗礼を受けたキリスト教徒を意味するためだ[27]。アウグスティヌスは、モニカ自身がいくつで洗礼を受けたかには言及しなかったが、ある意見によれば、それは幼児洗礼ではなく、年齢を重ねてからなされた献身だった。「わたしは、あなた〔神〕が洗礼によって彼女に新たな誕生を与えてくださったときから、あなたの教えに反することばがひとことも彼女の口から発せられなかったなどと、あえていうつもりはありません」(『告白』九・一三・三四)。神学者ペラギウスの追随者との後年の論争で、アウグスティヌスは幼児洗礼を、救済が人間の功績ではなく、神の恵み〔恩恵〕に依存することの証明として利用した。しかし、幼児洗礼は、子どもが重体のときにはおこなわれえたが、当時は一般的な実践ではなかった[28]。

モニカは、アウグスティヌス(とおそらく彼の兄弟や姉妹)をその人生の始めから教会に連れていくことで、彼女のキリスト教への献身を示した。だが、彼は、幼児のときや子供の頃に洗礼を受けなかった。

わたしは、まだ子供〔puer〔プエル〕、infans〔インファンス、「幼子」の意〕より年長〕だったころ、わたしたちの傲慢へとくだられたわたしたちの主なる神が、へりくだりをとおしてわたしたちに約束してくださった永遠の生命について聞いていましたし、母の胎内を出たときからすでに主の十字架でしるしをされ、その塩で味つけられていました。なぜなら、母はあなたに大きな希望をもっていたのです。わたしの主よ、あなたは見られました。わたしはまだ子どもで、ある日、胃のけいれんで突然の熱を発し、それがわたしを死に近づけました。そのとき、わたしの神よ、あなたは見られました――というのも、あなたはすでにわたしの見守り手でしたから――、なんというたましいの熱心さで、またなんという信仰心で、わたしは、わたしの主にして神、あなたのキリストの洗礼を、わたしの母の敬虔から、またわたしたちみなの母、あなたの教会の敬虔から乞い求めたことでしょう。わたしの肉の母は、ひどく取り乱しました。なぜなら、彼女は、清らかなこころをもち、あなたへの信仰心をもち、とても愛情深く、わたしの永遠の救いのための生みの苦しみを味わっていたからです。彼女は、わたしがあなたの救いのための秘跡によって入信させられ、洗われ清められて、主イエスよ、もろもろの罪の許しのために、あなたに告白するように、あわてて取りはからいましたが、突然回復してしまったのです。そうして、生きていればわたしが汚れたままなのは不可避かのように、わたしの清めは延期されました。じっさい、そのとき洗った〔洗礼を受けた〕あとにわたしの罪が大きくなったら、悪行の汚れでいっそう危険になったでしょうから。〔……〕いまでもいたるところで、わたしたちはひとびとがいうのを耳にします、「彼をそのままにしておけ、彼のしたいことをさせておけ、彼はまだ洗礼を受けていないのだ」と。

（『告白』一・一一・一七―一八）

子どものアウグスティヌスは、「訓育のもとにある」洗礼志願者だった。「しるしをされた」と「味つけられた」とのふたつの動詞の時称は未完了〔過去〕で、彼がいつも教会に連れていかれた繰り返された行為を示唆する。洗礼志願者たちは、まだ洗礼を受けていなかったので、聖体拝領〔聖餐〕でのパンとワインの分かち合いの

図版5.2.　ブッラ・レギアの劇場
Wikimedia Commons.

まえの奉仕に加わらずに立ち去った。彼らには、額に十字のしるしが、祈りとともに按手〔司教がひとに両手を置いて祝福し聖霊の恵みを祈る行為〕が、祝福されたパンが、そして清めの標章の塩――たぶん舌のうえに置かれる――が与えられた。[29] 洗礼志願者たちは、彼らがやがては competentes〔一〇二頁を参照〕となり、洗礼を求めることが期待されたが、それには長い年月を要した。なぜなら、受洗後の罪はいっそう悪いという不安のゆえであり、また受洗したキリスト教徒たちは、より高い倫理的規範によって生きることが期待されていたからだ。アウグスティヌスはしばしば、彼の聴衆のなかの洗礼志願者たちに、洗礼に献身するようしきりに促した。劇場を満たすのは非キリスト教徒だけだという言い分を使うには小さすぎる町ブッラ・レギアで説教して、彼はいった。

また、これがキリスト教徒によっておこなわれます。「信仰深いひとたち〔つまり、受洗したひとたち〕」によっても」とは、わたしはいいたくありません。おそらく洗礼志願者は自分のことをとるに足りないと思っているでしょう。そのひとはいいます、「わたしは［たんに］洗礼志願者です」と。「あなたは洗礼志願者ですか。」「はい、洗礼志願者です。」あなたはキリストのしるしを受けとる額をもつのに、劇場に連れていく額をもうひとつもっているのですか。

（『説教』三〇一A・八）

少年たちや男性たちにとって、「彼をそのままにしておけ、彼のしたいことをさせておけ、彼はまだ洗礼を受けていないのだ」は、青春時代にあって野生の麦をまくこと（アウグスティヌスが好んでいただろうイメージ〔比喩〕）と、妻以外の性的なパートナーをもつこととへの特別な言及をもっている。(30) 洗礼は、アウグスティヌスの解釈では、彼の父がついに洗礼されたときになしたように、婚姻の貞節への献身をもたらした（『告白』九・九・二二）。アウグスティヌスが三十代の始めにあったとき、モニカは、結婚するときに彼が受洗することを望んだ（『告白』六・一三・二三）。だが、少女たちや女性たちは結婚するまで処女にとどまり、結婚したら貞節でありつづけることが期待された。そのため彼女たちが洗礼を延期するそのような〔つまり、男性たちのような〕理由はなかった。ある厳格主義者のキリスト教徒たちは、洗礼後の罪はゆるされることができないと主張したが、モニカがこう考えていたことを示唆するものはなにもなく、アウグスティヌスも確実にそう考えてはいなかった。だが、モニカの隣人たちのぐちや（『告白』九・九・一九）、アウグスティヌスが思春期に達したがゆえのモニカ自身の不安は（『告白』二・三・七）、タガステの多くの男性が結婚まえの純潔や結婚後の貞節に無関心だったことを示している。モニカは自身の息子たちのために、ひとびとが諸規則によりよく従うことができるようになるまで洗礼を待つことができるという因習的な知恵を受けいれていたかもしれない。彼女は情事や、とりわけ姦通を避けるようアウグスティヌスに警告したが、彼のさらなる勉学に障害だったかもしれない早期の結婚を整えようとしなかった。アウグスティヌスがいうように、彼女は、天のエルサレム〔天国〕と対照的な、地上の気遣いを象徴する野放図に広がる都市バビロンの中心部からは逃げ出していた。だがまだバビロンのはずれにいて、ひどくゆっくりと移動していた（同二・三・八）[31]。ミラノに到着したとき彼女は、自分が死ぬまえに、カトリック教会の受洗したメンバーとなったアウグスティヌスを見るだろうと確信していて（『告白』六・一・一）、洗礼が彼の結婚に続くように望んだ。アウグスティヌスはこのことを、奇妙に組み立てられた文章で表現した。

わたしが結婚するようにというたゆむことのない圧力がありました。わたしはすでに妻を求め、もう約束がかわされていましたが、母がことさらに尽力していたのは、わたしが結婚させられたら救いの洗礼がわたしを洗うようにするためでした。母は、日に日にわたしが洗礼にふさわしくされていくのを喜び、自分の祈りとあなたの約束とが、わたしの信仰のなかで成就されていっていることに気づいていました[32]。

（『告白』六・一三・二三）

多くの解釈者が、結婚するようにというたゆむことのない圧力はモニカからだったとみなしているが、なぜアウグスティヌスはそういわなかったのだろうか。この一節は、両方〔結婚と洗礼〕が自分のキャリアに役立つだろう（六・一一・一九）し、自分の性的な必要性に適うだろう（六・一二・二二）という、結婚についての彼の考えの報告によって先行されている。これらもまた、たゆむことのない圧力だった。

モニカの努力が、結婚を洗礼と関係づけることよりもむしろ、結婚の交渉をすることに費やされたのかという疑問もある。このセンテンスは、句読点の打ち方によって、いずれかのしかたで読まれうるだろうし[33]、『告白』の早い時期のテクスト〔写本〕には、句読点が打たれていなかった。モニカが結婚の交渉をおこなったと考える注釈者たちは、アフリカの小さな町から来たこの女性がいかにしてそれをおこなえたのか不思議に思う。ひょっとして、彼女はアンブロシウスの会衆のなかでのつてを使ったか、あるいはアウグスティヌスのつてのひとりからの提案に従ったのか。アウグスティヌスはなにも語らない。彼は報告を続ける。自分の結婚についての夢をもとめて祈るようにモニカに頼んだが、夢は得られなかった。「それにもかかわらず、圧力は続き、結婚の適齢〔一二歳〕より二歳ほど若い少女が求められ、気に入ったので、彼女が〔一二歳になるまで〕待たれていた」（『告白』六・一三・二三）。ふたたび、アウグスティヌスは受動態を用いた。いったいだれが少女を求めたのか、そして、だれに彼女が気に入られたのか[34]。結婚の計画を放棄したあとほどなくして、アウグスティヌスは、妻についての理想をまだ好ましく思っているかと自分にたずねる理性を描いた、すなわち、美しい、慎み深い、従順な、教養ある、あるいは彼が自分で容易に躾けることができる妻を。とりわけ、もしその少女の家族のつてをとおしてアウグスティヌスが、自分の友人たちのための地位をも手に入れることを自分に可能にする地位を手に入れることができたなら、そしてもし彼女が、彼らみなが、教養が磨かれる余暇のなかで暮らし、哲学を研究できる十分な金銭をもっていたら、どうだろうか（『ソリロクィア』一・一〇・一七―一一・一八）。彼は返答する、善い評判と結びつけられた快楽を自分に与えるだろう妻以上のものをけっして欲してはいなかった、と（同一・一一・一九）。だが、『告白』（六・一一・一九）のなかで、アウグスティヌスは、自分は有力な友人たちをもっているが、金銭をもつ妻を必要にもなるだろうと考える自分自身を描いた。

　もっとも悪名高い受動態は、第六巻の終り近くに出てくる。「わたしがともに寝る習慣だったそのひとは結婚の妨げとしてわたしのかたわらから引き離され、彼女に執着していたわたしのこころは切られ傷つけられて、血を流しました」（六・一五・二五）。読者たちは、しごくとうぜんに動かされ、モニカを非難しがちだ。だが、彼の深い愛着にもかかわらず、アウグスティヌスはそのパートナーとは結婚していなかった。なぜなら、野心をもつ男性の妻として彼女はふさわしくなかったからだ[35]。彼はひとりの女性にたいして、貞節に、あるべきように生きていたが、自分の結婚が整えられたいま、このような関係を続けることは容認されないとわかっていた。[36] おそらく、他と同様に、この受動態は、結婚やその帰結するところに責任を取りたくなかったということを、あるいは自分が決断しつつあると感じるほどには確信をもてないでいたことを示唆する。もし彼がキャリアを続けるのなら、その結婚はまさしく期待されたことだったのだ。

アウグスティヌスは、三〇歳のときミラノで、宗教に身を献げる禁欲的生活のひとつの手本を与えられた。アウグスティヌスは、アンブロシウスは権勢あるひとたちによって敬意をもたれていて、幸運なひとだと考えた。彼はいう、「その独身生活だけは骨の折れることだとわたしには思われた」(六・三・三)。モニカは、タガステで十代には、そのような手本をもたなかった。彼女が結婚することは当たりまえとみなされ、彼女のキリスト教徒の両親は、キリスト教徒の夫を強要しなかった。キリスト教の結婚の儀式は後代に発展したものだから、教会での婚礼は該当しなかったが、たぶんその地域の司教が、結婚の契約の証人となるべく招かれたひとたちのあいだにいた。[37] おそらく、ふさわしいキリスト教徒は、いたとしてもほんのわずかだったし、モニカの両親は、パトリキウスがついにはそうしたように、妻の手本に従うことを望んだのだ。夫を選ぶことは、キリスト教徒たちのあいだの分裂によっても制限されていたかもしれない。アフリカのふたつの教会が、カトリックだと、すなわち普遍的な教会だと主張した。[38] ディオクレティアヌス帝がキリスト教の聖職者たちと財産とを標的にした、四世紀初頭(三〇三―五年)の「大迫害」の時期に、その分裂は始まった。アフリカのキリスト教徒は、東ローマ帝国のいくつかの地域のひとびとほどには苦しまなかったが、迫害の時期にすべきことについては異なっていた。あるひとたちは、聖書の写本や教会の財産をひきわたすことを絶対に拒否した。他のひとたちは、迫害したくない役人たちと、たまさか共謀して、他の印象的に見える諸テキストをひきわたしたり、なんの情報ももたないと主張したりすることで、問題を避けようともくろんだ。強硬なひとたちは、この第二のグループを「手わたすひとたち」、traditores〔トラディトレス（複数）〕と、「裏切り者」を意味することばで呼んだ。そして彼らは、traditor〔トラディトル（単数）〕は、信仰を裏切ったのだから、洗礼を授けることや司祭へ叙階したりすること〔いずれも司教の役割〕が、正当にはできないと主張した。彼らはいった。とりわけカエキリアヌスはtraditorだ、三〇六年にカルタゴの司教となるべきではなかった。彼が叙階しただれもが、あるいは彼が叙階しただれかによって叙階されただれもが（そして同様のだれもが）、正当な司祭ではなく、罪を免ずることもできず、聖餐で使われるパンとワインを聖別することもできない。彼らが洗礼をさずけただれもが、再洗礼が必要だ。彼らはカトリックではなく、カエキリアヌス主義者だ。

コンスタンティヌス帝は、カトリック教会の財産を回復し、カトリック（すなわち普遍的な）教会に寄付を送ったとき、アフリカではそれに敵対する要求者たちがいることに気がついた。エピソードごとの詳細、とりわけ暴力のときおりの勃発は、苦々しく記憶されて議論が戦わされ、教会の問題を処理するよう政府に訴えることについて、それぞれが他方を非難した。コンスタンティヌスと彼の息子たちは、立法と公式使節によって、その論争を解決しようと試みたが、成功しなかった。モニカの生きていた時代、多くの町や村々さえもが、ふたつの教会の建物とふたりの司教をもち、それぞれカトリックだと主張していた。ローマ市の女相続人メラニアの伝記の書き手は、五世紀始めに書いたが、タガステのそとに彼女が所有する地所が、カトリック信者たちのためと異端者たちのためとのふたつの教会をもつといった。「異端者たち」は強硬派で、彼らの敵対者たちによって、「ドナトゥスの分派」と呼ばれた。ドナトゥスは、彼らのリーダーたちのひとりだった。

アウグスティヌスはこの論争にヒッポで、司祭、ついで司教として巻きこまれるようになった。そこでは、彼の教会が少数派だった。『告白』にはドナトゥス主義への明白な言及はないが、自分の生とモニカのそれにかんする記述は、暗に反ドナトゥス派的だ。他の諸著作のなかで用いられるふたつの記憶すべきイメージが、ドナトゥス派とカトリック教会とについて彼がどのように考えていたかを示している。ドナトゥス派は、教会が世間という海にたいして、うちとそとで密閉されているノアの箱舟〔創世記七・一六〕のようであることを望んでいた。彼らは、箱船がすべての種類の生き物〔人間、動物、植物のうち、植物を除く〕を入れていたことを忘れた(『カトリックの兄弟たちへ』五・九、創世記六―八)[39]。アウグスティヌスは、教会を、ともに泳ぐ善い魚と悪い魚を含んでいる海に漂っている網として見ていた。それらは、時の終わり〔終末〕に網が引きよせられるときにだけ、分けられるだろう(『神の国』一八・四九、マタイ一三・四七―五〇)。洗礼のまえもあとも、だれも罪から自由ではなく、ただ神のみが人間のこころを知り、そのためにわたしたちは、いったいだれが彼ら自身よりももっと真実に神を愛しているか確信をもっていうことはできない、と彼は論じた。モニカは受洗したキリスト教徒として生きたが、アウグスティヌスは、彼女がキリスト教の教えに一致しないことはなにもいわなかったと主張することはできなかった。彼は、彼女の罪のために祈った、神がそれらを許したと信じて(『告白』九・一三・三四―五)[40]。アウグスティヌスの見解では、清らかなひとたちからなる教会をもつことは、ぜったいにできない。わたしたちはそのような教会を知らないのだ。

当初アウグスティヌスは、ドナトゥス派は議論によって説得されなければならないと考えていたが、彼がいうことには、脅されて回心したひとたちの例によって納得させられ、ついで、敵対している教会にかんする恐怖譚が断じて真実ではないことに気がついた。そのようなひとつの例が、「わたしの町」、civitas mea〔キウィタス・メア〕、すなわちタガステだ。彼は、ひとりのドナトゥス派に書いた、「わたしの町は、完全にドナトゥスの分派に属していましたが、帝国の諸法への恐怖のために、カトリックの一致へと回心させられました。いまやわたしたちは見ています、その町が、所属したことはけっしてないと思ってしまうほどに、あなたたちの強い憎しみによる脅威を嫌悪しているのを」(『手紙』九三・五・一七)。彼は、タガステを脅して回心させた帝国諸法を明記しなかったが、それらしい状況は、三四七年の「マカリウスの時代」だ。そのとき、モニカは一六歳だった。[41] コンスタンティヌスの息子コンスタンス帝は、パウロとマカリウスのふたりの使節を送った。彼らは、諸教会の再結合をなしとげるために、脅威と約束の組み合わせを用いた。ドナトゥス派はこれを迫害の時代として記憶した。

アウグスティヌス自身がドナトゥス派のセウェリヌスと親戚であって（『手紙』五二・一、五二・四）、このことが、ふたりが分かたれていることを彼に、さらにいっそう残念に思わせた。ヒッポのドナトゥス派の司教への手紙のなかで彼は、夫と妻とが、両親と子どもたちとが分けられている家庭について書いた（『手紙』三三・五）。また、ある説教のなかで彼はいった、「ある家のなかには、異端とカトリックの、義理の娘と義理の母が見いだされる」（『詩篇講解』四四・二一）と。もしそれが、モニカの義理の母を彼女に抗わせようとした奴隷の女性たちの敵意あるうわさ話の要因であったとしても（九・九・二〇）、アウグスティヌスがそのようにいうのは、とてもありそうもないことだ。しかし、モニカが成長しドナトゥス派として洗礼を授けられて、彼女がそれに気づける年齢にあったときにタガステの回心が起きた可能性がある。回心は、実際問題としては大きな違いを生まなかったかもしれない。この抗争のもっとも悲しい面のひとつは、対抗しあうふたつの教会がとても似ていることだった。

わたしたちは兄弟だ、わたしたちは一なる神を呼び求める、わたしたちは一なるキリストを信じる、わたしたちは一なる福音を聞く、わたしたちは一なる詩〔篇〕をうたう、わたしたちは一なるアーメンで答える、わたしたちは一なるハレルヤをひびかせる、わたしたちは一なる復活祭を祝う。なぜあなたたちはそとに、わたしはうちにいるというのか。

（『詩篇講解』五四・一六）

どれほど厳密にタガステは「回心」したのか、またタガステの教会にかようひとたちのどれほど多くが、なにが問題か説明することができたのか。ドナトゥス派の問題を終わらせると思われていた四一一年の会議で、そのときまでタガステの司教だった、アウグスティヌスの友人のアリピウスは、「わたしたちはカトリックの統一をもっている」ということができた。すなわち、彼にはライバルのドナトゥス派はいなかった。おそらく、ドナトゥス派の司教は、三四七年に撤退したかあるいは追放されて、ユリアヌスが追放されたひとたちを呼びもどして、三四七年に引き渡された財産の返還を要求した三六二年には戻ってこなかった。ユリアヌスの諸行動はさらなる諸論争を誘発し、そのうちのいくつかは暴力的だった。(42) しかしおそらく、ごくわずかなひとたちだけが非常に憂慮したが、たいていのひとたちは、彼らの隣人たちと平和に暮らすことを選んで、だれが正当な司教かとかだれが争いを始めたのかとかの、過去の論争を忘れてしまった。宗教的な相違は、それらが民族的あるいは経済的社会的抗争の標識となるとき、もっとも危険であって、ドナトゥス派はいなかのアフリカ文化と、自称のカトリック教会は町々の植民地的ローマ文化と関連づけられると論じられてきた。しかし、いつもそうであるように、アフリカとローマ、町といなかのあいだのこれらの区分は単純に過ぎる。(43)

そのころにはモニカは、受洗したキリスト教徒だった。彼女は伝統的な神々の信奉者ではなかったし、彼女が土着のアフリカの宗教的伝統の担い手だったなどと証明されることはできない。もし彼女が成長してドナトゥス派になったのなら、タガステが変わったときに彼女は変わったのであって、アウグスティヌスがドナトゥス派に帰している諸信仰を共有することはなかった。彼女が適齢期に結婚するのは疑いのないことだったのか。売りに出すための別の生き方は、ほとんど確実になかった。キリスト教の最初期から、あるキリスト教徒たちは、男性たちも女性たちも結婚せずに神を喜ばせることだけにかかわらされるべきだと主張した。(44) 州都カルタゴでは、三世紀初頭のテルトゥリアヌスの時代に、聖とされた処女たちがいたが、アウグスティヌスによれば、宗教的共同体はもっとあとに生じた。彼はいった、カルタゴに修道院が存在し始めた時期に『修道士たちの労働について（*de opere monachorum*）』（四〇〇年頃）を書いた、と（『再論』二・二一）。アウグスティヌスがイタリアから戻って家族の家に自分の友人たちとともに住み、祈りと学究に従事するまで、タガステのなかや近くにキリスト教の禁欲的共同体があった証拠はない。[45] モニカは、〔そのときまで〕生きていたとしたら、この集団の一員となって、自分の生活様式を変えるまえに、自立した自分の子どもたちを見るのを待っていたいくにんかの他の偉大な寡婦と同じ模範に従っただろう。だが彼女が（例えば）ローマの貴族パウラのことを聞いていた証拠はない。[46] モニカの死の数年後、寡婦となっていた彼女の娘は、ヒッポの女性たちの共同体の指導者だった（『手紙』二一一・四）。それはおそらく、この地域で初めてのことだった。

アウグスティヌス自身が、若者のころ、モニカにもうひとつの可能性を提示した。彼はマニ教徒になった、これがキリスト教の真の、深い理解だと信じて。なぜアウグスティヌスのモニカはそんなに苦悩させられたのか。もちろん、アウグスティヌスは、彼が拒絶するようになったのと同じくらい強くマニ教を拒絶していた母が彼の生活において絶えざる存在をもったことを示そうと望んだが、彼をついには納得させた哲学的議論の長いプロセスは不要だった。だが、息子が自分とふたたびいっしょになるだろうという夢によって安心させられるまで、どうしてモニカは、彼と家を共有することや彼とともに食べることを拒否しようと考えたのか（『告白』三・一一・一九）、なお、たずねるにあたいする。マニ教徒であることは危険だったのか。アウグスティヌスはただの「聴聞者」だった。それは、哲学者の教えに出席するが、哲学者の生活様式への献身はおこなわないひとをさすことばだ。マニ教の指導者たち、「選ばれたひとたち」は独身で、彼ら自身がどんな生命も、野菜の生命でさえも手にかけることがないように、自分たちの食べ物をほかのひとたちに用意させた。のちにアウグスティヌスは書いた、自分がカルタゴの聴聞者のとき、ひとびとはある「選ばれたひと」のみっともないふるまいに異議を申し立てなかったが、それは、「彼らの集会が法律によって禁止されている時期に、挑発されたら彼らはなにか裏切りはしないか」(『カトリック教会とマニ教の生活のありかたについて』二・一九・六九)という恐怖からだった。三八一年、アウグスティヌスがイタリアに移るすこしまえに、皇帝の法律が、マニ教徒が意志によって財産を受けとったり譲ったりすることを禁止し(『テオドシウス法典』一六・五・七)、三八三年に、いっそう劇的な表現でこれが再確認された(一六・五・九)。あるドナトゥス派敵対者は、アウグスティヌスがイタリアへとカルタゴを去ったのは知事が彼を追放したからだ、と主張した(『ペティリアヌスの手紙駁論』三・二五・三〇)。アウグスティヌスは、時期が違っていると答えたが、おそらく彼はじっさいのところ、ローマで影響力のあるマニ教徒たちのあいだにいて安全だった。彼はあるマニ教徒の家に滞在し、マニ教徒たちのつてが、ローマ市の長官シュンマクスによってミラノの修辞学教授に指名されるように彼を援助したのだ(『告白』五・一三・二三)。

アウグスティヌスは、宇宙についてのマニ教の理解を表現している複雑な神話を、モニカには説明しようと努めなかったかもしれない(『告白』三・六・一一)。そうであっても、マニ教の教えのなかには、彼女に衝撃を与えるものが数多くあった。イエスは、自分に従うひと〔信徒〕たちをまったき真理へと導く助け手(Advocate〔つまり、Paraclete〔いま聖霊と訳される〕、ギリシア語の paraklētos〔パラクレートス、「助けのために呼ばれた者」の意〕から〕を送ることを約束し、キリスト教の主流は、その約束が五旬節に使徒たちのもとに聖霊が来たときに成就されたと信じた(使徒二・四)。マニ教徒たちは、その約束が三世紀にメソポタミアでイエスの使徒マニによって成就されたと(『告白』五・五・八—九)、そしてマニの教えが真のキリスト教であるのにたいして、聖書の多くの部分は偽りの教えによって汚されていると捉えていた。マニは、神の摂理による秩序に抗う悪という対抗的な力が存在すると教えた。世界は神の善なる被造物ではなく、善と悪の戦いの場だ。わたしたちはたましいを生殖によってその〔戦場の〕なかに陥れることを避けるべきであり、いくつかの食物は食べられるべきではない。また、キリストは十字架上では死ななかった、なぜならそのかたは純粋に霊的存在だったから[47]。それで、マニ教徒アウグスティヌスはモニカが非難することを望んだのだ、彼女自身の母性を、家族のために彼女が提供する食べ物を、彼女の学んでいる聖書を、そして日に二度かよっていた教会の教え——神が正気で創造したという、またキリストは人間と神を和解させたという——を。

最後に、モニカがミラノに到着したとき、彼女がアンブロシウスの熱心な追随者となるだろうことは明白だったのか。アウグスティヌスには彼女をそう描くためのりっぱな理由があった。なぜなら、モニカが彼をアンブロシウスと結びつけ、アンブロシウスは彼に洗礼を授けたが、明らかなことに、彼にそれ以上に注目することはなかった。アウグスティヌスは、アンブロシウスの死の年に『告白』を書いた（三九七年）。その頃までにテオドシウス一世は、ニケア信条に従う神学への支持とアンブロシウスの霊的権威への尊敬とを示すようになっていた。だが、三八四年にアウグスティヌスがミラノに来たとき、アンブロシウスの立場はすこしも安全ではなかった。彼には宮廷によって支持されている対抗者たちがいたし、最近も彼は、アウグスティヌスを修辞学教授に指名したローマ市の長官のシュンマクスからの公務上の要求に反対していた。アウグスティヌスは難しい立場にいた。彼の職務は、そのなかのひとりが少年皇帝ウァレンティニアヌス二世である重要人物たちへの賞讃の演説を含んでいた（『告白』六・六・九）。ウァレンティニアヌスの母ユスティナはアリウス派で、皇帝の護衛団を構成するゴート人たちの軍隊もそうだった。アウグスティヌスは帝国行政組織における地位を望んでいた（『告白』六・一一・一九）。彼がアリウス派へもニケアに従う神学へも献身をともなうところまで達していなかったことは、おそらく有利だったし、マニ教徒の友人たちが影響力を用いたことを、もしシュンマクスが知っていたのなら（『告白』五・一三・二三）、アウグスティヌスのマニ教への共感が、彼を指名する要因だったかもしれない。

三八四年の夏、アウグスティヌスがミラノに到着するまえ、シュンマクスは、グラティアヌスの死とともに状況が変わったことに希望を得て、ウィクトリアの祭壇の問題を再開した。彼はミラノの宮廷に公式の報告（relatio〔レラティオ、「訴え」とも訳されうる〕）を提出した。それは、宗教的寛容の印象的な嘆願を含む。

ひとびとみなが崇拝するものはなんでも、ひとつと考えられるべきだということは、正しい。われわれは同じ星々を見つめます、空は共通です、同じ世界がわれわれを包みます。ひとりひとりがなんの知恵によって真理を求めるかが、どんな違いを作りだすでしょうか。それほど偉大な神秘が、ひとつの道によって到達されることはできません。（『報告集（*Relationes*）』三・一〇）[48]

アンブロシウスは返答を書き、その報告〔訴え〕を拒否させることに成功した。[49] しかし、アンブロシウスとシュンマクスが個人的に悪い間柄にあったとは、この論争からは帰結しない。ミラノに来たときに「神のひと〔アンブロシウス〕は、わたしを父親のやりかたで受けいれ、司教にふさわしいふうに、家郷を離れている者への愛情を示した」と、アウグスティヌスは書いた（『告白』五・一三・二三）。[50] アウグスティヌスが司教となったときに認めたように、来訪者たちや移入者たちを歓迎することは、司教の義務のひとつだった（『説教』三五五・一・二）。モニカはたんに、アンブロシウスがミラノのカトリック教会――もちろん、そこに彼女はかよった――の司教だという見方をしただけかもしれない。彼女はそれ以前に、アリウス派のキリスト教解釈に出会わなかったのかもしれない。アウグスティヌスがアフリカに戻ったとき、四一一年〔この年に西ゴート族によるローマ市の略奪があった〕にイタリアから避難したひとたちが到着するまではアリウス派に反対して説教する必要を見いださなかったし、四一八年近くまでアリウス派の解釈は彼の説教の主題にもならない。[51] しかし、アンブロシウスは三八四年には、すでにそれが必要なことを見いだしていた。おそらくモニカは、キリストの本性にかんするアウグスティヌスとアリスピウスの議論からも学んでいた。アウグスティヌスに従えば、その時期に彼らをいちばん気がかりにさせていた問題は、人間のたましいやキリストの精神だったけれども（『告白』七・一九・二五）。アウグスティヌスは、アリウス派論争にはあわただしい言及をしただけだ。

ミラノの教会が、兄弟たちが大きな熱意をもって、こころと声を合わせてうたう、この種の慰めと励ましを実践しはじめてから、そんなに長い時間がたっていませんでした。少年王ヴァレンティニアヌスの母ユスティナが、アリウス派によって導かれてしまった異端のために、あなたのしもベアンブロシウスを迫害していたときから、一年か、それよりすこし経ってからのことでした。信仰篤い民衆は、あなたのしもべ、彼らの司教とともに死ぬ覚悟で、教会に泊まっていました。そこで、あなたの奴隷、わたしの母は、不安のなかで先頭に立って警戒にあたり、祈りに生きていました。わたしはまだ冷たく、あなたの霊に熱せられていませんでしたが、それにもかかわらずその都市の緊張と混乱によって感情がかきたてられていました。そのとき東方の諸地域の習慣に従って、讃美歌と詩篇をうたう実践がはじまりました。それは、ひとびとが悲嘆による消耗によって疲弊させられないためでした。それは今日まで保たれ、多くの、いやほとんどのあなたの群れが、世界の他の諸部分でそれに倣っているのです。（『告白』九・七・一五）

アウグスティヌスは、自分の受洗のときにうたった讃美歌の効果との関連で、順序を崩してこのエピソードに言及し、教会で信仰篤いひとたちがなぜ泊まったのか、それ以上には説明しなかった。歴史家たちは、三八五／六年の込み入った諸事件についてのアンブロシウスによる説明を討議し続けている。ユスティナは、アリウス派の神学に一致する公的な崇拝のために教会を望んだ。ある時点では、教会が宮廷に帰属することを示すために皇帝の垂幕（vela）が決まった場所に置かれ、ゴート人の護衛団からなる軍隊によって囲まれた。大半のゴート人はアリウス派だった。[52] たとえ経験に富む政治家アンブロシウスが、孤立を予期していたにせよ、暴力が即発する危機があって、彼の信奉者たちが教会を占領するには勇気がいった。

モニカはアンブロシウスとアウグスティヌスの結びつきを強めた。アンブロシウスはモニカの敬虔を認めて、そのような母をもっていることでアウグスティヌスをしばしば祝った（『告白』六・二・二）。『告白』のなかでアウグスティヌスは、聖書の解釈についてアンブロシウスに相談するのがむつかしいと気がついたと書いたが（六・三・三）、二通の手紙が、アフリカの断食日とミラノのそれとの違いについて心配するモニカにかわって、助言を求めて骨折ったことを示している。しかし、なぜモニカは自分で、自分の司教にたずねなかったのか。彼女は、アウグスティヌスに彼を訪問して欲しかったのか。

わたしが洗礼を授けられたミラノの司教、尊敬すべきアンブロシウスが、わたしがこのことをたずねたときにどのように答えたか、あなた〔手紙の受け取り手〕に教えましょう。わたしの母が、その都市にわたしといました。わたしはまだ洗礼志願者で、これらの問題についてそれほど関心をもっていませんでしたが、彼女は安息日にはわたしたちの都市〔タガステ〕の習慣に従って断食するべきか、それともミラノの教会の習慣に従って食べるべきか、不安に思っていました。このためらいから彼女を解放するために、わたしはこの神のひとにたずねました。しかし、彼はいいました、「わたしが自分でおこなっていることよりも善いどんな助言を、わたしはあなたに与えることができましょうか」と。この返答によって彼が意図したのは、安息日に食べるべきことをわたしたちに教えることだけだとわたしは考えました。じっさい、わたしは彼がそうしているのを知っていました。しかし、彼は付け加えて、いいました。「ここにいるとき、わたしは安息日に断食をしません。ローマにいるときには、わたしは安息日に断食をします。もしあなたが困難を経験したり引き起こしたりしたくなければ、どこであれあなたたちが行く教会の習慣を守りなさい。」わたしはこの返答を母に伝えました。すると彼女は満足し、従うことに疑いをもちませんでしたし、わたしも同じ実践に従いました。しかし、とりわけアフリカでは、ひとつの教会で、あるいはひとつの地域の諸教会で、あるひとたちは安息日に食べ、あるひとたちは断食するということが起こっていますから、わたしたちは、これらのひとたちからなる集会の支配が委ねられてきたひとたちの習慣に従う［すなわち、そのひとたちの司教に従う］べきだとわたしは考えます。

（『手紙』三六・三二、『手紙』五四・三に同様の話がある）

モニカも、独身生活へのアンブロシウスの強い擁護によって影響されたのか。[53] 彼は、ミラノの市壁のそとに修道的共同体を設立していたし（『告白』八・六・一五）、アウグスティヌスがエジプトのアントニウスの禁欲的生について初めて聞いたのは、まさにミラノにおいてだった（八・六・一四）。アウグスティヌスに従えば、彼が結婚とキャリアとを放棄する決断をモニカに話したとき、彼女は大いに喜んだ（八・一二・三〇）。その決断は、彼女の世間的な野心の終わりを意味した。カシキアクムで、アウグスティヌスはモニカを、身体の重大な汚れをこえて上昇しているように描写した。[54] すでに彼女は人生の多くを祈りと聖書の学びに献げていたし、彼女がタガステに戻るまで生きていたなら、恐らくは独身（性別を限定しないが）の宗教的共同体の一員になったことだろう。

モニカの生きた時代には、大きな富と地位を放棄し、聖書や哲学の学問で偉大な学識を手に入れ、結婚の拒否や子どもたちから離れた寡婦としての生活をときに不可欠とする、すぐれて厳格・質素な生き方を採用した女性たちがいた。アウグスティヌスのモニカは慈悲深かったが、家族の財産を放棄しはしなかった。彼女は、教会への信仰篤い参列や祈り、聖書の学びによって、知恵の点で進歩していったが、日々の家庭生活からは撤退しなかった。彼女は献身的な愛情をもつ妻にして母だったし、彼女がいやいやながら結婚したことを示唆するものはないし、自分たちの家族が完成したときに夫に結婚後の独身生活に同意するよう望んだことを示唆するものもない。彼女は寡婦になっても再婚しなかったが、自分の家族のもとを去りもしなかった。では、どのようにこの平凡な女性が聖モニカとなったのか。

第六章　聖モニカ

モニカは、三八七年の死のあと、ほぼ八世紀後に聖人として記念されはじめた。それまでの期間は、あるひとびとは、この書がそれで始まった一節のなかのアウグスティヌスの祈りに応えていたかもしれない。

霊を吹きこんでください、わたしの主よ、わたしの神よ、霊を吹きこんでください、あなたの奴隷たちに、わたしの兄弟たちに、あなたの息子たちに、わたしの主人たちに。彼らにわたしは仕える、こころと声と文筆によって。この書を読むひとたちはみな、あなたの祭壇で思い出しますように、モニカを、あなたの奴隷を、かつての彼女の夫、パトリキウスとともに。彼らの肉をとおしてあなたはわたしをこの生にもたらした、わたしの知らないしかたで。彼らが敬虔な愛情〔affectus〔アフェクトゥス〕〕をもって思い起こしてくれますように、この移りゆく光におけるわたしの両親を、われらの父なるあなたのもと、われらの母なるカトリック教会におけるわが兄姉を、永遠のエルサレム(1)における〔ふたりの〕わが同朋市民を。あなたの民はそこを出たときからそこに戻るときまで〔遍歴していてそこに〕不在のあいだ、このエルサレムをあえぎもとめます。このようにして、彼女が末期《まつご》にわたしに求めたことが、わたしの祈りによってよりも、わたしの告白をとおして多くのひとたちの祈りにおいて、いっそう豊富に彼女に与えられますように。

（『告白』九・一三・三七）

ここに引用されたことばは、モニカについてとモニカの死への自分の反応についてとの、アウグスティヌス自身の思い出を締めくくっている。それらはまた、『告白』の第九巻と、彼の人生における神のはたらきのナラティヴとへの締めくくりでもある。三九七年に書きながら、アウグスティヌスは『告白』のナラティヴの部分を、一〇年まえのモニカの死よりさきに進めなかった。『告白』の全体は神にさし向けられていて、この一節は、祈るひとたちに霊を吹きこむための祈りだ。それは、「彼女はだれで、どのように生き、どんなひとだったのか」という意味で「モニカを思い起こす」ための祈りではない。この祈りは、彼女が末期の病のなかで、自分の息子たちに命じたことへの返答だ。

病気のとき、ある日のこと彼女は意識をなくして、すこしのあいだまわりのことがわからなくなってしまいました。わたしたちは彼女のもとにかけよりましたが、ほどなく感覚がもどり、そこに立っていたわたしと兄弟〔ナウィギウス〕を見て、なにかをたずねるひとのように、「わたしどこにいたの」とわたしたちにいいました。それから、悲嘆で打ちひしがれていたわたしたちを見つめて、「あなたたちの母をここに葬るのですよ」といいました。わたしは黙って、涙を抑えていました。わたしの兄弟は、それがいっそう善いことのように、母には海外ではなく彼女の故郷で死んで欲しいという願いを示すなにごとかをいいました。それを聞くと、彼女は困ったような顔つきになりました。彼女は、そんなふうに考えるのを非難するように、まなざしを彼にとどめ、それからわたしを見つめて、「彼のいうことをごらんなさい」といいました。そのあとすぐにわたしたちふたりにいいました、「このからだはどこにでも葬ってください。そんなことは心配しないで。わたしが願うのはこれだけです、どこにいようとも、主の祭壇でわたしを思い出してくださいね。」(2)

（『告白』九・一一・二七）

「祭壇でわたしを思い出してくださいね」とは、「聖体（Eucharist）を分かちあうときに、わたしを思い出してください」ということを意味している。(3) 現在のように当時も、亡くなった信者たちのための祈りがあり、そのなかで、あるひとたちが個人的に名を呼ばれるかもしれなかった。(4) いまでは多くの教会が、一般的な祈りをつかい、最近亡くなったひとたちやその時期に死の年忌が来るひとたちの名をあげ、それから、ひとびとが自分にとって重要なひとたちについて思いめぐらすための時間を残す。

死者のための祈りと彼らの記念のための供物とは、教会の古くからの伝統だった。『告白』の二〇年以上あとに書いた『提要』のなかで、これらの祈りと供物とが、「わたしたちはみな、キリストの法廷のまえに出なければならないが、それは、ひとりひとりが、善であれ悪であれ、身体においてなにをおこなったかに従って〔報いを〕受けとるためだ」（2コリント五・一〇）という聖パウロのことばとなぜ矛盾しないのか、アウグスティヌスは説明した。彼は論じた、あるひとたちは、彼らの死後の祈りや供物から利益が得られるようなしかたで生きるが、他のひとたちはそうではない、と。

わたしたちは、仲介者〔キリスト〕といういけにえが彼らのために提供されるか、あるいは教会で施しがなされるかするときに、死者たちのたましいが、彼らの生きている家族の敬虔によって安心を与えられることを否定してはならない。(5) しかし、これらのおこないは、生きているときに、あとになってこのようなおこないがおのれに利益を与えうるように生きたひとたちに利益をもたらす。これらを必要としないほどに善くない生き方もあるし、彼らが死後に〔これらから〕利益を得ないほどに悪くない生き方もある。〔……〕だから、祭壇でであれ施しにおいてであれ、洗礼を授けられた死者たちみなのためにいけにえが供されたときには、それらは、ひじょうに善いひとたちのための感謝であり、ひじょうに善いというわけではないひとたちやひじょうに悪いひとたちのための宥めだ。たとえそれらが死者たちへの助けではなくとも、生きているひとたちへのなんらかの慰めだ。それらが利益になるひとたちには、それらは、完全な許しのために、あるいは少なくとも、より耐えやすい断罪のためには利益となる。(6)

（『提要』二九・一一〇）

アウグスティヌスは、モニカが自分の身体がどこに葬られるか気にかけないのは正しいことだと考えた。なぜなら、彼の見解によれば、死者たちを助ける唯一の方法は、祈りによって、または聖体〔拝領〕や施しが彼ら死者たちのために供されているという意味でのいけにえによってだ。アフリカに住んでいた（と思われ）、アウグスティヌスに知られていたフローラについて、ノラのパウリヌスが相談したときに、アウグスティヌスはこのことを明らかにした。彼女の息子は南イタリアのノラ近くで死亡し、彼女は、聖フェリクスの墓の近くに息子を埋葬してもらいたいと〔ノラの司教パウリヌスに〕頼んだ。聖フェリクスは、告白者（confessor〔コンフェッソル、「証聖者」とも〕）だった。つまり、自らの信仰を否認しないで、むしろ死ぬ覚悟をしていたが、じっさいには殉教しなかった。

フローラは、たとえ他のたましいが身体の復活まで眠っているにしても、殉教者たちは身体の死のあと、すぐさま神とともに生きるという、広く保持されていた信仰のゆえに、この埋葬を望んだ。(7)だから、殉教した聖人たちは、生者たちのためにも死者のためにもとりなしできた。彼らの霊的な力は、とりわけ癒しにおいて明らかにされることができた。また、彼らのもろもろの遺物――すなわち、彼らの体の遺物や、生前の所有物、彼らの墓地からの塵も――は、痛みや死への人間的な恐怖を克服し、彼らのからだとたましいを神へと結びつけた霊的な力で満たされてさえいた。アウグスティヌスは、殉教者たちの諸力にかんして、もっと用心深かった。彼は、殉教者たちの記念の祭典で説教したさいに、彼らへの祈りは、わたしたちが彼らの手本に従うことを助けると語っ

図版6. 1.　モニカの死の床でのアウグスティヌス
Ottaviano Nelli, c. 1420s. Gianni Dagli Orti / The Art Archive at Art Resource, NY.

た。彼ははじめ、奇跡の時代は過ぎ去ったと考えたが（『真の宗教について』四七）、のちにアフリカの彼自身の地区で、とくに聖ステファノの聖遺物に関係づけられる癒しの諸奇跡があることを見いだした(8)。しかし、キリスト教の殉教者崇敬は、特別な諸力をもつと信じられている死せる英雄たちへの異教的な祭儀とは異なる、と彼は主張した。彼はいった、キリスト教徒は殉教者たちにいけにえをささげたりはしない、なぜなら聖人たちは、自分たちへの崇拝ではなく、ただ神だけの崇拝を望むのだから、と。聖人たちへの祈りは助けになるかもしれないが、神は聖人や天使や生きている人間をとおしてはたらくことを選ぶにせよ、いつも神こそがはたらくのだ(9)。聖人「に祈ること」と聖人によるる祈りを求めることとの違いについて、ひとびとが、いつもアウグスティヌスほど明確というわけではない。フローラは、聖人の聖なるからだの近くへの埋葬が、なんらか息子を守るか息子に益するかすることを希望したが、パウリヌスは彼女になにをいうべきか確信がなかった。アウグスティヌスの返答は、埋葬は生者たちのための慰めであり、からだなしにたましいとなった死者たちのための慰めではないということだった。だから、もし彼らが祈りから利益を得るために生きていたのであれば、死んだひとへの唯一の利益は、殉教者の墓が生者たちを祈りへと駆りたてることだ。[10]

アウグスティヌスがモニカのもろもろの罪のゆるしを祈ったのは、彼女がゆるしを必要としないか、彼がはっきりと知ることができなかったからだ（『告白』九・一三・三五）。彼は、自分が神に願ったことを神はすでにおこなったと信じていたが（九・一三・三六）、聖体拝領で彼女のために祈るひとたちに霊を吹きこむように、なお神に願った（九・一三・三七）。アウグスティヌスは、モニカは死後に祈りと供物から利益を得るために生きたと確信することができた。彼女が死んだときに彼と彼の友人たちが、息子アデオダトゥスが泣くのをどのように抑えたか思い出しながら、彼は書いた、「死にゆくひとたちの惨めや完全な消滅としての死を」ひとびとが悲嘆するごとく彼女を悲嘆するのはふさわしいことではない、「彼女は惨めに死んだのでもなく、完全に死んだのでもない。わたしたちは、彼女のふるまいといつわりのない信仰という証拠にもとづく確かな理由をもって、こう確信していた」（『告白』九・一二・二九）と。「惨め」ということばによって、彼は苦痛や悲嘆を意味しなかった。そのことばによって彼は、神から遠ざけられたひとたちのあわれむべき状態を意味した、神を愛するひとたちの祝福された状態を彼がそれによって意味する「幸福」ということばによってと同様に。そのときアウグスティヌスは、モニカのたましいや死者たちのすべてのたましいの状態は、それらが身体の復活を「忍耐強く、希望とともに」（『神の国』一三・二〇）待ちながら、どんなふうだと考えていたのか。[11] 彼はこの問題にかかわる聖書の諸箇所の解釈において用心深かった。[12]『告白』第九巻のやや始めのほうで、彼の愛する友ネブリディウスの死を報告しながら、彼は書いた。

わたしの回心とあなたの洗礼によるわたしの再生のあとほどなくして、あなたは彼を肉から解放されました、洗礼を受けたカトリック教徒を、アフリカの彼の家で完全な純潔と慎みとであなたに仕え、自分の家の全員をキリスト教徒としたひとを。そしていま、彼は生きています〔vivit〔ウィウィト〕、「彼はいまも生きている」〕、アブラハムの胸もと〔ふところ〕のうちに。この「胸もと」によっていったいなにが意味されているにせよ、そこにわがネブリディウスは生きています、わが愛する友は、また、主よ、あなたの養子は、以前に解放された奴隷は。そこにこそ彼は生きています。そのようなたましいのために、なにかほかの場所があるでしょうか。彼は生きています、その場所について彼が、わたしのようなつまらない無知の人間に、いつも多くの質問をしたその場所に。彼はもはや彼の耳をわたしの口に置かず、霊の口をあなたの泉に置いて、渇くがままに可能なだけ知恵を飲み、終わりなしに幸福です。

（九・三・六）

「アブラハムの胸もと」とは、Dives〔「豊かな」「金持ちの」という意味のラテン語の形容詞 dives〔ディウェス〕が「金持ち〔男性〕」という意味でつかわれ、そのまま英語の固有名詞になったもの〕、つまり「金持ちの男」とラザロ——その金持ちの家の戸口に座っていた物乞い——とについてのイエスによる物語（ルカ一六・二二）から来ている。物乞いは死に、天使たちによってアブラハムの胸もと〔最後の審判ののちに天国となる場所〕に運ばれた。金持ちの男が死ぬと、地下世界〔最後の審判ののちに地獄となる場所〕にある彼のいる責め苦の場所から、遠く離れたアブラハムとラザロを見ることができた。彼はおのれの渇きを冷ますために、一滴の水とともにラザロを送ってくれるようにアブラハムに乞うたが、アブラハムは、彼と自分たちとのあいだには「確固たる大きな淵」があると答えたのだった。ネブリディウスひとりだけが、この物語が問題を含むのを見いだしていたわけではない。聖書の他の諸箇所が、解放されるべき者たちを自由にするためにキリストが地下世界にくだったが〔『創世記逐語解』一二・三四・六六〕、アブラハムとラザロは地下世界にいなかったことを意味すると解釈されている。

からだの全般的な復活〔終末〕まで眠りにつくのは、すべての死者のたましいか、あるいは少なくとも聖者ではないすべての死者のたましいか、論争もあった。身体の感覚なしに、それらはどんな認識をもつことができるというのか。『死者たちのためになされるべき配慮について』のなかで、アウグスティヌスは、ある母親からの嘆願に返答して書きながら、死者たちのたましいが生者たちについて知らない証拠としてモニカをつかう、もしそれらが知っていて、夢のなかに現れることができるのなら、彼女が一晩たりとも現れないはずがない、と。[13]だが、このことが、死後のたましいたちがすっかり認識をもたないということを意味する必要はない。まえに引用された一節では、アウグスティヌスはネブリディウスのたましいを、生きていて知恵を受けいれうるように描き、友人のエウォディウス宛の手紙（『手紙』一五九、四一四／五年に書かれた）のなかでは、もろもろの疑いに反論するためにある物語を語った。ローマでよく知られていた医者のゲナディウスは、そのときカルタゴに暮らしていた。彼は、宗教心の篤い慈悲深い、善いひとだったが、若い頃は、死後の生があることを疑っていた。そこで神は、彼にひとつの夢を送った。その夢のなかで、若い男が彼をすばらしく美しいメロディーが聞こえるある都市に連れていき、彼はそれらは祝福されたひとたちによる讃歌だと教えられた。次の夜、若い男はふたたび現れ、質問への答えのなかでゲナディウスはいった、自分はあなたがわかるし、夢のなかで起こったことをすべて思い出す、と。若い男はたずねた。

「あなたのからだはいまどこにありますか。」彼は答えました、「わたしの寝室のなかです。」若い男がいいました、「知っていますか、あなたの両眼はその同じからだのなかで、いま固くつぶられ、閉じられて使われていないのを、また、あなたがそれらの眼でなにも見ていないのを。」彼は返事をしました、「わかっています。」すると若い男はいった、「それでは、あなたがわたしを見ている眼はなんですか。」彼は、なんというべきか考えられず、黙っていました。彼が躊躇していると、これらの問いによってなにを教えようとしているのか明かして、すぐにいいました。「あなたの肉の両眼が、あなたが眠ってベッドで横になっているあいだ、もっかのところ暇で、はたらいていないのに、あなたがわたしを見ているそれらの眼はあり、あなたはその視力を利用しています。それと同じく、あなたが死んで、あなたの肉の両眼がはたらかないときも、あなたがそれによって生きるあなたの生命はあなたのなかにあり、あなたがそれによって感じる感覚もあなたのなかにあるのです。だから、いまからは、死のあと生命が存続することを疑ってはなりません。」

（『手紙』一五九・四）

おそらく四二六／七年、『神の国』の第二一巻を書いた頃、アウグスティヌスは、あるたましいたちは、自分のからだとふたたびひとつにされ最後の審判に直面するまえに浄化を経験することができると考えた。「ある者たちはこの〔世の〕生においてのみ、時間的な［つまり、永遠に対立することとして］もろもろの罰に苦しみ、他のある者たちは死後に、他のある者たちはいまもそのときも罰に苦しむ。しかし、死後に時間的な罰に耐えるものたちみなが、永遠に続く罰〔地獄〕にいたるというわけではない」（『神の国』二一・一三）。彼は、以下の示唆を拒否しなかった。

このからだの死後、からだの復活のあと断罪と報いの日となるだろう、あの最後の日が来たるまでの時のこのあいだに、死者たちの霊は、ある種の火を体験するといわれる。その火とは、このからだの生において彼らの「薪や干し草や藁」が焼き尽くされる［だろう］ようにはふるまわず愛しもしなかった者たちには感じられないが、他の者たちは、彼らがその種の建物をおのれとともに運んでいたゆえに、それを感じるのなら……

(『神の国』二二・二六、また『提要』一八・六九を見よ)

審判の火によって燃やされるだろう「薪や干し草や藁」(1コリント三・一三―一四)は、移り去るものへの愛着を意味する。モニカも、彼女の人生の歩みにおいて、息子のための世俗的な成功に(『告白』二・三・八)、また彼を身体的に自分のもとにもつことに(五・八・一五)執着させられていた。アウグスティヌスはモニカが、『提要』に従えば祈りも供物も必要としない「とても善いひとたち」のひとりだとは示唆しなかったし、彼女が、どんなに犠牲を払っても自分の信仰を証しする殉教者だとも、彼女による祈りが願い求められるべき殉教者だとも示唆しなかった(14)。アウグスティヌスの諸著作は、聖モニカのために存在する資料のすべてを提供したが、アウグスティヌスのモニカは聖人ではなく、このことは、モニカの生きた時代やすぐあとの時代に生みだされた聖なる女性たちの他の諸伝との大きな対比点だ。

いったいなにが聖人をつくるのか。キリスト教の始めの数世紀のあいだ、「聖人」(ラテン語の sanctus/a〔サンクトゥス(男性)/サンクタ(女性)〕)は、「キリスト教徒」を意味した。このラテン語は、ギリシア語の同義語 hagios/a〔ハギオス/ハギア〕と同じく、「神に属している」という意味で、「聖なる」を意味する。タルソスのパウロの手紙〔新約聖書のパウロ書簡〕は、現存する最初期のキリスト教文書のなかにふくまれ、彼がそれらのなかであいさつする「聖なるかたがた(saints)」は、神聖な(saintly)ということではない。彼は、不道徳なふるまいと党派的な口論のゆえに彼らをひんぱんに譴責する。神聖だとは聖パウロ自身は主張しなかったが、彼と彼が〔手紙を〕書いたひとたちとは神に献身していたし、アウグスティヌスのモニカは、この意味では確かに聖人だ。古代後期において、聖人とは、殉教や禁欲生活という「長い殉教」によって、神のために彼自身や彼女自身の人生を放棄しただれかだった。現代でも、自らの信仰のために死ぬひとたちがまだいるし、大部分のひとびとが可能だとは認めないしかたで生活するひとたちがまだいる。彼らは、自分自身にではなく、神に焦点を合わせられている。だから、神を聞くことができるし、神の愛が差し込むことを許すことができる、人間の生を悩ませるいつもの騒音と気が散ることとがまったくなしに。[15] アンドリュー・ラウスは、『聖人と聖性（*Saint and Sanctity*）』という論文集への彼の序論のなかで、いくつかの鍵となる問いを問う。

聖人とはロール・モデルか。特別な諸力をそなえるだれかか。守護者や仲裁者か。聖性とは、いまの時代の人間たちによって知覚されるなにかか。あるいは、聖人たちとは高貴な死者たちか。だれが決めるのか。キリスト教の歴史をとおしてわたしたちは気づくことができる、おそらくはめったに達成されないキリスト教的な生の目標としての聖性――すなわちキリスト教徒の内的な生を処するなにものか、彼ら自身のためにだれによってもほとんど主張されないなにものか（これには諸例外があるが）――と、彼らの友人たちによって、あるいは事実と認められたこの力を利用したいひとたちによっていっそうしばしば個々の〔聖人の〕ために主張される力のオーラ〔霊気〕としての聖性とのあいだのある曖昧さに。[16]

アウグスティヌスのモニカは力のオーラをもたないし、アウグスティヌスは、神にのみ知られている人間のこころの複雑さに鋭く気づいていたゆえに、キリスト教徒としての彼女の内的生活について断言しなかった。だが、彼はモニカについていった。「あなた〔神〕の奴隷たちで彼女を知るひとはみな、彼女を大いに讃え、そしてあなたをほめ愛しました。なぜなら、そのひとは、彼女の聖なる生き方のもろもろの果実によって証された、彼女のこころのなかのあなたの存在に気づいていたからです。[17]」もしアウグスティヌスが彼女を聖人として描くことを選択していたら、そこに材料はあった。

もし皇母ユスティナによって派遣された軍隊が、アリウス派の礼拝のための聖堂を接収するべく武力を行使するように命じられたら、モニカは、おのれの信仰のためにミラノで死ぬ覚悟ができていた告白者〔証聖者〕だった。[18] 誘惑に抗い、キリスト教の原則によって生きていることを示した点で、モニカも、アウグスティヌスがみずからの会衆に勧めた意味での殉教者だった。[19] 禁欲生活という「長い殉教」や「白い殉教」は、信仰を証するもうひとつの方法であり、アウグスティヌスはモニカが後半生において禁欲的だったという主張をすることもできたはずだ。[20] 禁欲主義者たちは、世間的な富と自分自身や自分の家族のための野心とを放棄することによって、「世間にたいして死んだのだ。」独身で、またしばしば極限の禁欲において生きながら、彼らは自分たちの生を神へ仕えることにささげた。モニカは世間からも彼女の家族からも引き退かなかったし、ミラノにおいて彼女はグループのなかで、家族のメンバーたちへと同様に息子の友人たちへも母親役を続けた（『告白』九・九・二二）。だが、彼女は信仰心の篤い独身の寡婦だった。[21] カッシキアクムで、彼女は知恵への愛に専念するために閑暇［otium］をもち、アウグスティヌスは、彼女のたましいの道徳的な諸特質と、そのとき彼が「肉体の重大な汚れ」と見なしていたものからのその脱出を賞讃した。[22] もし彼女が生きてアフリカに戻っていたなら、自分の家族の家で、祈りと学究からなる独身生活を導くグループの一員になっていたかもしれない。そうなるかわりに、彼女は、すべての地上的なものをこえる霊的上昇と、神の永遠の知恵との一瞬の接触を、息子とともになしとげ、恐怖もなく、自分のからだの埋葬への気づかいもなく死んだ。[23]

古代末期には、殉教者たちや禁欲者たちの「力のオーラ」は、多くのしかたで明示された、すなわち、洞察、癒し、災害の予告や予防、人生を変容させるわずかなことばを語ることだ。しかし、これらの徴候をもっと広く知られるようにするために、だれかが聖人の生涯を書く必要があった、とりわけ、禁欲者が人間的なふれあいによる強要から引き退いたり、世評によるうぬぼれの危険を避けるべく秘密裡に厳格な実践をおこなったり、家族や友人たちにだけ知られているつつしみ深い女性の家庭に基礎をおく生活を導いたばあいには。[24] 殉教者たちが、彼らの死の年忌に、彼らの記念聖堂での祝賀によって、あるいは祈りのなかで名を呼ぶことによって記念されるときに、ひとびとは、その殉教者がなにをおこなって耐えたのか聞きたがった。だから、聖人たちの遺物が配られるときには、文書もやってきた。聖人の生涯を書くことは、聖人伝（hagiography）（ギリシア語 hagios/a は、ラテン語 sanctus/a の同意語だ）という特別な名称と、過度で無条件の賞讃のための特別な評判とを獲得した。[25]

アウグスティヌスの同時代人のなんにんかが、彼のように修辞学に習熟し、女性たちの聖人伝を書いた。三八〇年頃、ニュッサのグレゴリウスは、姉マクリナの生涯を書いた。彼女は、彼らの母親の家で処女の禁欲者として生活し、独身男性による共同体と対になる女性による共同体を主導した。アウグスティヌスのようには、グレゴリウスは母の名をあげない。彼女の名エメリアは、彼の友人のナジアンズスのグレゴリウスによって言及される。一〇年まえにナジアンズスのグレゴリウスが、結婚した姉妹ゴルゴニアのための弔辞をのべ、これをヴァージニア・ブルスは女性についての最初の聖人伝とみる。[26] 彼はまた、個別のスピーチではなく、父と兄弟のための弔辞のなかで、さらに自分の自伝的諸詩のなかで、母ノンナを賞讃した。これらの作品はギリシア語で、アウグスティヌスがそれらを読んだことをなにものも示唆しないが、聖人伝はラテン語にもある。四〇四年、アウグスティヌスが『告白』を書いた数年後、ヒエロニムスは自分の友人を記念するために、『聖パウラへの弔辞（*Epitaphium sanctae Paulae*）』（『手紙』一〇八）を書いた。パウラは、ベツレヘムの彼の修道的共同体に資金を提供し、自分の娘エウストキウムとともにそれの隣にある女性たちの共同体で暮らすために、自分の家と家族のもとを去ったローマ市の女性だ。なにか彼女が聖人として記憶されるための試みのように見えるものに、彼は、彼女の死の日と墓の場所との記録を書き加え、早くて五世紀の終わりまでに、彼女の祭日は典礼暦に入れられた。[27] ヒエロニムスはまた、ローマの貴族たち、神に身を献げた処女アセラ（『手紙』二四）と禁欲的な寡婦マルケラ（『手紙』一二七）とへの讃辞を書いた。女性にかんするこれらの多様な著作は、アウグスティヌスのモニカのきわだった性格を示す。

アウグスティヌスがヒッポのアウグスティヌスとして知られているように、彼と同時代人の三人も、彼らが司教となった町々の名前によって知られている。カエサリアのバシリウス、ニュッサのグレゴリウス、そして彼の友人ナジアンズスのグレゴリウスだ。〔彼らは、これらの町が、いまトルコの一部、カッパドキアにあったため、ともにカッパドキアの教父たちと呼ばれる。〕バシリウスとニュッサのグレゴリウスは、アウグスティヌスよりもはるかに華やかな家族の出身だった。彼らの両親、バシリウスとエメリアの結婚は、ふたつの隣接する東部の属州、ポントゥスとカッパドキアとの〔ふたつの〕家族をまとめた。年長〔つまり父親〕のバシリウスは、親戚に恵まれた修辞学教師であり、夫婦は九人（あるいは、ことによると一〇人）の子どもをもうけた。彼らの長子マクリナは、モニカよりもいくらか年長だった。彼女は、三二七年頃に生まれ、三七九年に死んだ。エメリアは、末子が生まれた直後に寡婦となり、そのあとおそらく三〇年ほども生きた[28]。モニカのように、彼女は家族の資産を管理したが、この資産は三つの属州にある所有地を含んでいた。彼女は息子バシリウスのアテネでの勉学の資金を出し、他の子どもたちのキャリアや結婚を援助し、いなかの地所のいくつかを禁欲的生活を試みるひとたちの隠遁場所として使われるために選択した。グレゴリウスは、父方と母方との両方の祖父が、資産を奪われたと述べたが、神の善性のおかげで家族は繁栄して、遺産がバシリウスとエメリアの九人の子どもたちのあいだで分けられたとき、九分の一でも、彼らの両親がもっていたものをしのぐほどだった（『マクリナの生涯』二〇）。それは、タガステのその家族の家とも、三人の子どものあいだで分けあわれたつつましい遺産たる「小圃〔複数〕」とも、都市参事会員のもろもろの義務にも応じながらアウグスティヌスの教育資金を工面するための苦闘とも、まったくもってすっかり異なっていた[29]。

それは、エメリアと彼女の夫が、長く献身的にキリスト教に帰依してきた伝統を受けついでいたことにおいても異なっていた。アウグスティヌスの父パトリキウスは、人生の末期に至るまでキリスト教徒ではなかった。モニカの両親はキリスト教徒だったが、アウグスティヌスはそれ以前の世代についてはなにも語らなかった。バシリウスとグレゴリウスの父方の祖父母は、四世紀始めの迫害の時期に自分たちの信仰を認めた。三四〇年代に、彼らの両親はキリスト教の家庭を維持した。寡婦になったエメリアは、都市からいなかの地所に引っこみ、五〇歳頃には禁欲的生活をさらに進歩させた。

それで、子どもたちを教育することや彼らの身を立てさせることについての心配といっしょに、子どもを育てることへの気づかいが彼女の母親から過ぎ去り、物質的生活のための資産の大半は子どもたちのあいだで分かたれていたので、そこで、先にいわれたとおり、処女［マクリナ］の生活が、哲学的かつ非物質的な生き方に移行することにおいて彼女の母親への忠告者となった。ふだんのもの［生活用品］をすべて放棄していたので、彼女は母親を自分と同じレベルのへりくだりへともたらし、立場の点で処女たちの集まりと等しくなるように彼女を準備した、彼女たちのあいだから身分の違いがすべて遠ざけられて、食物や寝床、生活に必要なすべてを彼女たちと等しく共有するために。

（『マクリナの生涯』一一）

「処女たちの集まり」は彼女たちの女性の奴隷たちを含んでいた。グレゴリウスによれば、エメリアは清純の生を送ることを望んでいたが、両親が死んで、彼女の美しさが彼女を誘拐の危険にさらしたゆえに結婚した（『マクリナの生涯』二）。マクリナも、一二歳のときすばらしく美しかった。そのころ、彼女の父親は、彼女がふさわしい年齢に達したときに彼女の夫となるべく、すぐれた若者を選んだ。（この年齢が明記されないのは、アウグスティヌスがモニカについて明記しないのと同じ。）彼女はまた、羊毛の仕事にとても熟達していた[30]。しかし、婚約者が死んだとき、彼女は両親ふたりに抗って、婚約は婚姻と同等だと主張し、復活において彼と再会することを期待した（『マクリナの生涯』五）。マクリナは、けっして母を置き去りにしないと決めた。彼女は母に哲学的生活の手本を示したし、エメリアが寡婦となったときには、マクリナが資産を管理し他の子どもたちを育てあげるすべての仕事を手伝った（『マクリナの生涯』六）。末子ペトルス〔マクリナ、バシリウス、グレゴリウスの兄弟姉妹の一番下、サバスティアの司教〕の助けで、共同体は、独身の男性たちを含み、子供たちを世話し、訪問客たちを受けいれるようになった[31]。

グレゴリウスの『マクリナの生涯』は、モニカについてのアウグスティヌスによる記念が、どのように聖人の生と異なるかを示す。アウグスティヌスはいつも「母」に言及する。グレゴリウスは、「わたしの妹」にではなく、「偉大なマクリナ」、「処女」、「教師」に言及する。アウグスティヌスの母モニカには欠点がないわけではない。グレゴリウスのマクリナは、哲学をとおして人間の徳の高みへと進歩しながら、つねに模範的だった（『マクリナの生涯』一）[32]。モニカは、息子のための世俗的な気づかいから、また母としての多すぎる愛情から前進することができる。マクリナはすでに世俗的な気づかいからは自由だ。彼女は家族を愛しているが、兄弟の死のショックに勇敢に立ちむかい、自分の母をそれに耐えるべく強くした（『マクリナの生涯』一〇）。キム・バウズは、いなかの地所で隠遁生活をおくっていたマクリナの私生活に触れている[33]。モニカはタガステとミラノで、またおそらくは息子を訪れているときにカルタゴでも、町の会衆〔信徒たち〕によく知られたメンバーだった。アウグスティヌスは、妻としてであれ寡婦としてであれ、モニカの生活における普通でない厳格さを示唆していない。彼女は、妻たちに自分たちを夫の奴隷と思うようにと助言するが、彼女自身は、奴隷たちがするようには生活せず、はたらきもしない。マクリナは、母親のパンを作るという奴隷の仕事を引きうけ（『マクリナの生涯』

五)、母親に自分たちの奴隷と同じしかたで生きるように促し、母の死後自分自身への厳格さを増していく。最後の病気のときでさえ、彼女は粗い麻布で覆われた板のうえに横になり、頭は別の木片で支えられている(『マクリナの生涯』一六)。彼女は衣類をひと組だけもっている、黒っぽい外套、一枚の頭を覆うもの、そして一足の履き古された靴を(『マクリナの生涯』二九)。

アウグスティヌスの母モニカは、カシキアクムでの諸対話になんらか貢献する、ときには自信にみちた断言で、ときにはためらいがちに。彼女の学生になれたらという息子の思いつきを、彼女はきっぱりと拒絶する(『秩序』一・一一・三二)。グレゴリウスのマクリナは、彼女の母親や兄弟たち、同僚の修道女たちの教師にして忠告者であって、対話篇『たましいと復活について』のなかで、彼女は「教師」として自信をもって哲学的な議論や説明を展開する。[34] モニカは、熱で死にそうになり、息子たちにわずかなことばをいおうと努め、そのとき「彼女は、自分に可能なそのようなことばで自分の考えを明かして、黙りこみ、病が悪化していくにつれてくりかえし試練をあたえられた[exercebatur〔エクセルケバトゥル〕]」(『告白』九・一一・二七)。マクリナは、熱で死にそうになると、八年も会わなかった兄弟と長い会話をし、死の床でさえ、たましいと復活について話しあう(『マクリナの生涯』一七)。[35] マクリナに会いに行く途中、グレゴリウスは、殉教者の遺物を運んでいる夢を見る(『マクリナの生涯』一五)。彼は、マクリナが医療の助けを拒否し、祈りによって胸の腫物を癒す目撃譚を語り(同三一)、マクリナが少女の眼病を癒す別の目撃譚を語る(同三七―八)。そしていう、信じられないかもしれない他のもろもろの奇跡には言及しない、と。アウグスティヌスは、モニカについてそのような主張はせず、もろもろの癒しの奇跡が彼女の遺物に結びつけられる以前に数世紀が過ぎた。

またナジアンズスのグレゴリウスも、土地を所有する家族の出だった。彼の両親、グレゴリウスとノンナは、彼と彼の兄弟カエサリウスとを、アテネに勉学に送り、そこで彼は、バシリウスに出会った。のちに彼は、司教である父親の補佐をした。スザンナ・エルムは、葬送の講話の、彼による使い方を要約している。「彼は、自分の兄弟を典型的な官吏として、自分の姉妹を完全な妻にして母として、自分の両親を、非凡な子どもたちと孫たちをもつことで祝福された模範的な夫婦として縮図的に示した。(36)」「完全な妻にして母」のゴルゴニアは、アウグスティヌスのモニカと共通のいくつかの性格をもつが、マクリナと同じく彼女は模範的だ。(37)ナジアンズスのグレゴリウスは、ニュッサのグレゴリウスがマクリナの生涯を賞讃するために哲学的伝記という伝統手法を適用したように、葬送の講話という伝統手法を、ゴルゴニアの献身的なキリスト教的生涯を賞讃するために適用した。グレゴリウスのゴルゴニアは、世間に生活しながら神の王国に気づかい、結婚生活と独身生活とにおける最善のものをすべて集めていた。彼女は、夫を彼女のかしらとみなして「主」と呼んだが、彼女はキリストがすべてのひとたちのかしらだと知っていたし、夫をキリストのもとにもたらした。彼女は箴言における善い妻のように、彼女の家庭の善い妻にして切り盛りするひとだった。(38)彼女は、自制的でやさしかった。彼女はめったに公の場に現れず、装飾に気をつかわなかった。彼女は慈善において気前よく、大いなる個人的厳格を実践した。彼女のラバたちが彼女の馬車と逃げだしたときの事故のあと、彼女があまりに慎み深いために(男性の)医者たちに見せないでいた傷を、彼女が祈りによっていかに癒したのか、また医者たちを困惑させる病を祈りによっていかに治したのかを、グレゴリウスは語った。死ぬとき、彼女はある詩篇の一節を口にした、それを司祭はようやく聞くことができた(『講話』八・二二、詩篇は第四篇八(七〇人訳))。ヴァージニア・ブルスは、これらがゴルゴニアの語る唯一のことばだと認める。(39)

ナジアンズスのグレゴリウスは、母ノンナのために独立の葬送の講話をおこなわなかったが、両親ふたり(そのときはまだ生存していた)ともが、ゴルゴニアのための講話のなかで賞讃されているし、ノンナは、彼の父親のための講話のなかで重要な存在だ。彼女が父親をキリストのもとにもたらしたのだ。(40)グレゴリウスはまた、家族の他のメンバーたちのためによりも、母親のためにはるかに多くの墓碑銘詩を書いた。母親のために三五篇、兄弟のために一六篇、父親のために一一篇、姉妹のために三篇だ。モニカのように、ノンナには息子ふたりと娘ひとりがいたが、グレゴリウスだけが彼女より長く生きた。彼はある詩のなかで、彼女は彼を他の兄弟より好んだといった（『墓碑銘詩』七一＝『ギリシア詞華集』八・三〇）。ノンナは、息子たちが海をこえての勉学からともに戻るように祈った（『講話』七・八）。彼女は、グレゴリウスが司祭になることを望んだ。彼女は、彼がパンをはこぶ夢（『講話』一八・三〇）や、彼女が嵐のなかから彼の船を救い出す夢を見た（同三一）。彼女は教会で祈りながら死んだ(41)。

ローマでは、妻として母親として義務を果たし、それから寡婦となって禁欲的生活をおくった女性たちという手本があった。年長のメラニアは、二二歳で寡婦となり、生き残った息子のローマの元老院世界での立場を確かにすることに数年を費やし、それから、エジプトの修道士たちを訪れるために、そして聖地に定住するために出発した(42)。七か月で寡婦となったマルケラは、子どもをもたなかったが再婚することを拒否し、ヒエロニムスによれば（『手紙』一二七）、自分の家族の家を、聖書の研究に従事する寡婦たちや処女たちの禁欲的共同体にした(43)。パウラは三四七年に生まれ、三六〇年代の始めに結婚し、四人の娘と息子をもうけ、三八一年頃に寡婦となった(44)。翌年、彼女はヒエロニムスと出会い、彼が三八五年にローマを去ると、彼女と娘エウストキウム――（マクリナのように）けっして母親のそばを離れなかった聖とされた処女――は、聖地で彼に加わった。四〇四年、パウラはそこで亡くなり、「聖パウラへの弔辞」のなかで、ヒエロニムスは彼女について、地位を放棄したこと、慈善活動や公建築に富を用いたこと（そのためエウストキウムは借金だけを相続した）、極限の禁欲的生活、並々ならぬ敬虔、ヘブライ語を含む聖書についての瞠目すべき知識を強調した。彼はまた、聖地での彼女の旅やエジプトの修道士たちを訪問したことを詳しく記述した。彼はエウストキウムに、パウラは「長い殉教によって戴冠された」と語った（『弔辞』三一）。彼は、パウラによる祈りを求め（同三三）、彼女の死の日付と彼女の埋葬場所を付加することによって、彼女を聖人として確立することを助けた。

これらの女性たちはみな、モニカよりもはるかに高い社会的レベルの出で、禁欲生活に、はるかに劇的な献身をおこなった。彼女たちについて書いたひとたちは、彼女たちを欠点のない者として描いた[45]。練達の修辞学者でもあるアウグスティヌスは、葬送の弔辞のやりかたを知っていたが、モニカについての、また彼女の死への彼自身の反応についての回想では、伝統手法に従わなかった。彼はまた、伝統の言いまわし、「ああ、そのような母！」において独特でもあった。彼は、どのように彼女がミラノで、司教がそれを禁じていると告げられたときに、記念の聖堂へ食べ物と飲み物を供えるアフリカでの習慣を進んで放棄したのか説明する過程で、モニカへのアンブロシウスによる賞讃を報告した。

しかし、わたしの神なる主よ（そしてこの問題についてわたしのこころはあなたのまなざしのなかにあります）、わたしには思われます、アンブロシウスほどには愛していない別のひとによって禁じられていたのなら、おそらくわたしの母は容易にはこの習慣の廃止に従わなかったと。母は、わたしの救いのために彼をとても愛していましたし、彼は母を、深く宗教的な生き方と善き業を引きうけていつも教会にいる熱情とのゆえに愛していました。だから、わたしを見ると、彼はいつもとっさに彼女をほめて、このような母をもつことでわたしにお祝いをいいましたが、彼女がどんな息子をもっているか知りませんでした。息子はこれらのすべてについて疑っていて、生命の道を見いだすことが可能だとは考えていなかったのです。

（『告白』六・二・二）

だれかほかのひとの母親への公的な賞讃は、たとえ彼女の名をあげることが礼儀正しくなくとも、明らかに受けいれられることができた。ヨハネス・クリュソストムスの母親アントウサは、二〇歳で未亡人となり、税金の請求、強欲な親戚たち、やる気のない奴隷たちと戦い、自分の子どもたちの遺産へのリスクのために、再婚することを拒んだ〔『司祭職について』一・五〕。ヨハネスは、若い寡婦に書いて〔『若い寡婦へ』二〕、異教徒たちでさえ寡婦の生活に敬意をはらうといった。彼自身の教師は、彼が寡婦の息子だと聞いて、彼女はいくつか、寡婦になってどのくらい経つのかたずねた。返答は、彼女は四〇歳で、二〇年のあいだ寡婦だった、だ。教師は叫んだ、「なんという女性たちが、キリスト教徒たちのなかにいることか！」おそらく教師とはリバニウスだった。彼は、自分の『自伝』〔第一弁論〕のなかで、寡婦だった自分の母親を讃えた。彼女もまた育てなければならない子どもたちと残された。彼女の父親は死んだ。彼女は後見人たちを信頼せず、自分が子どもたちとってすべてであることを選択した。彼女は子どもたちの教育費を支払ったが、安逸にたいして自分自身を厳しくすることができなかった。「愛情ある母親は自分自身のもの〔子ども〕をどんなしかたでも苦しめてはいけないと考えたのだ」〔『自伝』四〕。彼女は、勉学のためにアテネに行くというリバニウスの考えに涙を流した〔一二〕。リバニウスは、老齢の彼女と一緒にいないことを悲しみ〔五八―九〕、彼女の死を報告するときに、彼女は彼にとってすべてだったといった〔一一七〕。この全体は、彼女がなにかに似ているという印象をほんのわずかしか残さない。もうひとりの修辞学教師、ボルドーのアウソニウス〔三一〇頃―三九三年頃〕は同じように、家族のメンバーたちについての彼の詩集のなかに、賞讃すべき母、アエミリア・アエオニアについてわずかな印象を残している。

次はあなただ、わたしを生んだアエオニア、タルベラエ〔フランス、アキテーヌ地方〕の出の母親とアエドゥイー族〔ガリア人の種族、フランス中部に住んだ〕の父との血が混ぜられたかたよ。従順な妻の徳はことごとくあなたのもの。純潔への名声、羊毛の仕事をする両の手、あなたの夫への忠実、子どもたちを育てあげるための気づかい。あなたは威厳があって親しみやすく、まじめで陽気だった。いまやとこしえにあなたの夫の平安なる影を抱きながら、あなたがかつて生きて彼のベッドをいつくしんだように、死して彼の墓をいつくしんでください。

（『先祖たちへの賞詞（*Parentalia*）』二）

モニカもまた従順な妻にして献身的な愛情をもつ母親だった。彼女は、夫とともに埋葬されたいと思っていた。しかし、アウグスティヌスは、無条件に善いというような、「そのような母！」としては描かなかった。アウグスティヌスは、宗教的生活を導くことについて助言を求めたラエトゥスへの手紙のなかで（『手紙』二四三・三―一〇）、ルカ一四・二六のイエスのことばを引用した。「だれかがわたしのもとに来て、彼の父親を、母親を、妻を、子どもたちを、兄弟たちを、姉妹たちを、さらに自分の生命をさえ憎むのでなければ、そのひとはわたしの弟子になれない。」彼は、対比を導いた。

……ある女性がいまあなたの母親だということにおいて、まさにその事実によっては彼女はわたしの母親ではありません。だからこれは時間的な、一過性のことです。あなたは見ています、彼女がどのようにあなたをはらみ、子宮であなたをはぐくみ、あなたを産みだし、乳であなたを育てたのかを。しかし、彼女がキリストにおいて姉妹だということにおいて、彼女はあなたのものにしてわたしのもので、さらに天のひとつの遺産をもち父が神で兄弟がキリストであるすべてのひとに、愛の同じ連合のなかで約束されているのです。

（『手紙』二四三・三）

彼女は、ラエトゥス自身の母親だということにおいて、ラエトゥスを引きとめる。彼女は言い訳にすべきではない、「あなたが彼女のはらわたの重荷となった一〇か月や、出産の苦痛や、育児の努力」を。教会は、母親と息子とのふたりの母親だ。アウグスティヌスは自分の母親の例を提供しないが、この章の始めの引用が示すように、洗礼のあと彼は、彼女の息子にして教会では彼女の兄弟だった。

イエスの母マリアでさえ彼女の息子を、彼がしなければならない業から逸らせることを求めたかもしれない。「そのような母！」というテーマは、アウグスティヌスのある説教のなかに注目すべきものとして現れる（『説教』七二Ａ・三）。

彼［イエス］がこれを群衆にいったとき（わたしは福音書に従っています）、彼の母親と兄弟たちはそとに立っていて、彼に話しかけたいと望んでいました。だれかが彼に知らせて、いいました、「見てください、あなたの母親とあなたの兄弟がそとにいて、あなたに話したがっています」と。すると彼はいいました、「だれがわたしの母か、あるいはだれだれがわたしの兄弟たちか。」そして、自分の弟子たちのほうに手をのばして、いいました、「このひとたちが、わたしの母とわたしの兄弟たちだ。また、天にいるわたしの父の意志をおこなうひとはだれでも、わたしの兄弟、わたしの姉妹、わたしの母だ。」（マタイ一二・四六―五〇）わたしはこれについてだけ話したかったのですが、先行する部分を通りすぎたくなかったから、思うに、多くの時間を使ってしまいました。あなたがたのまえにいま提示したこの箇所は、考察するのに錯綜や困難を多く含みます。どうして主キリストは、孝心をもちながら自らの母親を軽んじることができたのでしょうか、だれかたんなる母親をではなく、処女なる母だっただけに彼女が［身体的な］清純を失わないしかたで、それだけいっそう彼が豊穣をもたらしたその母親を、つまり処女としてはらみ処女として出産し永久に処女としてとどまった母親を。そのような母親を彼は軽んじたのです、母の感情が彼のおこなっていた業に入りこんで彼を妨げないように。いったいなにを彼はしていたのでしょうか。ひとびとの群れに語りかけ、古い人間どもを壊し、新たな人間たちを作りあげ、たましいたちを自由にし、束縛されたひとたちを解放し、盲目の精神どもを照らしていました。彼は善い業をおこないながら、善い業において、おこないと話しとで燃えあがっていました。その真中で、肉の愛情が彼に告げられたのでした。あなたがたは、彼がなんと答えたか聞きました。なぜそれをくりかえさなければなりませんか。母親たちは聞きなさい、彼女たちが肉の愛情によって子どもたちの善い業を妨げないために。といいますのは、もし彼女たちが彼らを妨げることを選択するのなら、また子どもたちがおこなうときに介入して、遅らせるべきでない業を中断させるなら、彼女たちは自分の子どもたちから軽んじられるのです。わたしはあえていいます、軽んじられる、と。彼女たちが軽んじられるのは、信心〔敬虔〕によってです。しかも、いつ女性は自分の息子に腹をたてるでしょうか、彼はおのれの善い業に精神を集中していて、そのゆえに自分の母親の到来を軽んじているのに。妻であれ寡婦であれ、いつ彼女は腹をたてるでしょうか、処女マリアが軽んじられたときに。でも、あなたはわたしにいうでしょう、「それではあなたは、わたしの息子をキリストと比べるのですか」と。わたしはあなたの息子をキリストとは比べませんし、あなたをマリアとは比べません。主なるキリストは、母親の愛情を非難したのではありません。彼は、神の業のために母親を軽んじる偉大な手本を、ご自分において与えたのです。彼は、語ることにおいて教師でしたし、軽んじることにおいて教師でした。神の業のためにあなたを、また父親を軽視することを教えるために、ありがたいことにキリストはご自分の母親を軽んじられたのです。

アウグスティヌスはマリアの祝賀でクリスマスの諸説教をおこない、彼女の信仰と処女性とに焦点を当てるが、そのことは、キリストの人間性が罪の伝播なしにはらまれることを意味した(46)。彼は、息子が彼女自身の創造主となる処女なる母というパラドックスを発展させた。彼はマリアにかんする論考を書いたりマリアの崇拝を唱えたりしなかったし、マリアの祈りを求めもしなかった(47)。

それなら、アウグスティヌスにとって、母親たちは子どもたちへの彼女たちの献身的な愛情において賞讃されるべきかもしれない。彼女たちは、はぐれ迷っている子どもたちへの絶え間のない気づかいにおいて、母なる教会に似ているのかもしれない。彼女たちは、主の母たるマリアと共有する諸資質をもっていさえするのかもしれない(48)。だが、母親と子どもとの身体的絆は過大に評価されるべきではない。神はアウグスティヌスを両親の肉をとおして、この生命のなかにもたらした（『告白』九・一三・三七）、神がモニカを創造したのと同じように。彼女の両親は、どんな種類の人間が自身たちから生じるのか知らなかった（九・八・一八）。神が乳で、アウグスティヌスの母親と乳母の胸を満たした（一・六・七）。母親が息子をあまりに愛しすぎるリスクはつねにあるし、子どもに自分といて欲しいので、母親は子どもをひきとめるだろう。モニカは彼女の人生の終わり、アウグスティヌスが献身的な受洗したキリスト教徒として安心だと知ったときに、行かせることができたが、行かせるためには時間と神の恵みの見えざるはたらきとを要した。モニカはいつも聖人というわけではなかったのだ。

いつ、どのように、モニカは聖人になったのか。古代末期において、聖人たちは地域の承認によって生みだされ、彼らの物語が伝えられ、（可能なら）彼らの遺物が分配されるにつれて、いっそう広く認められていった。四三〇年のアウグスティヌスの死のすぐあとに、ポシディウスが『アウグスティヌスの生涯』を書いた。五世紀の終わりまでに、カルタゴではアウグスティヌスの名は、特別な尊敬のために読みあげられるリストのなかにあり、伝統に従って彼の遺体はヒッポから安全な場所へと移されていた。モニカについての承認のためのもっとも早い証拠は、いまだアウグスティヌスの母親としてで、彼女自身を聖人とするものではないが、六世紀末か七世紀始めに年代が定められてきた。それは、一九四五年にオスティアで発見された、壊れた大理石版に彫られたテキストの一部だ。そのテクストの全文は、もっとも早いもの——韻文墓碑銘七篇の収集を含む——で九世紀に年代が定められる、さまざまな写本のなかに現れる。モニカの碑文は次のように読まれる。

Hic posuit cineres genetrix castissima prolis,
Augustine, tuis altera lux meritis,
Qui servans pacis caelestia iura sacerdos
Commissos populos moribus instituis.
Gloria vos maior gestorum laude coronat
Virtutum mater felicior subole.

ここにその子のとりわけ純潔な母親がご自分の遺灰を置いた、アウグスティヌスよ、あなたの功績の第二の光が。平和をもたらす天の諸法を守る司祭としてあなたは、あなたに委ねられたひとびとをあなたのふるまいもて教える。あなたたちのもろもろの徳の栄光が、あなたたちの業への賞讃よりも大きくあなたたちを飾る、あなたの子においていっそう幸いな母よ。(49)

写本のひとつは、先の執政官バッススが、聖アウグスティヌスの母、聖人のごとき思い出をもつモニカについてこれらの詩行を書いたという記録を付加する。四世紀末から五世紀始めにかけてバッススと呼ばれる三人の執政官がいたが、たとえその記録が信をおきうるにしても、モニカへのこの讃辞が彼女の死のあとすぐに献げられたのなら、驚くべきことだろう。ダグラス・ボインはそれよりも、この碑文は、オスティアのキリスト教の歴史を再確認するための、もしかしたら二世紀のちの努力の一部だったと示唆する。

モニカが聖人として祝賀されるまでには、さらに数世紀を要した。資料は、諸聖人の伝記〔生涯〕の批判的校訂本のために一七世紀に始められた印象的なプロジェクトである『聖人たちのおこない（*Acta sanctorum*）』に集められている。[50] 伝記の順番は教会暦年における聖人たちの祝日に従っているので、「聖モニカ、寡婦にして聖アウグスティヌスの母」は、五月四日を含む巻にある。この日付が選ばれたのは、編集者たちに従えば、アウグスティヌスが母親の誕生日に言及しなかったからだ。そのために、彼女の祭儀（それは、編集者たちの観察するところでは、より古い殉教録には知られていない）がアルトゥア地方のアルエーズ（フランス北西部）で始まったとき、アウグスティヌスの回心の祝日の前日がふさわしいと思われたのだった。[51]（のちの教会暦ではモニカは、アウグスティヌスの祝日の前日の八月二七日に祝賀される。）アルエーズの共同体は、自分たちの禁欲的実践の基礎として、修道生活のためのアウグスティヌスによる規則を採用した。彼らは一一二一年に最初の大修道院長を選出し、アルエーズの規則は他の修道院に広まった。アルエーズのゴーティエは、一一六二年、イタリア訪問のときに、オスティアからモニカの遺物を取りもどすためにどのように指導されたか、さらに、どのように彼の兄弟たちからの求めでこのできごとの記録を書き、大部分が『告白』からとられたモニカの伝記を遺物に添えるためにまとめたかを語った。[52] その伝記の序文で彼は、聖人がみな奇跡と関係づけられるわけではなく、ある聖人たちはそのひとたちの人生の特質によって示されることを読者たちに気づかせている。すなわち、この事例では、「彼女がいかに貞潔で、いかに敬虔で、いかにまじめで、いかに穏やかで、いかに親切で、いかに控えめで、いかに忍耐強かったか、また、祈り、夜警、断食、施しにおいていかに勤勉で献身的だったか、よって彼女は完全のためになにも欠かなかったと、『告白』のなかで明白に読まれる。」モニカと彼女の「涙の息子」の物語は、一二六〇年頃に書かれ、写本で、のちには印刷でひじょうに広く流布されたヤコブス・デ・ウォラギネ〔一二三〇頃—九八年〕の『黄金伝説』のなかのアウグスティヌスの伝記によって、いっそう一般的に知られるようになった。もうひとつの典拠は、偽アウグスティヌスの手紙だった。それは、アウグスティヌスの姉妹宛てで、モニカの宗教的生活と聖なる死を記していた。『聖人たちのおこない』の編集者たちは、「アウグスティヌスの諸著作を読んだことがないかぎり、［その手紙が］聖アウグスティヌスのものだなどとだれもいわないだろう」と記している。[53]

聖モニカは、いまやアウグスティヌス修道参事会（Augustinian Canons）とアウグスティヌス隠修士会（Augustinian Hermits）とを巻きこむ込みいった物語の一部になった。両者は、アウグスティヌスの神学と修道的生活についての彼の教えとについて異なる見解をもっていた。[54] 一三二七年、隠修士会は、パヴィアのサン・ピエトロ・アル・チエル・ド・オロ教会のアウグスティヌスの墓の守護を修道参事会と共有することを許された。なぜパヴィアか。アウグスティヌスはその町と関係をもたなかったが、ベーダ〔六七三頃—七三五年〕は、八世紀の始めに書き、彼の著作『時を判定すること（*The Reckoning of Time*〔*De temporum ratione*〕）』のなかに彼が含めた、世界年代記〔第六六章〕の終わりにその答えを与えた。

> サラセン人たちがサルディニアを攻めて衰亡させ、聖なる司教アウグスティヌスの骨が蛮族〔ヴァンダル族〕の襲撃のために移されて、栄えあるしかたで埋葬された場所を掘りかえしたことを聞いて、リウトプランドゥスは、［それらの対価に］大きな金額を送って支払い、［それら］を受け取って、パヴィアへ移送し、かくも偉大な教父にとうぜん与えられるべき栄誉とともにそれらをふたたび埋葬した。[55]

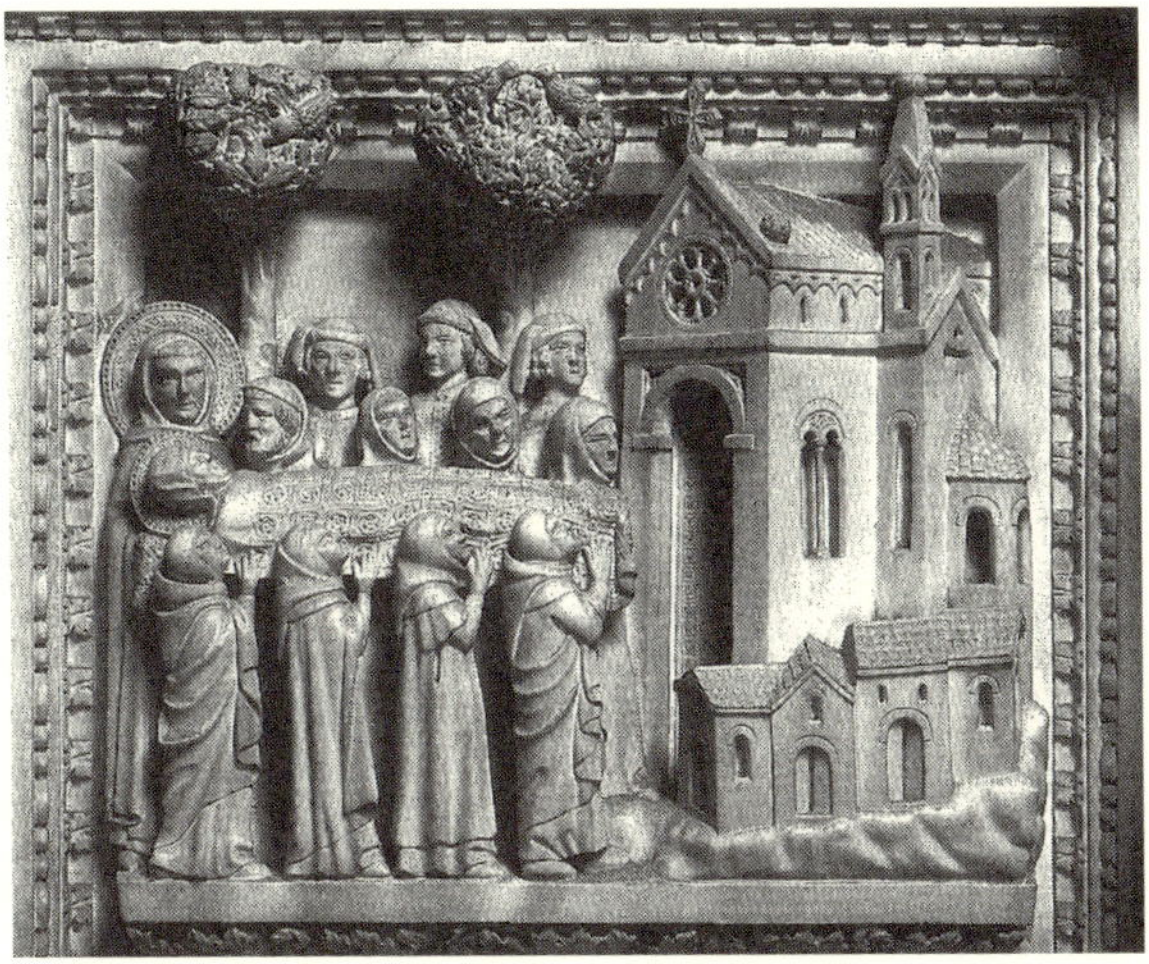

図版6. 2.　アウグスティヌス隠修士会士がモニカの遺体を運んでいる。
Arca di Sant'Agostino, Pavia. Scala / Art Resource, NY.

最初の動きは、四三〇年アウグスティヌスが死んだときにヒッポを包囲していて、まもなくアフリカの支配権を握ったヴァンダル族による「蛮族の襲撃」を逃れるためになされた。彼らは、多くのカトリック教会の司教を追放したアリウス派のキリスト教徒だった。これらの司教たちのいくにんか（とくに、六世紀の始まりにルスペ〔現在のチュニジアにあった〕の司教フルゲンティウス〔四六八―五三五年、四六二―五二七年とも〕）は、近くのサルディニアに追放されるときにアウグスティヌスの遺体などをもっていったと考えられていた。第二の動きは、七二〇年頃、北イタリアに王国をうちたてたリウトプランドゥスが、ランゴバルドの王であったときに起こった。彼の叔父ペトルスは、パヴィアの司教だった[56]。

一四世紀にパヴィアで、隠修士たちは、新しい墓、アウグスティヌスの生涯の諸場面を示す彫刻やレリーフ版で飾られたアルカ（Arca）〔「石棺」の意〕をつくった。モニカは、アウグスティヌスの洗礼の場面にいるし、別のレリーフでは、彼女の遺体が隠修士会の男女のメンバーたちによって教会へと運ばれている[57]。彼女はまた、ウンブリアのグッビオの隠修士会の教会の壁とアーチ型天上に、オッタヴィアーノ・ネッリによって描かれた一五世紀始めのフレスコ画の連作に登場する。光輪によって聖人として示されるモニカは、アウグスティヌスを学校に送り出し、彼が読むあいだにも彼の救済を夢みて、司教に相談する。アウグスティヌスやアリピウスといっしょに彼女は、説教するアンブロシウスに耳を傾ける。アウグスティヌスは彼女に自分の回心を告げる。彼女は彼の洗礼に立ちあう。そして、アウグスティヌスは彼女の死の床に十字架をはこぶ[58]。同様に、サン・ジミニャーノ〔フィレンツェの南西にある都市〕にある隠修士会のサン・タゴスティーノ〔聖アウグスティヌス〕教会の、一四六〇年代にベノッツォ・ゴッツォーリによって描かれたフレスコ画では、モニカはアウグスティヌスを学校に送り出し、洗礼に立会い、死の床が示されている[59]。彼女は、それより早い時期の連作よりも、これらのフレスコ画でとくに有名だが、アウグスティヌスの生涯についてのすべての連作において、焦点はむろんアウグスティヌスにあり、彼女は、彼と彼女との聖性を示すもろもろのエピソードのなかに現れる。彼女は、ワイン樽をあさる子供としても世俗的な野心をもつ母親としても示されない。

ゴッツォーリがフレスコ画の連作を描く時代までに、オスティアで遺物のさらなる発見があった。『聖人たちのおこない』の編集者たちは、あきらかに納得せずに、オスティアの宗教的なひとたちが三世紀まえのゴーティエの活動について疑いなく沈黙を保ったと一言している。隠修士会士たちは、ローマの彼らの教会、サン・トリオンフェにこれらの骨を移す許可を与えられた。一四三〇年の枝の主日〔復活祭直前の日曜日、「棕櫚の主日」などとも〕に、「遷移（translation〔移しかえ〕）」（文字どおりには「向こう側にはこぶこと」を意味し、聖人のからだを動かすことをいう専門用語）がおこなわれ、アウグスティヌス隠修士会の修道士アンドレア・ビッリアによって記録された。モニカは新しい聖人ではなかったので、正式の「列聖」、つまり、栄光のなかに入ったので崇敬に値するひとびとのリスト（canon〔聖人名列〕）に登録されたという教皇による宣言の必要はなかった。しかしビッリアは、隠修士たちになされたある説教を、教皇マルティヌス五世〔在位一四一七―三一年〕に帰していて、そのなかで、ひとびとはモニカの名を知らなかったが、彼女がだれか気づいたとき、彼らは彼女の近くへと殺到して、癒しの諸奇跡が遷移とともに生じたと語られている[60]。モニカのもっとも熱烈な賞讃者は人文主義者マッフェオ・ヴェッジオで、彼がこの遷移のための命令を準備した。彼は、サン・タゴスティーノ教会に大理石の石棺をともなう聖モニカの礼拝堂を計画し、一四五五年のモニカの祝日に、この礼拝堂に第二回目の遷移がおこなわれた。ヴェッジオは、モニカへの自分の増しゆく献身的な傾倒を記述し、彼女自身の厳格な道徳的教育によって聖性へと準備された理想的な母親にして教師の手本として、彼女を利用した。彼の資料は大半が『告白』からだったが、『幸福の生について』も利用した[61]。一四四〇年に教皇は、祈りと慈善活動のための自発的な聖モニカ信者会（Confratenity of St. Monica）（いまもある）を承認した。そして一五世紀末、フィレンツェの聖モニカ女子修道院の修道女たちは、サント・スピリト〔フィレンツェの中心の一画〕の彼女たちの礼拝堂のために、女性たちのあいだに座るモニカを示す祭壇画を依頼された[62]。

モニカの受容史をたどることは、アウグスティヌスのお気に入りの句を借用すれば、長い探究と議論を要求する〔例えば、『詩篇講解』四・一〕。それはまた、多くの言語や文化的背景の専門知識を要求するだろう[63]。クラリッサ・アトキンソンが指摘しているように、モニカについての描写は、ほとんどだれもが見解をもつ主題である母性についての理想に依存し、これらの理想はしばしば、宗教的生活に身を献げる独身の男性たちのものだった。とくに彼らが子どもたちを育てることの実情からかくまわれていれば、母親と息子の関係が彼らにとって、とても重要だったのは理解しやすいことだ。不安な母親たちが助言を求めたとき、彼女たちは、モニカの絶え間ない祈りと涙という手本を提供されることができた。ピエール・クルセルは、主としてフランスの伝統において『告白』の文学的受容をたどる膨大な作業を遂行し、一二世紀からあとずっとモニカと、もっとも強く関係づけられるテーマは、「このような涙の息子は滅びることはできない」だということを見いだした。[64] 一九世紀の書物のなかではとりわけ、モニカは、自分の子どもたちを救おうと望む母親たちの、あるいは献身的な愛情をもつ母性は重要な仕事だと、また、身体的にや感情的に不在の息子たちとの接触をほんとうは自分たちは欠かなかったと再確認する必要がある母親たちの保護者となった。[65]

しかし、「このような涙の息子は滅びることはできない」は、ふつう『告白』の先だつことば、「立ち去りなさい」(三・一二・二一)から切り離される。このことばは重要だ。なぜなら、それが、アウグスティヌスのモニカの献身的愛情がいつもよく受けいれられたわけではないことを示すからだけでなく、自分たちが語ることの効果を知らないか意図しないひとたちをとおして神ははたらくというアウグスティヌスの主張を、もういちど強めもするからだ。

あなた〔神〕は彼女〔モニカ〕に、わたしがおぼえているもうひとつの返答を与えてくださった〔……〕、あなたの司祭、教会で育まれあなたの諸書〔聖書〕によって訓練されたある司教をとおして。彼女が彼に、どうかわたしに話をして、間違っていることからわたしを遠ざけ、わたしに善いことを教えてくださるようにお願いした(じっさい彼は、そうするのがふさわしいひとたちをたまたま見つけたら、それをおこなっていた)。彼は拒絶した、あとでわたしが気づいたように、とても賢明なことに。彼はいった、わたしはまだ教えられることができない、なぜならあの異端の新奇さで膨れあがらされて、あなた〔モニカ〕がわたし〔司教〕に告げたところによると、多くの未熟なひとたちをつまらない理屈をこねて悩ませているのだから、と。「けれども」と、彼はいった、「彼〔アウグスティヌス〕をそこにおいておきなさい。彼のためにひたすらに主に祈りなさい。それがなんという誤りか、どれほど大きな不敬虔か、彼は読んで発見するでしょう。」

彼は教えた、少年の自分も、惑わされた母によってマニ教徒たちに委ねられ、彼らのほとんどの書物を読んだばかりか、書き写しまでしたが、だれかがそれに反論も説得もしなかったのに、この分派はどれほど避けられなければならないか自分に明らかになり、自分がそうした〔避けるようになった〕ということを。彼がそう語り、彼女がそれを受けいれようとせず、懇願しさめざめと涙を流しながら、わたしと会ってわたしとそれを議論してくれるように、いっそう強く迫ると、彼はいくらかいらいらし、これにうんざりして、いった、「わたしのもとから去りなさい。あなたがいまのようなら、このような涙の子が滅びることはありえません。」自分はこのことばをあたかも天から響いたかのように聞いたと、わたしとの会話のなかで彼女はしばしば思い出したものだった。

（『告白』三・一二・二一）

なん世紀にもわたり、多くの他のひとたちが、これをあたかも天から響いたかのように聞いた。だが二〇世紀の始めに、フロイトとフロイト以後の心理学は、献身的な愛情をもつ母親の涙について、異なる解釈を提供した。ピーター・ウォルコットは、女性性（femininity）についてのフロイトの講義から題辞を取る。

母親は息子との関係によって無制約な満足をもたらされるばかりだ。これは、まったくもって、もっとも完全で、全人間関係におけるアンビヴァレンス〔どっちつかず〕からもっとも自由だ。母親は息子に、彼女自身のなかでのりこえることを余儀なくされた野心を移すことができ、彼女の男性コンプレックスにかんして、彼女のなかに残されたままのすべてについての満足を息子から期待することができる。

（ウォルコット一九九六年、一一四）[66]。

現代の読者たちは、四世紀のアフリカの社会や家族の諸様式とはひどく異なる、時間と場所の特定の状況のなかに、フロイトによる観察を位置づけたいかもしれない。だが、古典古代においても、母親たちは、息子たちを支配し操ろうとすると非難されていた。この解釈においては、「このような涙の息子」は、モニカの献身的な愛情によって制御され束縛されていた。

わたしたちはアウグスティヌスのモニカだけをもち、モニカ自身がなにを意図していたか語ることはできないが、アウグスティヌスのモニカこそが、アウグスティヌスがなにを感じていたか、あるいはなにを感じていると読者たちが考えることを彼が望んだのかを示している。彼のこころに描かれた読者たちは、息子たちが家を去るときに涙を流す献身的な愛情をもつ母親たちを、また、母親の死によって、家を去っていても悼まされる献身的な愛情をもつ息子たちを是認した。最期の病床でモニカが彼を善い息子（pium〔ピウム、忠実に訳すと「敬虔な孝行息子」（対格）〕）と呼び、こころを傷つけたり敬意を欠いたりすることばを彼が自分に投げるのを一度も聞いたことがないと、どのように彼女がいっていたのかを思い起こすことによって慰められるとアウグスティヌスは書いた（『告白』九・一二・三〇）。アウグスティヌスは、母と「母がとりわけて愛した[67]」息子との強烈な関係と、彼女が死んだときの息子の極限の悲嘆とについての彼の説明に危険信号を見るような読者たちをこころに描いてはいなかった。

ギャリー・ウィルズは指摘する、アウグスティヌスはじっさいには母親によって支配されてはいなかった、と。彼は青年時代の大半を家から離れていたし、彼女は彼のほとんどすべての著作に不在だからだ[68]。姦淫に反対する、とりわけ姦通に反対する彼女の警告を「女どもの小言」として払いのけ（『告白』二・三・七）、彼女のショックや継続的な悲嘆にもかかわらずマニ教徒にとどまり続けて（三・一一・一九）、自分が性や宗教にかんするモニカの強硬な見解を無視したことを、アウグスティヌス自身が報告している。モニカは、彼がイタリアへと去るとき取り乱して、彼をひきとめるために最善の努力をしたが、彼は行ってしまった（五・八・一五）。でもモニカはあとを追ったし、アウグスティヌスは、いまならとても見分けやすい心理学的な諸プロセスを見ることができなかった、あるいは気づかなかった可能性がある。自らの幼年時代〔七歳くらいまで〕、子供時代〔一四歳くらいまで〕、思春期〔二〇歳くらいまで〕を論じることにおいて、彼は古典期の著作家たちのなかでは例外的で、これらの経験にかんする推論のために、またモニカが勝ちとった論拠のために資料を提供する。モニカは息子の頑固な父親と入れ替わることに成功し（一・一一・一七）、アウグスティヌスは、父親の死を括弧に入れて文脈のそとに記し（三・四・七）、彼にとても愛されたパートナーを退けることに成功し、最終的には彼の性行為を克服することに成功したのだ。(69) アウグスティヌスによれば、彼女は、彼が受洗したキリスト教徒となり、篤信の夫にして父となることを希望していたが、独身でいるという彼の決断をいっそう喜んだ。

わたしたち［アウグスティヌスとアリピウス］はわたしの母のもとに行き、知らせました。彼女は喜びました。それがどのようにして起こったか語りました。母は躍りあがって、凱歌をあげ、あなた〔神〕を祝福し続けました。あなたは、わたしたちが乞い求めて理解する以上のことをおこなう力をおもちです。なぜなら母は、惨めな、涙ながらの嘆息とともにつねづね乞い求めていたものが、わたしについて、はるかに多く彼女に与えられたのを見たのですから。じっさい、あなたはわたしをあなたへと向けかえてくださいました、わたしがもう、妻やこの世のいかなるのぞみをも求めず、なん年もまえにあなたがわたしをそのうえで彼女に顕わにしてくださった信仰のあの定規のうえに立つために。また、あなたは、母の悲しみを、彼女が望んでいたよりもはるかに豊かに、喜びに変えてくださいました、しかもわたしの肉の孫たちに彼女が求めていたよりもはるかに多くの愛といっそう大きな貞潔とともに。

（八・一二・三〇）

アウグスティヌスのことばは、母親が彼の独身を喜ぶことを、子どもをこしらえる息子の能力を父親が喜ぶことに関連づける。アウグスティヌスが一五歳だったとき、近ごろマダウラの学校から戻されていたが、パトリキウスは浴場から帰って来て、自分たちの息子が性的成熟に達していることを、「自分がすでに孫たちを熱望しているかのように、わたしの母に、喜びながら知らせました」（二・三・六）[70]。ふり返れば、アウグスティヌスは、モニカが彼に道徳的な警告を与えるべきだったというよりも、早期の結婚を手配する心づかいがなかったといってモニカを非難した。結婚が彼のさらなる教育やキャリアを妨げるだろうという「恐れがそこにはあった。」両親ともに世俗的な成功に関心があったが、彼が考えたことには、モニカは彼の学問が彼を神に近づけることを期待していたのだ（二・三・八）。現代の読者たちは、パトリキウスがもたらした知らせへの彼女の反応について、モニカをいっそう非難しそうだ。「彼女は敬虔な恐れとおののきとともに、仰天した」（二・三・六）、そして「甚大な不安とともに」（cum sollicitudine ingenti〔クム・ソッリキトゥディネ・インゲンティ〕、二・三・七）姦淫に反対して、とりわけだれかの妻との姦通に反対して警告した。不安は、アウグスティヌスのモニカの特質だ。ミラノでは、彼女は断食の規則について不安だったし（sollicitudinem gerebat〔ソッリキトゥディネム・ゲレバット、「不安にさいなまれていた」〕、『手紙』三六・三二）、皇母によって脅威にさらされていたバシリカのために不安のなかで会衆を先導した（sollicitudinis . . . primas tenens〔ソッリキトゥディニス……プリマス・テネンス〕、「不安へ（の対処の）先頭を……占めた」〕『告白』九・七・一五）。アウグスティヌスは知っていた、自分の夫の傍らへの埋葬について、どれほど彼女がいつも気づかい（不安）で熱くなったか（quanta cura semper aestuasset〔クァンタ・クラ・センペル・アエストゥアセット〕、九・一一・二八）。今日の読者たちは、約束されたキャリアや家族のために意味をもつすべてを危険にさらす倫理的や霊的危険として彼女が見たものによってよりもむしろ、息子の性的ありかた（sexuality）によって不安にさせられたと考えがちかもしれない。

アウグスティヌスは、「彼女は敬虔な恐れとおののきとともに、仰天した」への違った返答を期待した。「恐れとおののき」とは、聖書からの一節だ（2コリント七・一五）。それは主への畏れに関連する。主への畏れは、知恵の始まりだ。アウグスティヌスはまだ洗礼を受けていなかったために、ひとびとは「彼をほうっておこう、彼にそうさせておこう」（二・一一・一八）といったが、モニカは彼にキリスト教の教えを思い出させた。彼女も性的行動の社会的危険にたいしても注意を払っていたし、とりわけ姦通に反対して警告する善い理由をもっていた。姦通は重大な犯罪だった。なぜなら、効果的な避妊法がないばあい、姦通をした妻は、自分の夫の資産の分け前を要求するだろう、別の男性の子どもを妊娠するかもしれなかった。さらに悪いことに、彼女の姦通は、彼女の子どもたちみなの嫡出にかんする疑いを浮上させた。このような疑いもまた、性的関係をもった結婚可能な女性の〔結婚の〕機会をしばしば台なしにしたので、もしアウグスティヌスが自由民〔つまり市民階級〕の女性と関係をもったとしたら、結婚を、そしてそれによって彼がタガステにおける社会的義務を分担することを強制されるかもしれなかった。アウグスティヌスはモニカの助言を退けた、自分の同輩の仲間たちのようにふるまおうと、あるいは少なくとも自分が彼らのようにふるまっているように見えるようにと、ひどく気づかっていたゆえに（二・三・七）。アウグスティヌスは、彼ら〔仲間たち〕が厳密にはなにをしていると言い張るのかを語らなかった。結婚している、あるいは結婚可能な女性たちを誘惑しようとしたのか、奴隷たちや低い階層の女性たちと性的関係をもったのか、それとも土地の売春宿に行ったのか。若い同時代人、ペラのパウリヌスは、十代の終わりのおのれの決意を記述した。culpa〔クルパ〕、すなわち道徳的な過失への、crimina〔クリミナ〕、すなわち法的な告訴を避けるために、「わたしは、いやがっている女性や他人に帰属していた［iuris alieni〔イゥリス・アィエニ、「他人の権利のもとにある」〕］女性をけっして追い求めない……し、彼女たち自身の選択で言い寄ってきた自由民〔の女性〕たちに屈しないように気をつけよう、わたしの自由になる家の〔女たちの〕魅力で［domus inlecebris famulantibus〔ドムス・インレケブリス・ファムランティブス、「家で召使いをしている魅力（的な女たち）で」〕満足して」（『感謝の詩（*Eucharisticus*）』一六一・八）。いいかえると、家の女奴隷たちにとどまれだ。パトリキウスは息子に、同様の助言をしていたかもしれない(71)。

アウグスティヌスについての心理学的な読解は、モニカのための形容詞の不安にさせる収集を提供する。すなわち、巧みにあやつる、所有欲の強い、圧制的な、厳格な、抑圧的な、支配的な、熱烈な(72)。これは、アウグスティヌスが彼女について書いたこととはひどく違っているが、心理学的な読解を提供するひとたちは、それは彼が知らずに顕わにしたことだ、あるいは彼女が知らずにふるまったやりかただと主張している。『告白』の読者たちは、「もしアウグスティヌスが助けを求めたら、こんにち精神科医はなんと結論（診断）をくだすだろうか」とたずねることには慎重であるべきだが、性的な罪を表現することにおいて、アウグスティヌスはあまりに行きすぎていると多くの読者は考えている。性的欲望の適切な使用は結婚のなかで子どもをもうけることだとする点で、彼は、彼の時代の、キリスト教徒と非キリスト教徒とのほとんどの哲学者たちに同意していたので、他のどんな使用も、理性にたいする欲望にとっての勝利となる(73)。だが、彼が信実をつくしたひとりの女性と、結婚のまえに生活することにおいて、彼の時代のもろもろの基準によれば、りっぱにふるまった（四・二・二）。しかしおそらくアウグスティヌス自身の性的な不安は、モニカによって負わされ、あるいは強められて、彼の独特の「原罪」の信念の一因となった。「原罪」とは、すなわち、最初の人間にして、人類の起源であるアダムに由来する罪のことだ(74)。

現代の用語では、原罪とは、悪へ向かう遺伝的傾向だ。アウグスティヌスは、罪の生物学的および心理学的伝達が受胎時にあると考えるようになった。子どもの生命は、罪を犯して神から離れ堕ちたアダムから受け継がれた父親の精液とともに始まり、精液は、父親が欲望に打ち負かされて自己の意識をすべて失ったときに放出される。[75]古代末期の医学理論では、支配的な見解は、胎児への母親の貢献は、受胎しなければ月経で流されるだろう血液だというものだった。母親も欲望を経験しなければ受胎は生じないというある医師たちの見解を、アウグスティヌスは共有していたかもしれない（論じなかったが）。[76]彼は、独身ほど善くはないが、それでも善いと考えていた。神は結婚を創案し、キリストはそれを是としたのだ。[77]結婚は、アウグスティヌスは、人間の性的反応は、罪に堕ちて神への従順から離れ去った、最初の人間たちの「堕罪」の結果を証明していると考えもした。身体は、もはやそれを導くべき理性に従わない。性的反応は、それが欲されないときに起こり、欲されるときには起こらない（『神の国』一四・一六）。ひとびとは、子どもを受胎することを決めることはできない。女性たちにとって、性交は侵略的で、出産は痛く苦しく、危険に満ちている（『神の国』一四・二六）。

正しく生きるための、また人間生活について考えるための彼らの努力において、いったいなにが現実的に作用していたのかを、いま、わたしたちは、アウグスティヌスよりも、あるいはモニカよりも、より善く知っているのか。ピーター・ブラウンは、心理学的な諸解釈について、次のように決定的なことばを語る。「現代心理学の、ほどよく洗練され理屈づけられた知識が、わたしたちが期待するべく導くだろう予期せぬ結合、細分化、解決は、歴史家をうまく避けてしまう。」脚注は親切に付加する、「わたしに知られている諸研究は〔……〕、歴史家としての適性を、心理学者としての感受性と結合することが、それが望まれるのと同じくらい困難だということを示している。[78]」「歴史家としての適正」は、社会的かつ知的背景への、そしてアウグスティヌスが『告白』全体をとおして引用し喚起した聖書への意識を含まなければならない。例えば彼の父親とのモニカの置換について、彼は書いた。

そのように、わたしも母も家中も信者でした、ひとり父を除いて。でも父は、母の信心の権利を、彼がまだ信じていないのと同じふうにわたしがキリストを信じないように、わたしのなかで抑えつけはしなかった。じっさい、母は、わたしの神よ、彼よりもむしろあなたがわたしの父となってくださることを確実にしようと努めていましたが、この点においてあなたは、母が彼女の夫に打ち勝つように助けてくださった。彼女は、まさっていたのに彼に仕えました。なぜなら、この点においても彼女は、秩序を与えてくださるあなたに仕えていました。

(『告白』一・一一・一七)

読者諸氏は、詩篇二六・一〇、「わが父とわが母はわたしを捨てたが、主がわたしを取りあげてくださった」に耳を傾け、アウグスティヌスが、「この点においてあなたは、母が彼女の夫に打ち勝つように助けてくださった」と、すなわち、彼のキリスト教信仰のこのきわめて重要な問題において、と強調することに気づく必要がある。彼は、モニカが他の方法で夫に打ち勝ったことを示唆しないように気づかった[79]。これらの警戒は、現代の読者たちが、アウグスティヌスの経験の彼自身による解釈と、彼によるモニカの表現とを受けいれなければならないことを意味しないし、彼の個人的な体験が、彼の神学的主張や、それらを表現するために彼が使うイメージに適っていないことを意味しない。それらは、アウグスティヌスと彼が想定した読者たちとが、母親たちについて違った期待をもっていたことを意味する。

アウグスティヌスにとってモニカの涙は、神への、そして息子への彼女の献身を示している。いまなお彼女は、自分の子どもたちについて不安な女性たちのための慰めの源泉だが、アウグスティヌスのモニカは、泣くことと祈ることばかりでなく、行動もとったし、アウグスティヌス自身の記述は、自分の息子にばかり焦点が当てられていたわけではない生涯を示している。これらのことは、多くの女性がはるかに広い範囲の機会を得ている時代にもっとも訴えそうな、モニカのもつ諸様相だ。かくてケイト・クーパーは、モニカの物語を、「見込みのない始まりだったが、生き生きとした想像力と個人的な思いやり〔温かさ〕の力で、遠く離れたとても小さな町から帝国の首都にまで歩を進めることができた［……］止められない、地方のヒロインによるもろもろの功業」と呼ぶ。(80) モニカは、おのれが得る機会をとらえた。四世紀後半において、賢い息子がいなければ、彼女はミラノへも、カルタゴへさえも、彼女の歩を進めることはなかっただろうし、わたしたちはアウグスティヌスがいなければ、パトリキウスの信心深く従順な妻を記念する墓碑銘の、たまさかの残存によるよりほか彼女のことを耳にすることもなかっただろう。おのれの人生について、あるいは女性たちの人生について、モニカがなにを考え、感じていたか、わたしたちは知らない。彼女は自分の娘を、自分が育てられたように厳しく育てたのか、自分の娘の結婚を整えるとき、彼女はどんな役割を果たしたのか、彼女は娘に、妻や母になることについてどんな助言を与えたのか。しかし、アウグスティヌスのモニカは示す、信仰において進歩し、家庭生活を少しでも善くしようとし、おのれの家族や友人たちのためにできるかぎりをおこなうある平凡な女性によって、いったいなにが達成されることができたのかを。ここにこそ、モニカを想い起こす価値がある。

注

第1章

(1) www.cassiciaco.it/navigazione/iconografia/cicli/cinquecento/scorel/ambrogio.html, 二〇一三年九月六日にアクセスされた。ヤン・スコレルはネーデルランドの出身。エルサレムへの巡礼の途中、一五二〇年に聖ステファン教会のために、アウグスティヌスの生涯からのいくつかの光景を含む大きな絵を描いた。

(2)「召使い(servant)」ではなく「奴隷(slave)」と訳すことについて、第三章を見よ。

(3) 手紙を含む、女性たちによって書かれたテキストについて、第四章を見よ。

(4) Duane Roller, *Cleopatora: A Biography* (2010); Marilyn Skinner, *Clodia Metelli: The Tribune's Sister* (2011); Hagith Sivan, *Galla Placidia: The Last Roman Empress* (2011); Elizabeth Carney, *Arsinoë of Egypt and Macedon: A Royal Life* (2013); Barbara Levick, *Faustina I and II: Imperial Women of the Golden Age* (2014); Josiah Osgood, *Turia: A Roman woman's Civil War* (2014).

(5) *CIL* (*Corpus Inscriptionum Latinarum*〔『ラテン語碑文集成』〕) 8. 5366. 女性の慈善家について、Emily Hemelrijk, 'Public Roles for Women in the Cities of the Latin West', in Sharon James and Sheila Dillon, eds., *A Companion to Women in the Ancient World* (2012), pp. 478-90を見よ。アニア・アエリア・レスティトゥタ(p. 483)は、カラマのflaminica〔フラミニカ〕(伝統的宗教の女性神官)で、劇場のために気前のよい寄付をした。アフリカの他の例については、pp. 486-7.

(6) 三七〇年代初期、ローマの軍隊はマウレタニアのヌベル王の息子フィルムスと戦ったが、これはモニカの地域の西部からは離れていた。三八七年の内戦との遭遇について、この章を見よ、そして宗教的紛争については第五章を見よ。政治的な情勢(三三一—八七年のモニカのというよりは、三五四—四三〇年のアウグスティヌスの生涯の)については、Christopher Kelly, 'Political History: The Later Roman Empire', in Mark Vessey ed., *A Companion to Augustine* (2012), pp. 11-23を見よ。その時期の政治・社会史については、Averil Cameron, *The Later Roman Empire AD 284-430* (1993), より詳細については、Averil Cameron and Peter Garnsey, eds., *The Cambridge Ancient History XII: The Late Empire, AD337-425* (1997) を見よ。

(7) *ILS*〔『ラテン語碑文選集』〕8394 = *CIL* 6. 10230, Mary Lefkowitz and Maureen Fant, *Women's Life in Greece and Rome*, 3rd ed., n. 43, p. 18 (2005) に訳されてもいる。さらに、Hugh Lindsay, 'The *laudatio Murdiae*: Its Content and Significance', *Latomus* 63 (2004), pp. 88-97 (Josiah Osgood に負う参照箇

所）を見よ。女性たちの富について、第三章を見よ。

（8）テキストは不完全だ（Lindsay 2004: 91）。この徳のリストのなかでは意外な「羊毛の仕事（wool-working）」について、第二章を見よ。

（9）モニカの生涯のこれらの側面のすべてが、あとで論じられる。財務については第二章で、モニカの旅は本章で、皇帝の軍隊との対決については第五章で。

（10）Gillian Clark, *Late Antiquity: A Very Short Introduction*〔足立広明訳『古代末期のローマ帝国——多文化の織りなす社会』〕（2011）、時期の範囲について、pp. 1-12〔邦訳一一—二八頁〕、テキストの残存については、pp. 43-44〔同七四—六頁〕。

（11）Tomas Hägg, *The Art of Biography in Antiquity* (2012) は、とくに八頁と三八六頁で洞察力に富むコメントを提供する。Carolinne White, *Lives of Roman Christian Women* (2010) における諸実例も。さらに第六章を見よ。

（12）Gillian Clark, *Christianity and Roman Society* (2004), pp. 60-77における短い説明。禁欲主義の変化する概念にかんして、Peter Brown, *The Body and Society* (1988)、また、四世紀の論争にかんして、David Hunter, *Marriage, Celibacy and Heresy in Ancient Christianity* (2007). さらに第五章を見よ。

（13）もっともよく知られた諸例について、第六章を見よ。

（14）ミラノの教会を接収するための皇母ユスティナによる攻撃について、第五章を見よ。

（15）妻たちの、夫への「服従」について、第三章を見よ。

（16）ローマ市とアフリカでの、キリスト教の死者たちへの記念におけるジェンダーの同等性について、Dennis Trout, '*Fecit ad astra viam*: Daughters, Wives, and the Metrical Epitaphs of Late Ancient Rome', *Journal of Early Christian Studies* 21. 1 (2013), 1-25 の p. 14および pp. 21-22は伝統的なテーマにかんする。標準的な墓碑銘の内容について、Brent D. Shaw, 'Latin Funerary Epigraphy and Family Life in the Later Roman Empire', *Historia* 33 (1984), 457-97の p. 467.

（17）Elizabeth Clark, 'The Lady Vanishes: Dilemmas of a Feminist Historian after the "Linguistic Turn"', *Church History* 67. 1 (1998), 1-31はとりわけ影響力がある。アウグスティヌスのテキストにおける「モニカの諸機能」についての彼女の議論について、'Rewriting Early Christian History: Augustine's Representation of Monica', in Jan Drijvers and John Watt, eds., *Portraits of Spiritual Authority* (1999), pp. 3-23.

（18）地図「モニカの世界」を見よ。また、さらなる情報について、William Klingshirn, 'Cultural Geography: Roman North Africa', in Vessey（注6を見よ）, pp. 24-39。詳細な地図は、オンラインが役立つ、www9.georgetown.edu/faculty/jod/augustine/（二〇一三年六月一四日にアクセスされた）、'Augustine's Africa' という表題のもとの 'Research Materials and Essays' に含まれる。

（19）モンニカはベルベル人か、どのような意味でベルベル人か、ということについて、第五章を見よ。「モンニカ」が専門家たちによって使われることが多くなっているが、この本では、「モニカ」がより広く認められているという編集者たちの見方を受けいれた。

(20) 参事会のための奉仕について、第二章を見よ。

(21) 第四章を見よ。

(22) Gillian Clark, *Women in Late Antiquity* (1993), pp. 80-81.

(23) 年長のメラニアについて、Palladius, *Lausiac History* 46. 1、年少のメラニアについては、同 61, 3.

(24) Brent D. Shaw, “The Age of Roman Girls at Marriage: Some Reconsiderations’, *Journal of Roman Studies* 77 (1987), 30-46.

(25) 以下が計算だ。アウグスティヌスは、母親が五五歳で死んだとき、三二歳だった（『告白』九・一一・二八）、だから彼が生まれたとき、彼女は二三歳だった。パトリキウスは、アウグスティヌスが一八歳になる二年まえに死んだ（『告白』三・四・七）。

(26) 名づけの実例について、第五章を見よ。殉教者ペルペトゥアについては、第四章を見よ。偽アウグスティヌスの手紙は、『聖人たちのおこない（*Acta Sanctorum*）』〇五、五月、一、四八〇―一頁に含まれている〔モニカの祭日は、かつては五月四日だった〕。さらに第六章を見よ。

(27) モニカについて、第四章、第五章を見よ。バシリウスとグレゴリウスが、結婚した姉妹たちの生に興味をもたないで遠ざけたのか、それとも単に情報を欠いたのかについて諸見解は異なる。Raymond Van Dam, *Families and Friends in Late Roman Cappadocia* (2003), p. 94.

(28) モニカの家と日々の生活については、第二章を見よ。

(29) このことの意味するところについて、第六章を見よ。

(30) マダウラ（いまムダウルク）について、Claude Lepelley, *Les cités de l'Afrique romaine*, Vol. 2. (1978), 126-39を見よ。その町は、弁論家にして哲学者、そして小説『黄金のロバ（*Asinus Aureus*）』（『変身物語（*Metamorphoseos*）』とも）の作者アプレイウスの故郷として有名だった。

(31) エメリアと彼女の家族について、第六章を見よ。

(32) Van Dam（注22を見よ）、pp. 100-1.

(33) 法律上の後見人としての女性たちについて、A. Arjava, *Women and Law in Late Antiquity* (1996), pp. 89-94を見よ。

(34) Patric Clark, ‘Women, Slaves and the Hierarchy of Domestic Violence’, in Sandra Joshel and Sheila Murnagahn, eds., *Women and Slaves in Greco-Roman Culture* (1998), pp. 109-29 および Leslie Dossey, ‘Wife-Beating and Manliness in Late Antiquity’, *Past and Present* 199 (2008), 3-40.

(35) ヒュパティアについての本が、このシリーズで待望されている。

(36) それの預言者マニにちなんで名づけられたマニ教思想について、第五章を見よ。

(37) 彼らのリーダーのひとり、ドナトゥスにちなんで名づけられたドナトゥス派について、第五章を見よ。

(38) アレクサンドリアの司教アリウスにちなんで名づけられたアリウス派について、第五章を見よ。

（39）心理学的アプローチの例として、Peter Walcot, ‘Plato's Mother and Other Terrible Women’, in Ian McAuslan and Peter Walcot, eds., *Women in Antiquity*, 114-33 (1966) を見よ。pp. 126-30がモニカについて。Judith Chelius Stark, ed., *Feminist Interpretations of Augustine* (2005) 所収のエッセイは、個人的なことと神学的なこととをまとめ、彼の女性たちとの個人的関係と、彼の経験とその神学的見解とのあいだの結びつきとについて異なる視野を提供する。

（40）Kim Power, *Veiled Desire: Augustine's Writing on Women* (1995), p. 265, n. 121. Power の、モニカについての全体的な評価はとても肯定的だ（p. 92）。

（41）涙について、Thorsten Fögen, ed., *Tears in the Graeco-Roman World* (2009) および Philip Burton, *Language in the Confessions of Augustine* (2007), pp. 151-64を見よ。

（42）O. Perler, *Les Voyages de Saint Augustin* (1969) は古典的な研究。アウグスティヌスの陸上の旅は、彼の書簡や説教の時期を決める助けになる。彼の旅にかんする地図について、Klingshirn（注6）, p. 31を見よ。

（43）第五章を見よ。

（44）第四章を見よ。

（45）旅の諸状況について、Stéphanie Guédon, *Le voyage dans l'Afrique romaine* (2010) を見よ。輸送や滞在地について pp. 80-99, 危険性については pp. 167-180.「陸と海を越える旅」は、この章の後半で論じられている。

（46）さらには第四章を見よ。

（47）古代後期の教育について、Robert Kaster, *Guardians of Language: The Grammarian and Society in Late Antiquity* (1988) および Raffaella Gribiore, *Gymnastics of the Mind* (2001) を見よ。さらに第四章を見よ。

（48）「哲学的な生」にかんする諸理念のアウグスティヌスにおける発展について、Gillian Clark, ‘Philosopher: Augustine in Retirement’, in Vessey（注6を見よ）, pp. 257-69を見よ。

（49）ポシディウスは、アウグスティヌスの生涯を書くことにおいて彼自身の課題があった。Erika Hermanowicz, *Possidius of Calama* (2008) を見よ。

（50）司教に期待されたことについて、Claudia Rapp, *Holy Bishops in Late Antiquity* (2005) を見よ。「重荷」の内実について、Neil McLynn, ‘Administrator: Augustine in His Diocese’, in Vessey（注6を見よ）, pp. 310-22を見よ。

（51）James J. O'Donnell, *Augustine: Sinner and Saint* (2005), p. 58を見よ。

（52）James J. O'Donnell, *Augustine: Confessions* (1992), 1. xli-li および Gillian Clark, *Augustine: Confessions 1-4* (1995), pp. 4-8 の短い説明。自身の洗礼とモニカの死までのアウグスティヌスの生涯を物語る第一巻—第九巻の、記憶と時を論じる第一〇巻—第一一巻および創世記の創造のナラティヴを論じる第一二巻—第一三巻との関係について、多くの論争がある。ある学者たちは、第一〇巻—第一三巻は、その後三、四年のうちに付加されたと考える。

（53）『手紙』二一三・四で、アウグスティヌスは、自分自身の後継者のための準備をしながら説明した。「祝福された記憶のなかのわが父にして司教ウァレリウスは、まだ身体のうちにあって老人だったとき、わたしは司教に任命されて、彼とともに［権威の座に］座った。このことがニカエアの公会議で禁じられていたことをわたしは知らなかったし、彼も知らなかった。」三二五年にコンスタンティヌス大帝によって招集されたこの司教たちによる公会議は、世界規模の権威をもつと思われていたが、実際問題として、それの支配はしばしば軽視されたり、知られても信頼されなかったりした。

(54) O'Donnell（注52を見よ）1. xli. この経験は、『神の国』二二・八における、痔瘻のために第二の手術を必要とし、奇跡的に治癒せしめられたある友人についての、アウグスティヌスの深く同情する記事を説明する助けになる。

(55) Peter Brown, *Augustine of Hippo* (1967, rev. ed. 2000), p. 158およびO'Donnell（注52を見よ）, 1. xliv.

(56)「オスティアの見神」として知られるそのエピソードについて、第四章を見よ。

(57) Joanne McWilliam, 'The Cassiciacum Autobiography', *Studia Patristica* 18. 4 (1990), 14-43. アウグスティヌスの生涯で構成された、ローマのサンタ・サビーナにあるモザイク画は、Ecclesia Mater〔エクレシア・マテル〕（母なる教会）を、寡婦か修道女の黒ずんだ装いの、書物をもつ女性として示している。F. Van der Meer, *Augustine the Bishop* (1961), p. 200の対面の挿絵を見よ。

(58) Garry Wills, *Augustine's Confessions A Biography* (2011), p. 14は、アウグスティヌスが、モニカの死の時期に彼が書いた彼女への讃辞を、『告白』第九巻に挿入したと考えるひとたちのひとりだ。アウグスティヌスが初期の素材を使ったのなら、彼はそれを『告白』のスタイルとテーマに沿うように手を入れた。

(59) 司教の慈善リスト（matricula〔マトリクラ〕）への資格を得るために、ひとびとは、他の援助を欠く篤信のキリスト教徒である必要があった。

(60) そのような実践について、Theo de Bruyn and Jitse Dijkstra, 'Greek Amulets and Formularies from Egypt Containing Christian Elements', *Bulletin of the American Society of Papyrologists* 48 (2011), 163-216.

(61) 殉教者たちにかんするアウグスティヌスの説教について、Elena Martin, 'Commemoration, Representation and Interpretation: Augustine of Hippo's Depictions of the Martyrs', in Peter Clarke and Tony Claydon, eds., *Saints and Sanctity* (2011), pp. 29-40.

(62) 子供時代のもろもろの物語' Christopher Pelling, 'Childhood and Personality in Greek Biography', in C. Pelling, ed., *Characterization and Individuality in Greek Literature* (1990), pp. 213-44.

(63) 第三章を見よ。

(64) さらに第三章を見よ。

(65) キリスト教徒たちと奴隷制について、さらに第三章を見よ。

（66）Keith Bradley, *Discovering the Roman Family* (1991), pp. 52-55.

（67）*Sermo de sobrietate et castitate*（節酒と貞潔についての説教）, *PL (Patrologia Latina)* 40, 1110-11. さらに第二章を見よ。

（68）葬式の宴会について、Éric Rebillard, *The Care of the Dead in Late Antiquity* (2009), pp. 142-53を見よ。カルタゴ（聖キプリアヌスを祝う）やヒッポ（町の守護者聖レオンティウスを祝う）の、酒を飲み騒ぐ殉教者祭については、Serge Lancel, *St. Augustine* (2002), pp. 156-8を見よ。

（69）Virginia Burrus はそれを、「階級間の軋轢によって枠づけられた、子供時代のアルコール依存症」と表現している。*The Sex Lives of Saints* (2004), p. 83.

（70）モニカが宝物にしたことばを語った司教について、第六章も見よ。司教がそれらのことばを語ったのは、モニカのしつこさにうんざりして、彼女に去って欲しかったからだ〔『告白』三・一二・二一〕。

（71）受胎において遺伝される「原罪」について、第六章を見よ。

（72）「カット・アンド・ペースト」のテクニックについて、Caroline Humfress, 'Controversalist: Augustine in Combat', in M. Vessey（注6を見よ）, pp. 323-35の、とくにpp. 329-30を見よ。

（73）さらに第六章を見よ。

（74）アウグスティヌスとウェルギリウスについて、さらにSabine MacCormack, *The Shadows of Poetry* (1998) を見よ。とくにディドについてpp. 97-9.

（75）第四章を見よ。

（76）Noveram quanta cura semper aestuasset.〔ノウェラム・クァンタ・クラ・セムペル・アエストゥアッセット（どれほど気づかっていつも彼女が熱くなっていたか、わたしは知っていた。）〕

（77）夫と妻を一緒に埋葬することについて、第六章で引用されるアウソニウスの、自身の母親についての詩をも見よ。

（78）第四章を見よ。

（79）その献身的な愛情が誤って導かれる母親たちについて、さらに第六章を見よ。

（80）第六章を見よ。

（81）O'Donnell（注51）は、わたしたちがアウグスティヌスを知ると考えないように、救いとなる警告を与える、わたしたちが知るものは、アウグスティヌスによる諸書だ、と。

（82）第六章を見よ。

（83）母親たちや子どもたちについて、Suzanne Dixon, *The Roman Mother* (1988) および Gillian Clark, 'The Fathers and the Children', in Diana Wood, ed., *The Church and Childhood: Papers Read at the 1993 Summer Meeting and the 1994 Winter Meeting of the Ecclesiastical History Society* (1994), pp. 1-27を見よ。

第Ⅰ章

（1）混浴についてのあいいれない証言について、Garrett Fagan, *Bathing in Public in the Roman World* (1999), pp. 26-9, 公衆浴場についての考古学的な証拠については、Yvon Thébert, *Thermes romains de l'Afrique du Nord* (2003).

（2）『規則』五・七。この「規則」の男性版と女性版が異なるのは、文法的ジェンダーの点と「兄弟たち」への言及か「姉妹たち」への言及かという点だけで、与えられる忠告の点では異ならない。その文書をだれがいつまとめたのか決めるのはむつかしい。そのテキストの複雑さについて、George Lawless, *Augustine of Hippo and his Monastic Rule* (1987) を見よ。

（3）Luuk de Ligt, *Fairs and Markets in the Roman Empire* (1993), pp. 155-98.

（4）ゲロンティウスと呼ばれた司祭が、メラニアの『生涯（*Vita Melaniae*）』を書いた。*The Life of Melania the Younger* として、Elizabeth A. Clark によって注を付されて訳された。聖なる女性たちの生涯について、第六章を見よ。

（5）ドナトゥス派について、第五章を見よ。

（6）Leslie Dossey, *Peasant and Empire in Christian North Africa* (2010), pp. 62-77.

（7）その道の経路は、S. Lancel, *St. Augustine* (2002), p. 23. アウグスティヌスは『告白』六・九・一四で、カルタゴの銀細工師たちの街路に言及する。

（8）よい妻への賞讃は、第三章に引用される。女性の経済活動のいくつかの例について、Gillian Clark, *Women in Late Antiquity* (1993), p. 94 を見よ。

（9）Lancel（注7）, p. 4を見よ。そこにそのローマ時代の町がどのように見えたのかについて、いくつかの示唆がある。

（10）リビア語や他の土地の諸言語について、第五章を見よ。

（11）C. Lepelley, *Les Cités de l'Afrique romaine au bas-empire.* Vol. 2 (1978), 175-84 のなかに、証拠が集められている。

（12）Kim Bowes, *Houses and Society in the Later Roman Empire* (2010), p. 11. Margherita Carucci, *The Romano-African Domus* (2007) は、アフリカの柱廊式諸住宅、すなわち、柱廊で囲まれた中庭をともなう諸住宅のカタログを含む。Jo Quinn のアドバイスに感謝。

（13）Bowes（注12）, pp. 17-18.

（14）アフリカの定住地の複雑な景観について、Kim Bowes, *Private Worship, Public Values and Religious Change in Late Antiquity* (2008), p. 128 と pp. 162-9. 彼女は、そこにはエリートの家屋は多くはないと注記し（p. 163）, Lisa Nevett, *Domestic Space in Classical Antiquity* (2010), p. 138 は、考古学上の調査がエリートの邸宅よりもむしろ、農場——ときには防備が施された——を発見してきたことを確認している。

（15）Paul Veyne, ed., *A History of Private Life* 1 (1987), pp. 319-409 で Yvon Thébert は、町のプランと、家屋のプランと、家屋のなかの空間の扱いにかんする有益なコメントとを提

供する。彼は、「支配階級の都市の家々」(p. 319)——きちんとは定義されていないカテゴリー——に関心を寄せている。

(16) 短い距離や長い距離の移送手段は、Stéphanie Guédon, *Le voyage dans l'Afrique romain* (2010), pp. 80-2. アウグスティヌスのある友人は、病気のネブリディウスのための車輪をもつ快適な移送手段として basterna〔バステルナ、覆いのある輿か〕を薦めた(『手紙』一〇・一)。

(17) カシキアクムのヴィラについて、第四章を見よ。

(18) Richard Finn, *Asceticism in the Greco-Roman World* (2009), p. 148.

(19) この区域のプランと議論について、Lancel(注7), pp. 240-4を見よ。

(20) 『規則』四・二、四・五—六。その〔文書の〕諸困難について、注2を見よ。

(21) Alexandra Croom, *Running the Roman Home* (2011) は、諸テキスト、考古学上の証拠、他の諸文化との比較、さらに実験を利用する。

(22) Clark(注8), pp. 98-105.

(23) 偽アタナシウス「シュンクレティカの生涯」、三〇および六〇。Vincent Wimbush and Richard Valantasis, eds., *Ascetic Behavior in Greco-Roman Antiquity* (1990), pp. 265-311所収のElizabeth Castelli による翻訳を見よ。

(24) Thébert(注15), pp. 392-405は、装飾を考察して、モザイクにおけるキリスト教的モチーフの不在を認める(p. 397)。モザイクや好みの変化についての一般的な問について、Birte Poulsen, 'Patrons and Viewers: Reading Mosaics in Late Antiquity', in Stine Birk and Birte Poulsen, eds., *Patrons and Viewers in Late Antiquity* (2012), pp. 167-87を見よ。

(25) 布地の重要性について、Henry Maguire, 'The Good Life', in G. Bowersock, P. Brown, O. Grabar, eds., *Late Antiquity: A Guide to the Postclassical World* (1999), pp. 238-57の pp. 239-40を見よ。

(26) *Arethusa* 45. 3 (Fall 2012) の *Collectors and the Eclectic: New Approaches to Roman Domestic Decoration* についての特集号、ゲスト・エディター Francesca C. Tronchin に所収。諸論文は、一世紀イタリアの時代状況のなかのポンペイという例外的な事態に焦点をおいている。

(27) このエピソードについて、第六章を見よ。

(28) アフリカの町々における水の管理について、G. Charles-Picard, *La civilisation de l'Afrique romaine*, 2nd ed., (1990), pp. 178-82を見よ。より多く浴場が建てられたことについて、Dossey(注6), pp. 81-82.「ドミヌス・ユリウス」モザイクの、浴場かもしれない建物は、Nevett(注14), p. 122.

(29) さらに、Barry Hobson, Latrinae et foricae: *Toilets in the Roman World* (2009) を、また、カシキアクムの家について、第四章を見よ。

(30) 神殿での食事への招待について、第五章を見よ。

(31) Thébert(注15)は、アフリカの家屋のひんぱんな改造についてコメントする。

（32）古代後期の住まいについて、アフリカのいくつかの実例とともに、Leslie Dossey, 'Sleeping Arrangements and Private Space', in David Brakke, Deborah Deliyannis and Edward Watts, eds., *Shifting Cultural Frontiers in Late Antiquity* (2012), pp. 181-97を見よ。Nevett（注14）pp. 119-41は、アフリカのモザイクを、所有者の価値観を表現している家屋の事例研究として利用する。

（33）cubiculum〔クビクルム、寝室〕の使用について、Carucci（注12）pp. 73-82を見よ。

（34）第四章を見よ、また、スペースの、ジェンダーに特有の使用の議論について、Lin Foxhall, *Studying Gender in Classical Antiquity* (2013).

（35）Dossey（注32）pp. 188-91, 家屋の間取りをともなう。

（36）Offertur mihi, verbi gratia, birrus pretiosus: forte decet episcopum, quamvis non deceat Augustinum, id est, hominem pauperem, de pauperibus natum. Modo dicturi sunt homines, quia induo pretiosas vestes, quas non possem habere vel in domo patris mei, vel in illa saeculari professione mea.

（37）Caroline Humfress, 'Poverty and Roman Law', in Margaret Atkins and Robin Osborne, eds., *Poverty in the Roman World* (2006), pp. 183-203の pp. 198-200.

（38）場所の違いにおける変化は、A. H. M. Jones, *The Later Roman Empire*, 3 vols. (1964), 737-57.

（39）メラニアについて、注4を見よ。

（40）都市参事会員の資格と除外について、Jones（注38）。

（41）パトリキウスの死へのこの短い言及と、モニカの死におけるアウグスティヌスの悲嘆の長い説明とのあいだの違いを、読み手たちはしばしば注記している。第六章を見よ。

（42）家計へのモニカの差配について、第一章を、また、妻たちの切り離された資産については、第三章を見よ。

（43）Lepelley（注11）2, pp. 181-2.

（44）これらの仕事のすべてについて、Croom（注21）を見よ。

（45）Lena Larsson Lovén, 'Wool Work as a Gender Symbol in Ancient Rome', in C. Gillis and M. -L. Nosch, eds., *Ancient Textiles: Production, Craft and Society* (2007), pp. 229-36は 紀元一世紀のアウグストゥスの時代までの物語をとりあげている。

（46）第一章で引用されて論じられた。

（47）アウグスティヌスが説教のなかで用いたイメージの範囲について、Suzanne Poque, *Le langage symbolique dans la prédication d'Augustin d'Hippone* (1984)を見よ。コペンハーゲンの Textile Research Centre の最近の仕事にかんするアドバイスについて、Mary Harlow に感謝する。織ることや衣服を作ることについて、Alexandra Croom, *Roman Clothing and Fashion*, 2nd ed. (2010), pp. 16-30をも見よ。

（48）Lovén（注45）, p. 232. 紀元二世紀に書いたストア哲学者のヒエロクレスは、彼らの男らしさに配慮しなければ、羊毛のそれを含むいくつかの家の仕事を男性たちが分担してはならない理由を見なかった。Stobaeus 4.85.21, in Ilaria Ramelli, *Hierocles the Stoic* (2009), p. 95.

(49) 酔っ払う妻たちの危険について、第一章を見よ。

(50) J. -M. Carrié, 'Vitalité de l'industrie textile à la fin de l'antiquité', in *Antiquité Tardive* 12 (2004), pp. 13-43は、*Tissus et vêtements dans l'Antiquité tardive* の特に重要な論点のための価値のある序説的な探究だ。

(51) Andrew Wilson, 'Timgad and Textile Production', in D. Mattingly and J. Salmon, eds. (2001), *Economies beyond Agriculture in the Classical World*, pp. 271-96.

(52) この訳は、pensa et foragines〔ペンサ・エト・フォラギネス〕を説明している。フェストゥスの辞典〔二世紀に作成された、アウグストゥスの時代の Verrius Flaccus の手になる *De significatu verborum*（『もろもろのことばの意味』）の簡略版〕は説明している、forago〔フォラゴ、foragines の単数〕は女性の織り手たちが一日の作業をする〔量の〕糸だと〔なお、pensa は「紡がれるための羊毛の一日の割り当てをいうことば pensum（ペンスム）の複数」〕。

(53) Clark（注8）, pp. 105-6. 可視的な証拠の諸制約について、Mary Harlow, 'Introduction', in M. Harlow, ed., *Dress and Identity* (2012), pp. 1-5.

(54) Croom（注47）, p. 161.

(55) 家庭内暴力について、第三章を見よ。

第三章

(1) このエピソードについて、第一章を見よ。

(2) アウグスティヌスは、ここへの注で引きあいに出される1ペトロ三・一を活かしている。

(3) 自由民の貧者になされる体罰の増加について、Peter Garnsey, *Social Status and Legal Privilege in the Roman Empire* (1970) を見よ。

(4) 「婚姻ギフト」と婿資の違いについて、Antti Arjava, *Women and Law in Late Antiquity* (1996), pp. 52-62.

(5) 所有者たちは、奴隷同士の夫婦関係、contubernium〔コントゥベルニウム〕を認めることができたが、その夫婦や子どもたちを別々に売ることもできた。所有者たちは、奴隷が財を蓄えてやがて自由を買い取るために peculium〔ペクリウム〕と呼ばれる資産を使うことを許可できたが、原則として peculium は主人が所有した。

(6) 女性による相続について、Arjava（注4）, pp. 62-73, 財産分離については同 pp. 133-46を見よ。

(7) Judith Evans Grubbs, *Law and Family in Late Antiquity* (1995), pp. 140-7. 証拠のほとんどは六、七世紀のエジプトに由来する。Joelle Beaucamp, *Le statut de la femme à Byzance 4e-7e siècles*. 2 vols (1990), 2.128-9.

(8) コンスタンティヌス帝の法の文脈について、Evans Grubbs（注7）, pp. 225-60. 離婚法の変更については、Gillian Clark, *Women in Late Antiquity* (1993), pp. 17-27, さらに充実した議論は Arjava（注4）, pp.177-89.

(9) よくあることではないが、ときには、離婚後も子どもたちは自分たちの母のもとにとどまった。Arjava（注4）, pp. 86-7.

（10）女給について、『テオドシウス法典』九・七・一、三二六年。女将たちは、あまり人目にさらされていないから、結婚できた。

（11）さらに第五章を見よ。

（12）姦通について、Evans Grubbs（注7）, pp. 203-25.

（13）Clark（注8）, pp. 84-8.

（14）アウグスティヌスとそのパートナーには、一三年間の交際の最初の年に誕生したアデオダトゥス以外に子どもはなかった。この一三年間のほとんどのあいだ、アウグスティヌスはマニ教徒で、おそらくは、魂を肉体に閉じこめることだから出産は避けるべきだという信念を共有していた（第五章を見よ）。しばしば、アウグスティヌスはマニ教徒たちから学んだ避妊術を使ったと提案されるが、彼はけっしてそう告白してはいないし、彼のパートナーが難産で不妊になった可能性もある。

（15）David Hunter, 'Augustine and the Making of Marriage in Roman North Africa', *Journal of Early Christian Studies* 11.1 (2003), 63-85 は、アウグスティヌスはキリスト教の結婚式にかんしてなにも証言していないが、tabulae を中心的なものとみなしていることを示している。

（16）創世記二・二四、マタイ一九・五で、イエスによって引用された。

（17）1ペトロ三・一―二。アブラハムとサラの物語を語る創世記は、彼女が彼にしたがい、彼を主人と呼んだとは言っていない。

（18）James J. O'Donnell, *Augustine: Confessions* III. 412-13,『告白』一三・三二・四七にかんする箇所。

（19）箴言三一・一〇―三一。翻訳は様々。この訳は the Revised English Bible から。その訳の簡明さから選んだが、「彼女の価値はルビーをもこえる」ということばがないのは残念。箴言はいくつかの言い習わし（格言）を集めたもので、その年代を特定するのはむつかしい。

（20）創世記三・一六。アンブロシウス『ヘクサメロン（*Hexaemeron*）』五・七・一九。アウグスティヌスとの対照は Kim Power, *Veiled Desire* (1995), p. 124によってなされている。

（21）Eleanor Dickey, *Latin Forms of Address: from Plautus to Apuleius* (2002), pp. 77-109 (pp. 321-2に要約) は、現存する最初期のラテン語テキストからアプレイウス（紀元二世紀）までの、domine の複雑さについて論じている。

（22）ここでいっているのは、「使用人（servant）」なら、家事の奉仕への態度が変わるゆえに、そして古典古代の奴隷は手工業者から腹心の秘書や事業管理者まではるかに広い範囲の職務をおこなっていたゆえに、その問題を解消するということではない。帝室の奴隷は裕福で影響力のある役人だっただろう。

（23）最も重要な文言は、Peter Garnsey, *Ideas of Slavery from Aristotle to Augustine* (1997), pp. 206-19 で引用され、論じられている。

（24）第四章を見よ。

(25) 女性は理性においてより弱いわけではないと主張する哲学者について、第四章を見よ。

(26)『創世記〔七書の第一〕についての諸問題』一・一五三、創世記四六・三二―三四について。

(27) 創世記三・一六。エルサレム聖書訳。

(28) Carol Harrison, *Augustine: Christian Truth and Fractured Humanity* (2000), pp. 160-77 は、女性にかんして論じるアウグスティヌスについての、簡明で鋭い説明を提示している。フェミニスト批評を概観するには、E. Ann Matter, 'Christ, God and Woman in the Thought of St Augustine', in Robert Dodaro and George Lawless, eds., *Augustine and His Critics* (2000), 164-75 を見よ。

(29) アウグスティヌスの同時代人ヨハネス・クリュソストムスは、自分たちの奴隷をぶつようにしょっちゅう夫にたのむ女性たちのことを嘆いている。Joy Schroeder, 'John Chrysostom's Critique of Spousal Violence', *Journal of Early Christian Studies* 12 (2004): 413-42 の pp. 422-3.

(30) W. V. Harris, *Restraining Rage* (2004), ローマの家族における怒りと暴力については、とりわけ pp. 307-16. 彼は、哲学者たちは妻や子に怒ることについてあまり語っていないと特筆している。

(31) Gertrude Gillette, 'Anger and Community in the *Rule* of Augustine', *Studia Patristica* 70 (2013), 591-600.

(32) Schroeder（注29）, p. 426は、男性は女性たちをぶつべきではなく、妻でない女性ならとりわけそうだという彼の主張を明示している。Leslie Dossey, 'Wife-Beating and Manliness in Late Antiquity', *Past & Present* 199 (2008), 3-40は、西ローマ帝国と東ローマ帝国のあいだの態度の違いを論じている。

(33) Wolf Liebeschuetz, *Ambrose and John Chrysostom* (2011), p. 179.

(34) Schroeder（注29）.

(35) 愛の表現としての矯正についてのアウグスティヌスの見方にかんして、Brent Shaw, 'The Family in Late Antiquity: The Experience of Augustine', *Past & Present* 115 (1987), 3-51および Peter Garnsey, 'Sons, Slaves — and Christians', in Beryl Rawson and Paul Weaver, eds., *The Roman Family in Italy* (1997), pp. 101-21, とくにアウグスティヌスにかんしては pp. 112-19; Theodore De Bruyn, 'Flogging a Son: The Emergence of the *pater flagellans* in Latin Christian Discourse', *Journal of Early Christian Studies* 7.2 (1999), 264-73.

(36) 理想的な結婚について、さらに Evans Grubbs（注７）, pp. 54-102を見よ。

(37) パウロは、真の vidua〔ウィドゥア〕、つまり、教会に支援を頼っている真に「奪われた」女性を、家のために務めをはたし続けている寡婦から区別しようとした。アウグスティヌスは、教会によって支援されるひとびとのリストに登録される資格のある寡婦についての記述の一部を借用したのだ。

(38) Harris (注30), pp. 88-128.

(39) Patricia Clark, 'Women, Slaves and the Hierarchy of Domestic Violence', in Sandra Joshel and Sheila Murnaghan, eds., *Women and Slaves in Greco-Roman Culture* (1998), pp. 109-29の p. 115. Schroeder (注29) も、家庭内暴力についての今日の比較資料を効果的に用いている。

(40) 第一章を見よ。

第四章

(1) モニカの役割について、とくに Catherine Conybeare, *The Irrational Augustine* (2006), pp. 63-138を見よ。他の解釈についての参照文献は pp. 64-6.

(2) マニ教について、第五章を見よ。

(3) 同様の特徴が、『告白』に現れている。木製定規のうえで彼女のそばに立つアウグスティヌスについてのモニカの夢にかんして、第五章を見よ。

(4) これは好まれたキリスト教的戦略で、(例えば) エジプトのアントニウスの生において使われた。さらに Samuel Rubenson, 'Phlosophy and Simplicity', in Tomas Hägg and Philip Rousseau, eds., *Greek Biography and Panegyric in Late Antiquity* (2000), pp. 110-39を見よ。

(5) さらに、Gillian Clark, 'The Ant of God: Augustine, Scripture, and Cultural Frontiers', in David Brakke, Deborah Deliyannis, Edward Watts, eds., *Shifting Cultural Frontiers in Late Antiquity* (2012), pp. 151-63 を見よ。

(6) 『キリスト教の教え』のテキストには、ふたつの番号付形式がある。ひとつは巻と章、もうひとつは巻と章と節だ。アウグスティヌスは、雄弁の獲得と正しい話法について四・六―一三 (四・三・四―五) で論じ、四・三一―五八 (四・七・一一―二〇) では、パウロ書簡と預言書における弁論術の例を挙げている。聖書理解に比例する知恵については四・一九 (四・五・七)。

(7) この日記から生じる諸問題について、Walter Ameling, '*Femina liberaliter instituta*: Some Thoughts on a Martyr's Liberal Education', in Jan Bremmer and Marco Formisano, eds., *Perpetua's Passions: Interdisciplinary Approaches to the Passio Perpetuae et Felicitatis* (2012), pp. 78-102. この本は翻訳を収録している。女性によって書かれたかもしれない他のテキストについては、Mark Vessey, 'Response to Catherine Conybeare: Women Of Letters?', in Linda Olson and Kathryn Kerby-Fulton, eds., *Voices in Dialogue: Reading Women in the Middle Ages* (2005), pp. 73-96. ウェルギリウスの詩からプロバによって構成された cento〔ケント〕の特別な事例については、Roger Green, 'Proba's Cento: Its Date, Purpose and Reception', *Classical Quarterly* 45 (1995), 551-63 および Karla Pollmann, 'Sex and Salvation in the Virgilian Cento of the Fourth Century', in Roger Rees, ed., Romane Memento: *Virgil in the Fourth Century* (2004), pp. 79-96.

(8) Ameling (注7), p. 80, n. 12 は最近の文献を挙げている。

(9) Brent Shaw, 'Perpetua's Passion', *Past & Present* 139 (1993),

3-45の p. 30.

（10）John Wilkinson, *Egeria's Travels* (1971) は、著者の名（pp. 235-6）と、テキストの日付（pp. 237-9）を論じ、彼女の文体を短く特徴づけている（p. 5）。

（11）Nam inveni ibi aliquam amicissimam mihi, et cui omnes in oriente testimonium ferebant vitae ipsius, sancta diaconissa nomine Marthana, quam ego apud Ierosolymam noveram, ubi illa gratia orationis ascenderat; haec autem monasteria apotacticum seu virginum regebat. Quae me cum vidisset, quod gaudium illius vel meum esse potuerit, numquid vel scribere possum? この背景については、Stephen Davis, *The Cult of St Thecla* (2001), pp. 55-57, 64-9を見よ。

（12）Catherine Conybeare, 'Spaces between Letters: Augustine's Correspondence with Women', in Olson and Kerby-Fulton（注7）, pp. 57-72を見よ。

（13）Raffaela Cribiore, *Gymnastics of the Mind* (2001), p. 90は、エジプトからのパピルス紙に残る女性の手紙のなかでは、性別にもとづく文体の特徴をみきわめるのはむつかしいと記している。しかし筆記者は基準的な言い回しを使ったのかもしれない。

（14）アウグスティヌスは、都市部の会衆に説教した。「いなかのひとたち」に宛ててなされた現存する説教との違いについて、Leslie Dossey, *Peasant and Empire in Christian North Africa* (2010), pp. 150-72を見よ。

（15）sermo humilisについて、Philip Burton, *Language in the Confessions of Augustine* (2007), pp. 112-16を見よ。

（16）テオドルスについて、James J. O'Donnell, *Augustine: Confessions* (1992) 2: 419-20を見よ。彼は三九七年に公の生活に復帰した。『再論』一・二でアウグスティヌスは、テオドルスへの賞讃において、そうすべき以上のことをいってしまったとコメントした。

（17）Alex Long, 'Plato's Dialogues and a Common Rationale for Dialogue Form', in Simon Goldhill, ed., *The End of Dialogue in Antiquity* (2008), pp. 45-59.

（18）「なぜディオティマは女性なのか」は、議論が重ねられてきた問い。これは、David Halperin によるある古典的論考、*One hundred Years of Homosexuality* (1990), pp. 113-51のタイトルだ。

（19）『神の国』でアウグスティヌスは、プラトンの『ティマイオス（*Timaeus*）』27d-47b のキケロによる訳を引用している。Gerard O'Daly, *Augustine's City of God: A Reader's Guide* (1999), pp. 255-7を見よ。libri Platonicorum〔リブリ・プラトニコルム〕（プラトン派の書）にかんして、『告白』七・九・一三についての O'Donnell, n. 16, 2. 421-4を見よ。

（20）Malcolm Schofield, 'Ciceronian Dialogue', in Goldhill, ed.,（注17）, pp.63-84.

（21）古代末期の教育について、Robert Kaster, *Guardians of Language* (1988).

（22）Peter Brown, *Power and Persuasion in Late Antiquity* (1992).

（23）朗読のくりかえしについては、さきに引用した『詩篇講解』六六・三。修道的共同体における蔵書については、『規則』五・一〇。

（24）Cribiore（注13）, pp. 74-5.

（25）以下、比較対象として。数学者 Mary Somerville（一七八〇—一八七二年）は、彼女の兄が家庭教師に数学を学んでいるとき、それを聞いていた。兄が答えられないときに彼女が答えられるのを見て、家庭教師は彼女に非公式に教育をほどこした。彼女はおじからラテン語を学び、若い女性が受講可能だった美術のレッスンで幾何学を始めた。

（26）Fannie LeMoine, 'Jerome's Gift to Women Readers', in Ralph Mathisen and Hagith Sivan, eds., *Shifting Frontiers in Late Antiquity* (1996), pp. 230-41.

（27）パラディウス『ヒストリア・ラウシアカ（*Historia Lausiaca*）』五五。『メラニアの生涯』二三。

（28）クラウディアヌス『ホノリウスとマリアのための祝婚歌（*Epithalamium de Nuptiis Honorii et Mariae*）』一〇・二二九—二三四。

（29）『ソリロクィア』一・一〇・一七、pulchra, pudica, morigera, litterata, vel quae ab te facile possit erudiri.

（30）さらに、Gillian Clark, 'Do Try This At Home: The Domestic Philosopher In Late Antiquity', in Hagit Amirav and Bas ter Harr Romeny, eds., *From Rome to Constantinople* (2007), pp. 153-72 を見よ。

（31）女性と哲学について、Barbara Levick, 'Women, Power and Philosophy at Rome and Beyond', in Gillian Clark and Tessa Rajak, eds., *Philosophy and Power in the Graeco-Roman World* (2002), pp. 133-55.

（32）アウグスティヌスは三五四年、ヒュパティアは三五五年頃に生まれた。

（33）下級の教育で教えた女性の他の例について、Cribiore（注13）, pp. 78-83を見よ。彼女は、しばしば家族のコネがあると述べている。

（34）アレクサンドリアにおける教義的、知的緊張の状況のなかでのヒュパティアについて、Edward Watts, *City and School in Late Antique Athens and Alexandria* (2006), pp. 187-203.

（35）エウナピウスはソシパトラについて、『ソフィストたちの生涯（*Vitae Sophistarum*）』pp. 466-71で論じている。これらの生については、Patricia Cox Miller, 'Strategies of Representation in Collective Biography: Constructing the Subject as Holy', in Hägg and Rousseau（注4）, pp. 209-54の、とくにpp. 235-49.

（36）Pierre Maraval は *Grégoire de Nysse: Vie de Sainte Macrine* (1971), pp. 90-103で、「哲学」の意味を論じている。

（37）Samuel Rubenson（注4）の pp. 126-7, 134.

（38）マクリナが女性かどうかの議論について、Morwenna Ludlow, *Gregory of Nyssa* (2007), pp. 202-19を見よ。また、哲学者としてのマクリナにかんする懐疑について、Elizabeth Clark, 'Holy Women, Holy Words', *Journal of Early Christian Studies* 6 (1998), 413-30, pp. 422-30. マクリナの

「聖人の生涯」については第六章を見よ。

（39）ディナーの対話について、Jason König, 'Sympotic Dialogue in the First to Fifth Centuries CE', in S. Goldhill, ed.（注17）, pp. 85-113, とくに、『幸福の生について』については pp. 96-7.

（40）他の例について第六章を見よ。

（41）この問題について、Gillian Clark, 'Can We Talk? Augustine and the Possibility of Dialogue', in Goldhill, ed.（注17）, pp. 117-34.

（42）Si bona, inquit, velit et habeat, beatus est, si autem mala velit, quamvis habeat, miser est.

（43）Cui ego arridens atque gestiens: Ipsam, inquam, prorsus, mater, arcem philosophiae tenuisti. Nam tibi procul dubio verba defuerunt, ut non sicut Tullius te modo panderes, cuius de hac sententia verba ista sunt. Nam in Hortensio, quem de laude ac defensione philosophiae librum fecit: *Ecce autem*, ait, *non philosophi quidem, sed prompti tamen ad disputandum, omnes aiunt esse beatos qui vivant ut ipsi velint. Falsum id quidem: Velle enim quod non deceat, id est ipsum miserrimum. Nec tam miserum est non adipisci quod velis, quam adipisci velle quod non oporteat. Plus enim mali pravitas voluntatis affert, quam fortuna cuiquam boni.* In quibus verbis illa sic exclamabat, ut obliti penitus sexus eius, magnum aliquem virum considere nobiscum crederemus, me interim, quantum poteram, intellegente ex quo illa, et quam divino fonte manarent. Et Licentius: Sed dicendum, inquit, tibi est, ut beatus sit quisque, quid velle debeat et quarum rerum eum oporteat habere desiderium.

（44）わたしはこの一節を、Conybeare（注1）, p. 74とは別様に訳している。Conybeareは、彼らが彼女の性別を忘れてしまったことに異議を申し立てているのはモニカだと考えている。

（45）『キリスト教の教え』二・一四四—七（二・一一・六〇—六一）。アウグスティヌスは、金、銀、高価な織物をエジプト人から借りて、それらを真の神を礼拝するために使うイスラエル人についての聖書の物語を用いている。

（46）Hoc loco autem mater: etiamsi securus sit, inquit, ea se omnia non esse amissurum, tamen talibus satiari non poterit. Ergo et eo miser, quo semper est indiguus. Cui ego: quid, si, inquam, his omnibus abundans rebus atque circumfluens cupiendi modum sibi statuat eisque contentus decenter iucundeque perfruatur, nonne tibi videtur beatus? Non ergo, inquit, illis rebus, sed animi sui moderatione beatus est. Optime, inquam, nec huic interrogationi aliud nec abs te aliud debuit responderi.

（47）Peter Brownの以下のコメントがしばしば引用される。「彼女はひとつの哲学学派全体を、ひとことの大衆的なことばで解消してしまうことができる。」*Augustine of Hippo* (1967), p. 111.「大衆の［vulgaris〔ウルガリス〕］ラテン語」においてそうであるように、「大衆的（vulgar）」が「共通してつかわれている」ことを意味するとは必ずしも理解されない。

（48）ほぼ一〇年後（三九五年）、嘘についての書物『嘘論（*De mendacio*）』においてアウグスティヌスは、嘘つきとは、あることがらをこころに抱きながらも別のことをいったり伝えたりするひとだと述べた。しかしラテン語の動詞mentiri〔メンティリ〕は、必ずしもいつも意図的にでなく、「虚偽の印象を与えること」や「誤解させること」をも意味しうる。

（49）O'Donnell（注16）3. 123, *Conf.* 9.10.23について。Conybeare（注1）, pp. 105-6は、他のいくつかの示唆を挙げている。

（50）Ego, inquit, non puto nihil potuisse praeter Dei ordinem fieri, quia ipsum malum quod natum est nullo modo Dei ordine natum est, sed illa iustitia id inordinatum esse non sivit et in sibi meritum ordinem redegit et compulit.

（51）Rowan Williams, 'Insubstantial Evil', in Robert Dodaro and George Lawless, eds., *Augustine and his Critics* (2000), pp. 105-23.

（52）文法違反は、文法の間違いで、「蛮語」は不正確な発音。『キリスト教の教え』（二・四四―四五＝二・一三・一九）でアウグスティヌスは例をあげている。すなわち、inter homines〔インテル・ホミネス〕でなく、inter hominibus〔インテル・ホミニブス〕というのは文法違反（文法用語では、前置詞inter「〜のなかで、あいだで」は奪格ではなく対格があとにつづく）だが、「ひとびとのなかで、あいだで」と正しく理解する、聖書を学ぶ学生にとって、これは問題ではない。ignoscere〔イグノスケレ〕（「ゆるすこと」）を、三番目の音節を長く発音するのは蛮語だが、これは神のゆるしを求めるひとにとっては問題ではない。

（53）*Augustine and the Disciplines: From Cassiciacum to Confessions*, Karla Pollmann and Mark Vessey, eds. (2005) に収録された諸論文およびO'Donnell（注16）, 2. pp. 269-78を見よ。

（54）息子に対するモニカの配慮への、現代のいくつかの反応について第一章を見よ。

（55）O'Donnell（注16）, 3. pp. 122-37, John Peter Kenney, *The Mysticism of Saint Augustine* (2005) のとくにpp. 73-86, そして『告白』九・一〇・二五について、Maria Boulding による翻訳（1997）のp. 228に付された短いが重要な注。

第五章

（1）これは、普遍的な（ギリシア語でkatholikos〔カトリコス〕）教会を意味する。（ローマ）カトリックとプロテスタントの分裂は一六世紀の展開。

（2）家族のための宗教の可能性について、Kim Bowes, *Private Worship, Public Values* (2008) を見よ。

（3）「涙の子」について、第六章を見よ。

（4）このエピソードについて、第一章を見よ。

（5）厳密にいえば、「ニカエア・コンスタンティノポリス信条」、以下の書で説明されているとおり、まさにコンスタンティノポリス公会議〔三八一年〕が、聖霊の〔父と子と〕同等の神性を確定したゆえに。子なるキリストと父なる神との関係にかんする議論について、Lewis Ayres, *Nicaea and its Legacy* (2004) を見よ。

（6）『テオドシウス法典』について、Jill Harries, *Law and Empire in Late Antiquity* (1999), とりわけ pp. 59–64を見よ。またNeil McLynnは ‘*Genere Hispanus*: Theodosius, Spain, and Nicene Orthodoxy’, in Kim Bowes and Michael Kulikowski, eds., *Hispania in Late Antiquity* (2005), pp. 77–120において、三八〇年の勅令について論じる。

（7）ユリアヌスについて、さらに Shaun Tougher, *Julian the Apostate* (2007) を見よ。

（8）時代経過に伴う変化、また地方の多様性について、Garth Fowden, ‘Polytheist Religion and Philosophy’, in Averil Cameron and Peter Garnsey, eds. *The Cambridge Ancient History XIII: The Late Empire AD 337–425* (1997), pp. 538–60を見よ。

（9）ローマの聖職者は召命ではなかった。聖職者たちは支配者層のエリートのメンバーで、特定の神殿や祭儀の維持に責任を負っていた。ローマの初代皇帝アウグストゥスの時代まで、pontifex maximus は上位の聖職者だった。アウグストゥスは、彼の後継者たちによって引き継がれるその称号を受けとり、pontifex maximus を聖職者の同僚全員の頭とした。

（10）Harries（注6）, pp. 77–98.

（11）その手紙は、アウグスティヌスとの手紙のやりとりで『手紙』一六として残存した〔アウグスティヌスの返事は『手紙』一七〕。

（12）第二章を見よ。

（13）ローマ時代のアフリカにおける異教信仰の存続について、David Riggs, ‘The Continuity of Paganism between the Cities and Countryside of Late Roman Africa’, in T. Burns and J. Eadie, eds., *Urban Centers and Rural Contexts in Late Antiquity* (2001), pp. 285–300および‘Christianizing the Rural Communities of Late Roman Africa’, in H. A. Drake, ed., *Violence in Late Antiquity: Perceptions and Practices* (2006), pp. 297–308を見よ。

（14）F. Van der Meer, *Augustine the Bishop* (1961), pp. 56–67に事例がある。また魔除けを拒否した殉教者について第一章を見よ。

（15）例えば、フィルムス、彼は『神の国』の最新の諸巻をもちたいと熱望した（『手紙』二＊）。

（16）Elizabeth Fentress, ‘Romanizing the Berbers’, *Past & Present* 190 (2006), 3–33は、この論争の簡潔で助けになる概説だ。また、フランスやイタリア当局の仕事〔研究成果〕に反対する反応について、David Mattingly and Bruce Hitchner, ‘Roman Africa: An Archaeological Review’, *Journal of Roman Studies* 85 (1995), 165–213の pp. 169-70を見よ。

（17）W. H. C. Frend, *The Donatist Church* (1952), xvi. 最近の評価について、Eric Rebillard, ‘William Hugh Clifford Frend (1916–2005): The Legacy of *The Donatist Church*’, in Markus

Vinzent, ed., *Studia Patristica LIII* (2013), pp. 55–71を見よ。アフリカの特色ある宗教的伝統については、Brent Shaw, ‘Cult and Belief in Punic and Roman Africa’, in Michele Salzman, ed., *The Cambridge History of Religions in the Ancient World* 2 (2013), pp. 235–63を見よ。

（18）C. R. Whittaker, ‘Berber’, in Glen Bowersock, Peter Brown, Oleg Grabar, eds., *Late Antiquity: A Guide to the Postclassical World* (1999), pp. 340–1を見よ。

（19）Eric Rebillard, ‘Punic’, 同、pp. 656–7. リビア語の碑文の証拠とポエニ語の文学的証拠とは、以下で議論されている。Fergus Millar, ‘Local Cultures in the Roman Empire: Libyan, Punic and Latin in Roman Africa’, *Journal of Roman Studies* 58 (1968), 126–34. さらにポエニ語について、J. N. Adams, *Bilingualism and the Latin Language* (2003), pp. 200–45, とりわけアウグスティヌスのポエニ語の知識については、pp. 237–40, またリビア語とベルベル語については、pp. 245–7を見よ。また、ポエニ語の話し手たちや翻訳者たちについては Brent Shaw, *Sacred Violence* (2011), pp. 427–33を見よ。

（20）Raymond Van Dam, *Families and Friends in Late Roman Cappadocia* (2003), pp. 122–3.

（21）Iatanbaal: Adams（注19）, p. 238を見よ。特定のキリスト教的な名の不在について、Eric Rebillard, ‘Religious Sociology: Being Christian’, in Mark Vessey, ed., *A Companion to Augustine* (2012), pp. 40–53の p. 45を見よ。

（22）William Klingshirn, ‘Comer y beber con los muertos’, *Augustinus* 2007: 127–31. この論文のコピーをくださった Klingshirn 教授におおいに感謝する。

（23）モニカの実践について、第一章を見よ。また、「死者のための祭儀」については、Eric Rebillard, *The Care of the Dead in Late Antiquity* (English translation, 2009), pp. 144–53を見よ。

（24）さらに第六章を見よ。

（25）Sancti autem viri inter illusiones atque revelationes ipsas visionum voces aut imagines quodam intimo sapore discernunt, ut sciant vel quid a bono spiritu percipiant vel quid ab illusione patiantur.

（26）Klingshirn（注22）.

（27）『告白』二・三・六への J. O'Donnell, *Augustine: Confessions*, 2. 121–3における諸実例。

（28）William Harmless, ‘Baptism’, in Allan Fitzgerald, ed., *Augustine Through the Ages* (1999), pp. 84–91の pp. 89–90.

（29）Van der Meer（注14）, pp. 353–7.

（30）「野生の麦」について、『告白』二・一・一の、〔花の〕盛りを過ぎて種になる（衰える）葡萄の比喩と比較せよ。

（31）シンボルとしてのバビロンについて、Frederick van Fleteren, ‘Babylon’, in Fitzgerald（注28）, pp. 83–4 を見よ。また、モニカの警告への異なる諸解釈については、第六章を見よ。

（32）et instabatur impigre ut ducerem uxorem. Iam petebam,

iam promittebatur, maxime matre dante operam quo me iam coniugatum baptismus salutaris ablueret, quo me in dies gaudebat aptari et vota sua ac promissa tua in mea fide compleri animadvertebat. James O'Donnell は、iam promittebatur maxime matre dante operam, quo me iam coniugatum . . . とコンマを打つ。これは、結婚の交渉をしたのはモニカだという解釈を強める。

（33）句読点が打たれていない、あるいは語と語が区切られてさえいない早い時期のテキストについて、M. B. Parkes, *Pause and Effect* (1992), pp. 276–7を見よ。

（34）Maria Boulding は、「だが、わたしは彼女を好ましく思った、そこでわたしたちは待つことに決めた」と、Philip Burton は、「彼女は申し分ないと断言されたので、待つ期間が生じた」と訳す。

（35）アウグスティヌスのパートナーのてんまつを説明するための多くの試みがなされてきた。アウグスティヌスの言語と社会的法的立場とにかんする評価について、Danuta Shanzer, '*Avulsa a latere meo*', *Journal of Roman Studies* 92 (2002), 157–76を見よ。

（36）妻と内妻について、第三章を見よ。

（37）David Hunter, 'Augustine and the Making of Marriage in Roman North Africa', *Journal of Early Christian Studies* 11 (2003), 63–85. また、第三章を見よ。

（38）Shaw（注19）は、この論争の言語的と身体的との暴力について、権威ある研究を提供する。

（39）アウグスティヌスがこの「カトリックの兄弟たちに宛てた手紙」を書いた確たる証拠はない。しかし、密封された方舟という教会のイメージは彼のドナトゥス派の理解を説明するものである。

（40）第六章を見よ。

（41）Shaw（注19）, pp. 162–94.

（42）アウグスティヌスは、あるドナトゥス派の敵対者に、ユリアヌスが「統一の諸聖堂」を返還したと書いたが、これには特にタガステへの言及はない。『ペティリアヌスの手紙駁論』二・八三・一八四。

（43）この議論は、William Frend によって、*The Donatist Church* (1952) において前進させられた。これは、繰り返し異議を申したてられてきた、とりわけ *Religion and Society in the Age of St Augustine* (1972) に再録された諸論文において Peter Brown によって。Brown は「永続的なアフリカ人」を探す危険性を指摘し、アフリカはローマ帝国の一部で、ドナトゥス派の指導者たち（例えばティムガドのオプタトゥス）はローマの町々の出身であり、ラテン語がその文化の言語だったと強調する。さあ、Rebillard（まえの注17）を見よ。

（44）禁欲主義の形式の変化について、Peter Brown, *The Body and Society* (1988, rev. ed. 2008) を見よ。

（45）Richard Finn, *Asceticism in the Graeco-Roman World* (2009), pp. 143–9は、アウグスティヌスの修道的共同体を北アフリカの状況に位置づける。彼は、そのような共同体がローマ領アフリカで遅れて発展したのは、おそらくドナトゥス派が自分たちの司教の周りに集められた聖なるキリスト教徒たちを思いえがくことを好んだからだと示唆する。

(46) 第六章を見よ。

(47) 理解の助けになる概要として、Johannes van Oort, 'Augustine and the Books of the Manichaeans', in M. Vessey（注21）, pp. 188–99を見よ。さらに、Jason BeDuhn, *Augustine's Manichaean Dilemma: Conversion and Apostasy 373–388 CE* (2010) を、また、Nicholas Baker-Brian, *Manichaeism: An Ancient Faith Rediscovered* (2011) を見よ。

(48) Aequum est, quidquid omnes colunt, unum putari. Eadem spectamus astra, commune caelum est, idem nos mundus involvit: quid interest, qua quisque prudentia verum requirit? Uno itinere non potest perveniri ad tam grande secretum.

(49) シュンマクスの『報告』の全文とアンブロシウスの応答の手紙〔二通〕とは、Wolf Liebeschuetz, *Ambrose of Milan: Political Letters and Speeches* (2005), pp. 61–94に注とともに訳されている。さらにNeil McLynn, *Ambrose of Milan* (1994), pp. 166–7を見よ。

(50) Suscepit me paterne ille homo Dei et peregrinationem meam satis episcopaliter dilexit.

(51) Suzanne Poque, *Le langage symbolique dans la prédication de Saint Augustin* (1984), 1. p. 357.

(52) 関連するアンブロシウスの手紙群は、Liebeschuetz（注49）, pp. 124–73に注が付されて翻訳されている。さらにMcLynn（注49）, pp. 170–208を見よ。

(53) Peter Brown, *The Body and Society*, pp. 341–65およびDavid Hunter, *Marriage, Celibacy and Heresy in Ancient Christianity* (2007), pp. 219–30.

(54) 第四章を見よ。

第六章

(1) アウグスティヌスは、エルサレムの名が「平和の都市〔国〕」を意味すると考えた。天のエルサレムとは神の国であって（黙示録二一・二）、その市民はすべて神を愛する天使たちと人間たちだ。さらにFrederick Van Fleteren, 'Jerusalem', in Allan Fitzgerald, ed., *Augustine Through the Ages* (1999), pp. 462–3を見よ。

(2) また、アウグスティヌスによるナウィギウスの描き方について、第一章を見よ。

(3) 聖体（ギリシア語の「感謝すること」に由来する）は、聖体拝領（聖餐式、Holy Communion）として、またミサ（Mass）として知られてもいる（ラテン語のmissa〔ミッサ〕は「送り出すこと（派遣すること）」から。なぜなら、式の終わりのことば〔Ite, missa est.（イテ・ミッサ・エスト）「あなたたちは行きなさい、（式は）お開きになった」〕が、ひとびとを世間に送り出すから）。それは、「これをおこないなさい、わたしの思い出において」というキリストの教えに一致して、パンとワインを分かち合うこと。さまざまな諸教会は、これをおこなう違った方法をもち、それを違ったしかたで解釈している。モニカと彼女の息子たちは、パンとワインが祭壇で聖とされて洗礼を受けたひとたちによって分かたれるまえに、まだ洗礼を受けていないひとたちは教会を去ることを予期していた。

（4）Eric Rebillard, *The Care of the Dead in Late Antiquity* (English translation, 2009), p. 160.

（5）仲介者とは、神と人間とをともに身に負うキリストであり、いけにえとは、キリストが自身を供物としたことを記念する、あるいは再演する聖体だ。

（6）アウグスティヌスは、みなが永遠に苦しむにしても、罰せられる者たちのあいだで苦しみの程度に違いがあるといっているように思われる。また、『詩篇講解』一〇五・二を見よ。

（7）「復活」（ラテン語の resurgere〔レスルゲレ〕から）は文字どおりには、眠ったあと「ふたたび起きあがること」を意味する。ここからして、キリスト教徒の埋葬場所は、「共同墓地（cemeteries）〔複数〕」（ギリシア語で、コイメーテーリア）、文字どおりには「眠るための場所〔複数〕」と呼ばれた。身体の死のあとのたましいの眠りにかんする論争について、Matthew Dal Santo, *Debating the Saints' Cult in the Age of Gregory the Great* (2012) を見よ。また、（聖）遺物の簡単な説明として、Gillian Clark, *Christianity and Roman Society* (2004), pp. 54–9を見よ。

（8）『神の国』二二・八は、奇跡によるもろもろの癒しの報告を集めている。最初の殉教者、聖ステファノ（使徒言行録六―七）のものと信じられた聖遺物は、四一五年にエルサレムで発見され、すぐあとにアフリカに分配された。

（9）殉教者たちへいけにえを供さないことについて、『神の国』八・二七。いつも神こそがはたらくことについては、同二二・九。さらに、Paul Schrodt, 'Saints', in Fitzgerald（注1）, pp. 747–9を見よ。祭儀の発展について、Peter Brown, *The Cult of the Saints in Late Antiquity* (1981) と James Howard-Johnston and Paul Hayward, eds., *The Cult of Saints in Late Antiquity and the Middle Ages* (1999) を見よ。

（10）アウグスティヌス『死者たちのためになされるべき配慮について』は、Dennis Trout, *Paulinus of Nola* (1999), pp. 244–7を見よ。

（11）Serge Lancel, *St. Augustine* (English translation, 2002), pp. 443–56で議論された。

（12）四一四／五年のエウォディウス宛てに書かれた『手紙』一六四は、聖書解釈の諸困難への善いイントロダクションだ。

（13）モニカの息子への献身的愛情の証拠としてのこの一節について、第一章を見よ。

（14）死者たちのための祈りと殉教者たちによる祈りを願い求めることとの、アウグスティヌスの区別について、Rebillard（注4）, pp. 157–61を見よ。

（15）この第二の種類の聖人性について、Rowan Williams and Joan Chittister OSB, *For All That Has Been, Thanks* (Canterbury Press, 2010), pp. 65–77の、Rowan Williams に

よる「聖人たち」の章を見よ。彼は、聖人たちが過失から自由ではないことと、大部分のばあい彼らはわずかなひとたちによってのみ知られているということを強調する。

(16) Andrew Louth, in Peter Clarke and Tony Claydon, eds., *Saints and Sanctity* (2011), xx. また彼の次の論考も見よ。'Holiness and Sanctity in the Early Church', ibid., pp. 1–18.

(17) quisquis eorum [servorum tuorum] noverat eam, multum in ea laudabat, et honorabat et diligebat te, quia sentiebat praesentiam tuam in corde eius sanctae conversationis fructibus testibus, *Conf.* 9.9.22. sancta conversatio〔サンクタ・コンウェルサティオ〕は2ペトロ三・一一から、conversatioは、ギリシア語 anastrophē〔アナストロペー、「暮らしの場」といった意味〕の正確な訳で、「生き方」と「他者との交際」との両方を覆う。

(18) 第五章を見よ。Brent Shaw, *Sacred Violence* (2011), pp. 731–2. これは、このできごとがどれほど容易に殉教としてえがかれることができたかを示している。

(19) 第一章を見よ。

(20)「白い殉教」、ヒエロニムス『聖パウラへの弔辞（墓碑銘）』二一（『手紙』一〇八・二一）。

(21) 寡婦は独身の誓いをたてることができた。Kevin Wilkinson, 'Dedicated Widows in *Codex Theodosianus* 9.25?', *Journal of Early Christian Studies* 20 (2012), 141–66を、慎重な評価のために見よ。アウグスティヌスはモニカがそうしたとは示唆しない。

(22) 第四章を見よ。

(23) モニカとアウグスティヌスとに共有された体験について、第四章を見よ。

(24) 聖人たちの生活の重要性について、James Howard-Johnston, 'Introduction', in Howard-Johnston and Hayward（まえの注9）, pp. 1–24の、とくにpp. 5–7を見よ。

(25) Thomas Head, *Medieval Hagiography* (2001) は、古代末期から始まる翻訳されたテキストのアンソロジーで、助けになる序文をもつ。

(26) Virginia Burrus, 'Life after Death: the Martyrdom of Gorgonia and the Birth of Female Hagiography', in Jostein Børtnes and Tomas Hägg, eds. (2006), *Gregory of Nazianzus: Images and Reflections*, pp. 153–70.

(27) Andrew Cain, *Jerome's Epitaph on Paula* (2013). またヒエロニムスのアセラとマルケラへの讃辞について、彼の 'Rethinking Jerome's Portraits of Holy Women', in Andrew Cain and Josef Lössl, eds., *Jerome of Stridon* (2009), pp. 47–57を見よ。

(28) Raymond Van Dam, *Families and Friends in Late Roman Cappadocia* (2003), p. 99.

(29) 第二章を見よ。

(30) 羊毛の仕事について、第二章を見よ。

(31) マクリナの禁欲主義の発展について、Susanna Elm, *Virgins of God*(1994), pp. 78-105を見よ。彼女の家族の、家庭に基礎を置く禁欲主義については、Anna Silvas, *The Asketikon*

of St Basil the Great (2005), pp. 51–83.

（32）哲学者たちの生のこの面について、Patricia Cox, *Biography in Late Antiquity* (1983), pp. 17–44を見よ。また第四章を見よ。

（33）Kim Bowes, *Private Worship, Public Values* (2008), pp. 208–12.

（34）第四章を見よ。

（35）第四章を見よ。

（36）Susanna Elm, 'Family Men: Masculinity and Philosophy in Late Antiquity', in Philip Rousseau and Manolis Papoutsakis, eds., *Transformations of Late Antiquity* (2009), pp. 279–301の p. 294.

（37）ゴレゴリウスの第八講話は、ゴルゴニアのためのもので、Brian Daley, *Gregory of Nazianzus* (2006), pp. 63–75に注解とともに訳されている。

（38）「善い妻」について、第三章を見よ。

（39）Burrus（注26）, p. 166.

（40）年長の〔つまり父の〕グレゴリウスは、「最高神」の崇拝者、ヒュプシスタリアンだった。この祭儀にかんする論争について、Stephen Mitchell, 'Further Thoughts on the Cult of Theos Hypsistos', in Stephen Mitchell and Peter Van Nuffelen, eds., *One God* (2010), pp. 167–208を見よ

（41）ナジアンズスのグレゴリウスの葬送の諸講話については、Susanna Elm, 'Gregory's Women: Creating a Philosopher's Family', in Børtnes and Hägg（注26）, pp. 171–91 と Tomas Hägg, 'Playing with Expectations: Gregory's Funeral Orations on His Brother, Sister and Father', ibid. pp. 133–51を見よ。彼の自伝的な諸詩は、Carolinne White (2005) によって訳されている。

（42）Kevin Wilkinson, 'The Elder Melania's Missing Decade', *Journal of Late Antiquity 5.1* (2012), 166–84.

（43）Cain 2009（注27）, pp. 52–6.

（44）『聖パウラへの弔辞』（ヒエロニムス『手紙』一〇八）について、Cain 2013（注27）を見よ。

（45）Elizabeth Clark, 'Holy Women, Holy Words', *Journal of Early Christian Studies* 6.3 (1998), 413–30の p. 416で、聖人たちの伝記は、富と地位のある女性たちについて書かれていると強調する。

（46）生殖において遺伝する「原罪」についてのアウグスティヌスの教説について、あとを見よ。

（47）Pauline Allen, 'Augustine's Commentaries on the Old Testament: A Mariological Perspective', in Hagit Amirav and Bas ter Haar Romeny, eds., *From Rome to Constantinople* (2007), pp. 137–51は、マリアについてのアウグスティヌスの見方にかんして、注意深い評価を提供する。

（48）母なる教会。Joanne McWilliam, 'The Cassiciacum Autobiography', *Studia Patristica* 18. 4 (1990), 14–43. マリアと共有される諸特質は、Kim Power, *Veiled Desire* (1995), p. 91.

（49）年代とテキストは、Douglas Boin, 'Late Antique Ostia and a Campaign for Pious Tourism', *Journal of Roman Studies* 100

(2010), 195–209の p. 200から。わたしの訳、とくに最後の二行については、彼のものと異なるが、これは彼の解釈のひとつの面だけに影響する。

(50) プロジェクトは、最初の編集者（校訂者）のジョン・ヴァン・ボランド（John van Bolland）にちなんで呼ばれる、イエズス会の研究者たちのグループ、ボランディストたち（Bollandists）によって主導されている。

(51) 記載は、『聖人たちのおこない』五月、一、四七三―九二頁にある。アルエーズのゴーティエ以前には知られていない崇拝、p. 480.

(52) Clarissa Atkinson, 'Your Servant, My Mother,' in Clarissa Atkinson, Constance Buchanan, and Margaret Miles, eds., *Immaculate and Powerful* (1987), pp. 139–72の pp. 144–5.『告白』からの抜粋のゴーティエによる編集と（聖）遺物の移動についての彼による説明は、『聖人たちのおこない』の前掲箇所（注51）にある。

(53)『聖人たちのおこない』前掲箇所四七三頁。ヤコブスについて、またモニカについても書いたクェドリンブルグのヨルダヌスについて、Diana Webb, 'Eloquence and Education: A Humanist Approach to Hagiography', *Journal of Ecclesiastical History* 31.1 (1980), 19–39の p. 31を見よ。

(54) Eric Saak, 'Augustine in the Western Middle Ages to the Reformation', in Mark Vessey, ed., *A Companion to Augustine* (2012), pp. 465–77の pp. 467–74. さらに Eric Saak, *Creating Augustine* (2012a) を見よ。

(55) *Bede: The Reckoning of Time*, translated by Faith Wallis (2004), p. 237.

(56) アウグスティヌスの遺骨について、Konrad Vössing and Harold Stone, 'Cult of Augustine', in Karla Pollmann and Willemien Otten, eds. (2013), 2: 846–9を見よ。ヴァンダル族のキリスト教については Robin Jensen, 'Christianity in Roman Africa', in Michele Salzman, Marvin Sweeney, and William Adler, eds., *The Cambridge History of Religions in the Ancient World*, Vol. 2 (2013), pp. 264–91の pp. 277–81を見よ。

(57) アルカとその装飾について、Meredith Gill, *Augustine in the Italian Renaissance* (2005), pp. 4–48と図版2–4を見よ。http://www.cassiciaco.it/navigazione/iconografia/cicli/trecento/pavia/pavia.html（二〇一三年六月二四日にアクセスされた）も見よ。

(58) Gill, 同、pp. 60-8, 図版8–29とも、とりわけ 12, 13, 17, 19, 20, 21. エルフストの聖アウグスティヌス教会の最初期の一連のステンドグラスと比較せよ。http://www.cassiciaco.it/navigazione/iconografia/cicli/trecento/erfurt/erfurt.html（二〇一三年五月一三日にアクセスされた）。さらに、Saak 2012a（注54）, pp. 154–5と Diane Cole Ahl, 'The Life of Saint Augustine in San Gimignano', in Joseph C. Schnaubelt and Frederick Van Fleteren, eds., *Augustine in Iconography: History and Legend* (1999), pp. 359–82の pp. 362–3を見よ。

(59) Gill, 同、pp. 76–93, 図版 30–40も（とりわけ 32と33）。また、http://www.cassiciaco.it/navigazione/iconografia/cicli/

quattrocento/gimignano/gimignano.html（二〇一三年六月二四日にアクセスされた）も見よ。この連作は、回心まえのアウグスティヌスの読書シーンを含む（Gill 図版39）。これは「アウグスティヌスにかんする書物でもっともよく使われた表紙の絵」という称号への強力な競争者だ。他の競争者たちには、一八五四年に描かれ、いまロンドンのナショナル・ギャラリーにあり、現在は展示されていない、エイリー・シェッファー（Ary Scheffer）の「聖アウグスティヌスとモニカ」を含める。http://www.nationalgallery.org.uk/paintings/ary-scheffer-saints-augustine-and-monica（二〇一三年六月一一日にアクセスされた）。

（60）Webb（注53）, pp. 21–22.

（61）Webb（注53）, pp. 28–32; Atkinson（注52）, pp. 148–50. また、Meredith Gill, 'Remember Me at the Altar of the Lord: Saint Monica's Gift to Rome', in Schnaubelt and Van Fleteren（注58）, pp. 550–76（図3がモニカの墓を示す）を見よ。

（62）Gill（注57）, p. 160.

（63）*Oxford Guide to the Historical Reception of Augustine* (2013) はモニカの項目を含まないという、カーラ・ポールマンのまえもっての情報に感謝する。

（64）Pierre Courcelle, *Les Confessions de Saint Augustin dans la tradition littéraire* (1963).

（65）Atkinson（注53）, p. 159 は、とくに Emile Bougaud, *Vie de Sainte Monique* (1865) を注記する。これには二つの英訳版があり、何度も再版されている。

（66）Peter Walcot, 'Plato's Mother and Other Terrible Women', in Ian McAuslan and Peter Walcot, eds., *Women in Antiquity* (1996), pp. 114–33. また、Paul Rigby, 'Paul Ricoeur, Freudianism, and Augustine's Confessions', *Journal of the American Academy of Religion* 53.1 (1985), 93–114 を、Donald Capps, 'Augustine as Narcissist', ibid. 115–28 のコメントとともに見よ。Kim Power（注48）は、彼女の 'Augustine the Son' の章で、クライン派のいくつかのアプローチを示唆するが、バランスのとれた説明を提供する。

（67）unice,「とりわけて」の解釈について、第一章を見よ。

（68）Garry Wills, *Augustine's Confessions* (2011) p. 86 および pp. 142–4.

（69）Rebecca West, *St. Augustine* (1933) は、このアプローチのとくに説得力のある例だ。アウグスティヌスの内妻を退けたことへのモニカへの非難について、第五章を見よ。

（70）Gaudens matri indicavit〔ガウデンス・マトリ・インディカウィト、「彼は喜びながら母に知らせました」〕（二・三・六）、ad matrem ingredimur, indicamus: gaudet〔アド・マトレム・イングレディム・インディカムス――ガウデット、「わたしたちは母のもとに行き、知らせました――彼女は喜びました」〕（八・一二・三〇）。

（71）第三章を見よ。Danuta Shanzer, '*Avulsa a latere meo*', *Journal of Roman Studies* 92 (2002), pp. 157–76 の pp. 166–9 は、タガステのもろもろの危険について啓発的な議論を提供する。

（72）Judith B. Miller, 'To Remember Self, to Remember God', in

Judith Chelius Stark, ed., *Feminist Approaches to Augustine* (2007), pp. 243–79の p. 263. これらの形容詞はみな、Donald Capps and James E. Dittes, eds., *The Hunger of the Heart* (1990) に所収の諸論文から来ている。

(73) さらに、Gillian Clark, 'Do Try This At Home: The Domestic Philosopher in Late Antiquity', in Amirav and ter Haar Romeny（注47）, pp. 153–72を見よ。

(74) アウグスティヌスは強調する（『神の国』一二・二三）、創世記第二章に従えば最初の女性エウァはアダムから造られた、これはすべての人間がアダムからの血統に一体化されることを示すものだ、と。今日のフェミニストの神学者たちは、創世記一・二六における「アダム（adâm）」は、男性ではなく、人間一般のことだと指摘する。

(75) ミラー（注72）は論じる、「自己の喪失」と、他のひとたちとの、また神とのアウグスティヌスの関係とについて。

(76) 関連する医学理論について、Gillian Clark, *Women in Late Antiquity* (1993), pp. 63–89を見よ。『神の国』一・一六—一九と一・二八は、レイプやレイプの辱めを避けるために自殺した女性たちを論じながら、アウグスティヌスは、レイプから結果する妊娠について明白な言及を避けているが、彼女のこころが同意したのでなければレイプされた女性は純潔を失っていないと主張している。

(77) 結婚にかんするアウグスティヌスの見解について、Carol Harrison, *Augustine: Christian Truth and Fractured Humanity* (2000), pp. 158–93を見よ。四世紀の諸論争について、David Hunter, *Marriage, Celibacy and Heresy in Ancient Christianity* (2007) を見よ。

(78) Peter Brown, *Augustine of Hippo* (1967) (rev. ed. 2000), p. 19とn. 5. また、『告白』における母親たちと父親たちについて、James O'Donnell, *Augustine: Confessions* 2 (1992), 70–1を見よ。

(79) さらに第三章を見よ。

(80) Kate Cooper, 'Love and Belonging, Loss and Betrayal in the *Confessions*', in M. Vessey（注54）, pp. 69–86の p. 81.

解説

ジリアン・クラーク『モニカ――平凡に生きた聖人』の魅力

松﨑一平

クラークの『モニカ』

本書は、古代末期ローマ帝国を研究するイギリスの歴史家ジリアン・クラークの最近の著作の翻訳である。クラークの研究対象は、①古代末期全体に及び、同時に②古代末期の女性たちの生き方と③古代末期に生きた思想家アウグスティヌスとに、とりわけ深い関心を寄せている。古代末期の全体像をスケッチした著作として、*Late Antiquity, A Very Short Introduction*, 2011, Oxford U. P.（足立広明訳『古代末期のローマ帝国――多文化の織りなす世界』白水社、二〇一五）、女性たちの生き方を論じたものとして、*Women in Late Antiquity, Pagan and Christian Life-styles*, 1993, Oxford U. P.、アウグスティヌスにかんする著作として、*Augustine, The Confessions*, 1993, Cambridge U. P.（中世哲学会編『中世思想研究』XXXVII, 1995, pp. 148-152に松﨑による書評がある。二〇〇五年にBristol Phoenix Pressより改訂版）、また注釈書として、*Augustine, Confessions, Books I-IV*, 1995, Cambridge U. P. がある。本書は、アウグスティヌスの母モニカの生き方・生涯を、古代末期の社会を背景に置いて描いた、いわば①②③の交わるところに成立した、クラークだからこそ書ける、まことにクラークらしい著作ということができる。

本書『モニカ』は、オックスフォード大学出版から刊行されつつある「古代の女性たち」というシリーズの一冊だが、クラーク自身が第一章で指摘しているように、そこで取りあげられている他の古代の女性たちが女帝や貴族階級なのにたいして、モニカだけは平凡な市民階級に属する女性である。ふつうはそのような女性の生涯について記録が残ることはないが、たまたまモニカがアウグスティヌスの母親であり、キリスト教思想のいしづえを築き「西欧の父」と呼ばれることもある教父アウグスティヌスが、たまたまたとえば主著『告白』第一巻―第九巻の自伝的部分に、誕生から三八七年ころまでの自分の生涯を、母親にも言及しながら書き記したために、モニカについて例外的に多くのことを知ることができる。あるいは、三八六年夏にカトリック教会のキリスト教に回心したアウグスティヌスは、家族や友人とともにミラノ郊外のカシキアクムという保養地に滞在して、彼らと知的な対話を楽しみ、いわゆる「カシキアクムの対話篇」四篇が成立するが、そのいくつかにモニカが登場するために、モニカの知的関心・知的レベルのいかんについて垣間見ることもできる。残存する三〇〇篇ほど（少数だが受信したものも含まれる）の書簡のなかに、わずかだがモニカに触れるところがある。このようにアウグスティヌスの膨大な著作をとおして、わたしたちはモニカについて知り、彼女の生の実際を、外面的にも内面的にも相当程度まで詳細に推理して、かなりリアルに復元することが可能となる。クラークが本書で試みているのは、ひとつはそのような作業だ。しかしながら、クラーク自身がよく自覚しているように、アウグスティヌスは、著作のかなりの箇所でモニカについて触れているにしても、かならずしもモニカについて語ることを目的としたわけではなく、むしろ自身にとって重要な主題を考察するためにモニカを利用している。じつのところ、アウグスティヌスがその著作のなかでモニカについて語るときには、はっきりした意図を推測することができることが多い。すると、うえで「たまたま」といったのは不適切だったことになる。したがって、モニカへの言及を素材として利用するさいには、それを語るアウグスティヌスの意図のいかんについて細心の注意を払う必要がある。

いうまでもなく、モニカは聖人である。「サンタ・モニカ」である。聖人とされた理由は、これもいうまでもなく聖アウグスティヌスの母親だからだが、たんに母親だからというだけではない。上述のように、アウグスティヌスがモニカについていくつかの著作で語り、アウグスティヌスが聖人となるにいたるその生に深くかかわったことが明らかだからだ。では、息子が語ってみせるそのかかわりは、息子とともに聖人とされるに値するなにか特別なものだったのか。クラークは、『モニカ』の副題をAn Ordinary Saintとしている。「平凡な(ordinary)」とは、いったいどのような意味か。クラークが語るモニカはどんなひとで、「平凡な」といわれるその人物の生涯を再現することに、どんな意味があるのか。以下そのことを少し考えてみたい。

アウグスティヌスのモニカ――いかに書かれているか

たとえば『告白』の自伝的部分で、アウグスティヌスは、生誕から三二、三歳までの、回心をひとつの頂点とするおのれの生涯を回想する。それは、その生涯のさまざまな局面で、そのときは気づかなかった神の配慮がはたらいていたことを確認するためであり、そうすることによって回心以前においても神の恵みがおのれに及び、神の恵みがカトリック教会への信仰へと導いて回心にいたらしめてくれたことを明らかにし、そのようなおのれの生を証しとして、そのような神の恵みのありようを、読者をして自分にも生じうることだと納得させるためである。アウグスティヌスが、母モニカについて言及するのも、モニカにおいても神の恵みがはたらき、モニカを信実のキリスト教徒に育み、そのことが息子の精神的成長に深くかかわり、なんらか寄与したかぎりにおいてである。たとえば、『告白』第二巻で、一六歳のアウグスティヌスが、おそらく家の経済的な都合で勉学が中断して、同世代の友人たちと真夜中まで遊び暮らし、彼らと恋のアバンチュールを競ったさまがほのめかされている。モニカは、人妻と間違いを犯したりしないようにこっそり息子に忠告したというが、息子を結婚させて思春期の情欲の奔流に歯止めをかけるところまでは配慮しなかった(『告白』二・三・七、以下書名は略)。『告白』を書くヒッポ・レギウスの司教は、母親がそのように配慮しなかったことを残念がっている（二・三・八）。モニカは、そのころすでに敬虔なカトリック教会の信者だったが、婚姻によって我が子を縛ることよりも、学問を積むことで開けるだろう出世の階段を息子が登ることに期待していたというのだ（むろん期待されていたそのことは、キリスト教の価値観にもとることだった）。その階段は、たしかにミラノの栄えある修辞学教師への道に通じることになったが、却ってミラノの司教アンブロシウスとの出会いをもたらし、ついには回心にたどりつく。ヒッポの司教にとって、その階段を準備しおのれをしてそれを登らしめたのは、おのれの意志ではなく、神の恵みのはたらきにほかならない。モニカは神の恵みのはたらきの手段だったにすぎず、彼女自身も信者として、たしかに息子よりはまえを歩いていたにしても、息子とともに、息子の回心にむけてゆっくりと成長していく。ようするに、アウグスティヌスの理解では、おのれも母も、神の恵みの深く大きなはたらきのなかに置かれていた。モニカは、間違いなく息子を愛するものの、息子のすべてを受けいれるというのではなく、息子の出世に強く期待し、出世に有利な結婚を画策するなどして、それに介入しようとする（六・一三・二三）。あるときはマニ教に入れあげる息子に絶望して息子と食事をともにすることを拒む（三・一一・一九）。一途に息子を案じながらもどう対処すべきか激しく悩み、信頼する司教に相談するなど（三・一二・二一）、モニカは、どこにでもいそうな、まことに母親らしい母親だ。

「どこにでもいそうな母親」が、個性のない、いわばステレオタイプの母親というわけではないだろう。『告白』でえがかれるモニカは、しばしばその強い個性をほうふつとさせる。クラークも注目しているように、アウグスティヌスは、アリピウスとならぶ無二の親友のネブリディウスの母親について、モニカと違って、息子を追って海を渡りイタリアに来ることはなかったといっている（六・一〇・一七）。むしろネブリディウスの母親の選択のほうが普通で、モニカのそれは、その時代おそらく例外的だったにちがいない（じっさい、アリピウスの母親が息子を追って海を渡った形跡はない）。モニカは、母親をだましてローマに向けてカルタゴから渡海した（五・八・一五）息子を追ってミラノに来る（六・一・一）という大きな行動力を示した。それは、クラークが「進取の（enterprising）」と呼んでいるモニカの個性の一端とみなしうるだろう。だが、古代ローマでもっともよく知られ、ローマ人の生き方に長く範型を提供しつづけた古典というべきウェルギリウスの『アエネイス』（九・四六一―四九七行）にも、息子エウリュアルスを追ってイタリアに渡り息子の戦死に遭遇した母親が語られている。個性は、伝承とつながり、母なる存在の普遍性（原型）を映す。

アウグスティヌスとモニカ

『告白』第九巻の後半は、ある意味でモニカに献げられている。クラークも取りあげているとおり、そこには、モニカの少女時代が、またアウグスティヌスの父パトリキウスとの結婚生活、姑や周囲の婦人たちとの関係、それらの頂点としてオスティアでのモニカの死の前後のことが、その死の一〇年余りのちに、息子によって、母への深い哀悼の気持ちとともに語られている。「モニカ小伝」とも呼びうるその箇所で回想されるモニカは、少女時代に秘かにワインに溺れそれを劇的に克服したこと（九・八・一七―一八）と、嫁としての、また妻としての賢明な生き方（九・九・一九―二二）とのふたつのエピソードによって、そのひととなりを垣間見せている。前者は、モニカ自身が息子に、深くこころに残っていた思い出話を繰りかえし聞かせたことがおそらく核になっている。後者は、息子が幼いときから眼にしていたことを核とし、母親から聞いたことが付加されていると思われる。具体的な内容は、クラークの記述や『告白』をお読みいただきたいが、注目したいのは、いずれのエピソードも、母親と息子とのあいだで何度も繰りかえされたに違いない思い出話が前提にあるふうな点だ。

まずは少女時代のエピソード。三九七年ころ、『告白』を書いている四三歳のヒッポ・レギウスの司教は、一〇年まえ五六歳で亡くなった母親（九・一一・二八）から聞いた、母親の少女時代（一〇歳くらいか）のエピソードに、少女のきまじめな性格を感じとり、少女を飲酒の癖から劇的に救いだした神の配慮を見てとっている。息子が母親からその思い出話を聞いたのはいつかわからないが、「物語ったものだ（narrabat）」（九・八・一八）と未完了過去時称でいわれていることからすると、繰りかえし聞いた可能性が高い（老人は同じ話を繰りかえす）。すると、背景には、息子と思い出話をする老いた母がいる。それはたんなる思い出話に終わらず、息子に、モニカという人間の成長について深く考えるための時間を提供した。クラークも考察している、少女モニカを飲酒の癖から救った奴隷の少女の、「メリビブラ（meribibula）＝生酒飲みの小娘」（九・八・一八）という、声による一撃は、息子のなかで、三八六年夏にミラノの宿所の庭で息子を回心へと誘った、隣家から聞こえてきた「取れ、読め、取れ、読め」という子供の声（アウグスティヌスは神に由来するものと考えている）とも（八・一二・一九）、時間をかけて重なっていったに違いない。そして、息子は、母とおのれとを、ふたりの気づかぬうちに深くから見まもっていた神の配慮、神のあわれみのこころ、つまりは神の恵みを発見する。そこに、のちに恩恵博士（doctor gratiae）と呼ばれることになるアウグスティヌスの恩恵論の根っこがある。母と息子の会話をかいして、モニカの経験がアウグスティヌスの経験と重なり、いわば普遍的な人間の経験に昇華していったということだ。

ついで嫁として妻としてのエピソード。アウグスティヌスは、モニカが妻として嫁としていかに自制的に暮らしたかについて、いくつかのエピソードを重ねながら回想していく。それが、母が息子に語った思い出話にもとづくのか、それとも息子が生活をともにしながら経験的に知ったことかはわからない。そこに語られるのは、いずれもありきたりな、夫と妻の関係であり、嫁と姑の関係であり、さらには、いわば井戸端会議といった主婦たちの関わり合いである。そのような関係のなかでモニカは、思慮深く我慢強い嫁として妻として賢明に暮らした。「賢明に」というのは、粘り強く姑の信頼を得、また夫のかんしゃくが収まるのを我慢強く待って自分の真意を理解してもらう、いわば内省的な知恵をもっていたということ。モニカの家は、家族みなが仲よく暮らす、いさかいのない、隣人たちからうらやまれる家庭だったはずだ（マニ教に血道を上げ、正式の結婚が困難な階層の出の女性と同棲する、やっかいな、しかし家の将来を託しうる修辞学教師である息子の問題はあったが）。するると、主婦としてモニカは、自分がなすべきことを熟慮する、いわば「しっかりものの奥さん・お母さん」であり、若きインテリの息子やその仲間たちの哲学的な対話に加わりうる聡明な女性だった。そこにいまひとつの個性が感じられる。息子もその点に注目し、それが篤い信仰心に由来すると考え、取りあげる。日常をともにするもっとも近しい肉親の個性に、人間に普遍的に求められる篤信の規範を見いだす、そのようなアウグスティヌスの、日常に深く根ざした人間観察が、モニカについて語る背景にある。

モニカ――「平凡な」聖人

モニカが「聖人」となり、サンタ・モニカとなったのは、以上のようなアウグスティヌスの、いうならアウグスティヌスを偉大な聖アウグスティヌスとした、思考スタイル・著作スタイルが背景にある。それが膨大な著作を貫き、そこにモニカも語られることになった。『モニカ』においてクラークは、そのゆえにリアリティーに富むモニカを再現できた。クラークは、歴史学の史料や考古学の成果を巧みに利用して、古代ローマの女性たちの日常を再現し、そこにモニカを生活させる。たとえば、寡婦となったモニカの衣服は、その境遇を踏まえて、染料を多く使うために高価だった黒く染めたものではなく、もともと黒っぽい羊毛を用いた、つつましいものだったろうという。モニカについて、すっと腑に落ちるそのような推測が可能なのは、アウグスティヌスがそこにモニカも暮らしたおのれの日常において、悩み、反省し、考え、語り合いながら、誠実に、おのれのあるべき生き方を模索し、人間のあるべき生き方を思索し、それを救済史的視野におき、その成果を、おのれの同時代人のみならず、来るべき人間たちにむけて語ったからにほかならない（九・一三・三七）。『モニカ』において利用される、衣類や住まい、都市生活にかんする歴史学や考古学による情報は、特定のだれかにかかわるものというよりは、無名の、いわば共同体の習わしや価値観を示すことが多い。アウグスティヌスの描くモニカは、家族や故郷、信徒集団といったさまざまな共同体に根をもち、おのれの個性を保ちつつそれに根ざすしかたでそれらの共同体の成員たちと誠実にかかわろうとする。よって、クラークの描くモニカは、『モニカ』のなかで、わたしたちの隣人のように生き生きと生きる。そして、時代の違い、地域や文化の違いを超える、妻の、母の、つまりは人間の普遍というべきものを体現する。そこに、「平凡な聖人」たる理由がある。『モニカ』で、クラークはそれを的確に削り出した。ここにクラークの『モニカ』のたいせつな価値のひとつがある。

参考文献

1. アウグスティヌス、山田晶訳『告白』Ⅰ、Ⅱ、Ⅲ、中公文庫、二〇一四年（Ⅰに所収の松﨑による解説「『告白』山田訳をもつということ」に、「メリビブラ」のエピソードについて、触れるところがある。
2. 松﨑一平『アウグスティヌス『告白』――〈わたし〉を語ること……』、「書物誕生――あたらしい古典入門」所収、岩波書店、二〇〇九年、とくに第Ⅱ部第五章「母との日々――見神」を参照されたい。また、第Ⅰ部第二章にクラークの『告白』観に少し触れている（pp. 31-35）。
3. 松﨑一平「モニカの見た夢―― Augstinus, *Confessiones*, III, xi-xii」、京大中世哲学研究会編『中世哲学研究』第一二号、一九九三年、pp. 133-139.

クラーク――「古代末期」研究者

佐藤真基子

クラークの研究

西洋の歴史において「古代末期」と呼ばれる時代が、研究領域として注目され始めたのは、二〇世紀後半のことである。古典古代から中世への移行期に当たるこの時代がいかなる時代であったか、その内実を問う研究は、今日までの五十年余りの間に様々な専門研究分野の研究者らによって取り組まれ、進展してきた。一九九五年の創刊以降、初学者にも専門家にも定評のある入門書 Very Short Introduction シリーズ（オックスフォード大学出版）の中で、「古代末期」の巻（*Late Antiquity: A Very Short Introduction*, Oxford U. P., 2011, 前掲の『古代末期のローマ帝国――多文化の織りなす世界』）を担当し、学術誌『古代末期研究』（*Journal of Late Antiquity*, Johns Hopkins University Press）の顧問編集者を務めるクラークは、当初は自身の研究領域が「古代末期」になると考えてはいなかったそうだが、たしかに今日、この「古代末期」研究の第一人者の一人と言ってよいだろう。クラークがその『古代末期のローマ帝国――多文化の織りなす世界』で述べてもいるように、「古代末期」研究は、この時代と他の時代との境界を「時間的にも空間的にも」拡大しつつ進展してきた。まさに多様な文化が織りなされ、広範囲に及ぶこの時代を、一人の研究者が網羅的に分析することは難しく、研究者はそれぞれの専門分野からの研究成果を発信し、相互に関係し合いながら研究の発展に寄与してきた。

クラークもまた、哲学、教父学、文学、美術等様々な分野の研究に注意を払い参照しながらも、固有の関心に軸を置いて、「古代末期」という時代の一つの側面光を当て、歴史学の見地からその内実を明らかにしてきた。彼女が光を当てた側面の一つのキーワードと言えるのは、「女性」であろう。『古代末期における女性——異教徒とキリスト教徒の生活スタイル』(*Women in Late Antiquity : Pagan and Christian Lifestyles*, Oxford U. P., 1993)は、クラークの主要業績のはじめに挙げられる。古代キリスト教教父のテキスト、古代ローマの法に関する資料、そして当時の医学に関する資料の分析に基づいて、そこでクラークが見出している知見は、本書『モニカ——平凡に生きた聖人』の記述とも重なる。本書『モニカ』においてもクラークは、ヒュパティアや大メラニア、小メラニアなどモニカ以外のローマの女性たちについての古代作家たちの証言資料にも多く言及しているが、それらは『古代末期における女性』で言及された資料でもある。資料を数多く挙げながら、当時の女性たちのありようを立体的に浮かび上がらせるその手法は、『古代末期における女性』にも『モニカ』にも彼女の多くの著作に共通したクラークの研究手法である。

『古代末期のローマ帝国』の邦訳者である足立広明はそのあとがきで、クラークの学風は「控えめで慎重な筆遣いで斬新な内容を述べるところにあると言えるであろうか」と述べている。たしかに、女性に財産の権利を認める法や、男女の身体的類似性を語る当時の医学理論、男女の霊的平等についてのキリスト教の主張を見ると、一見したところ、当時の女性の位置づけについてオプティミスティックな結論を導き出せるようにも思われる。しかしクラークは慎重に、それらの法や理論が当時どれほどの影響力を持ち、どれくらいの人に影響を及ぼしたかについて知ることはできず、一般化することはできないとして早急な結論を避ける。そしてその慎重な筆遣いを保ちながらも、クラークは、資料の分析を通して、資料が明示的に語っているのではない当時の人々の生の実態を、読者の前に斬新に語り出していく。例えば本書第三章でクラークは、夫の暴力の原因は妻にあると言う、モニカの友人たちに対する助言についてのアウグスティヌスの記述から、暴力を正当化する夫と、虐待関係の中に留まることをよしとしてしまう、被害者である妻の心理、そしてさらに、この状況を余儀なくさせる社会の文化的背景までをも指摘する。クラークのこの指摘は、読者である私たちに、現代においても、明文化されている法や理論と、生活の中に立ち現れる実態との間にしばしば不一致があること、そして男女の間に、同様の関係が今日でも見出されうることを示唆する。当時の女性たちが抱いたであろう葛藤が、現代の女性たちの葛藤と、ときにパラレルであることを明らかにするクラークの記述は、たしかに筆遣いは控えめながらも、私たちの意識に鋭く入り込む。

『古代末期における女性』が出版された一九九三年以降、二〇〇五年までにクラークが発表した論文を集めて、二〇一一年に論文集『古代末期における身体とジェンダー、魂と理性』(*Body and Gender, Soul and Reason in Late Antiquity*, Farnham, 2011) が刊行されている。その序文でクラークは、『古代末期における女性』以来のテーマが、そこに収録されたすべての論文に通底していると述べている。すなわち、古代末期における「法と社会。家族関係と医療。男女の社会的役割。その男女の社会的役割を支える生物学的、哲学的理論と、それに対抗するキリスト教の禁欲主義、そしてそれに注意を払いたがらないプラトン主義の哲学」といったテーマである。「アダムの子宮(アウグスティヌス『告白』第一三巻二八章)と塩辛い海」('Adam's womb (Augustine, *Confessions* 13.28) and the salty sea', 1996)、「身体と血——殉教と処女性、復活についての古代末期の議論」('Bodies and blood: late antiquedebate on martyrdom, virginity and resurrection', 1998)、「霊的アスリートの健康」('The health of the spiritual athlete', 2005) など、収録されている論文はいずれもクラークならではの着眼点から取り組まれたものであり、且つ、そこで取り組まれたテーマは、本書『モニカ』にも通底しているものであることに、読者は気づくであろう。

他方で、筆者はクラークを「アウグスティヌス研究者」としてはじめに知った。学生の頃、ゼミで毎週アウグスティヌスの『告白』を一節ずつ読み進める中で、必ず参照するコメンタリーは、ギブとモンゴメリーによるもの（J. Gibb & W. Montgomery, *The Confessions of Augustine*, 2nd ed., Cambridge U. P., 1927）とオドンネルによるもの（J. J. O'Donnell, *Augustine: Confessions*, 3 vols, Oxford U. P., 1992）、そしてクラークによるもの（*Augustine: Confessions, books I-IV*, Cambridge U. P., 1995）だった。クラークによるコメンタリーは、他のものにはない新しい示唆を与えてくれるもので、ゼミで読む箇所が進んで『告白』第五巻に入ってからは、クラークによるコメンタリーが第四巻についてまでしか刊行されていないことを、先生やゼミの仲間たちといつも嘆いたものだった。このコメンタリーに先立って、『古代末期における女性』と同じ一九九三年に、クラークは『告白』の概説書を上梓してもいた（*Augustine: The Confessions*, Cambridge U. P., 1993）。『告白』のエッセンスばかりでなく、その後の時代の文芸作品への影響も解説する本書は、今日もなお『告白』を読み始めた読者に有益な示唆を与えてくれる。目下クラークは、アウグスティヌス『神の国』のコメンタリーの執筆に取り組んでおり、その一部はウェブ上で刊行されている（Augustine City of God Commentary Project, 2007, Non-textual form › Web publication/site）。上述の『古代末期のローマ帝国』においても、クラークは初めの引用をアウグスティヌス『神の国』第一巻一章の言葉から始める。クラークのアウグスティヌスについての理解は、たしかに彼女の「古代末期」研究の軸を成していると言ってよいだろう。

クラークにお会いして

上述のように、筆者にとってはその著作を通してのみ知る人だったクラークに、二〇一五年オックスフォードで開かれた学会で初めてお会いした。先の足立氏による「控えめで慎重」という彼女の学風についての説明は、控えめで慎ましやかな彼女の佇まいとも一致していた。筆者が研究発表をしたセッションのチェア（司会）を務め、発表前には緊張する筆者に、優しい微笑みとともに励ましの言葉をかけてくださった。彼女が同じ壇上にいてくださることで、静かな包容力に守られながら安心して発表に臨むことができた。その後お会いしたときにお礼を伝えると、また優しくあたたかな言葉をかけてくださった。別のセッションでも彼女を幾度かお見かけすると、やはりいつも静かな佇まいでそこにいらしたが、目を見開いて発表者の話に集中して耳を傾ける様子に、単に「控えめで慎ましやか」でないアグレッシブな知性が感じられた。まっすぐに整えられた白銀のボブスタイルの髪に、その日はレースのあしらわれた涼し気な白いブラウスを着ていらしたが、その姿を思い起こすと、スノードロップの花のイメージと重なる。小さく可憐、深い静謐を感じさせ、シンプルに研ぎ澄まされた知性がエレガントだ。スノードロップは、ヨーロッパの修道院で好んで栽培された花で、まだ薄く雪の残ることもある冬の終わりに咲くため、春を告げる花として知られる。小さくうつむき加減に咲くその静かな佇まいに、春の訪れを知る人は、来たる喜びと希望を心に抱く。著作を通して、また直接お会いして、彼女に学びながらこれからも研究の喜びを享受していこうという思いを抱くとき、クラークはまさに春を告げる希望を感じさせるスノードロップのような人だと思う。

（二〇一九年八月、この邦訳書が出版される直前にも、クラークと再会する機会を得た。女性が哲学の研究に携わるときｗに直面する困難を指摘した、「女性と哲学」と題する拙稿をお渡しするとすぐに読んで、同様の困難が現在も各国にあること、そしてその原因となっている男性哲学者たちの根強い思い込みについて言及した上で、最近イギリスで始まった、学会でのジェンダー・バイアスを解消するための試みについて教えてくださった。声を上げる女性たちのすべての取り組みは、若い世代の女性たちを励ますものになっていますよ！　という、クラークからいただいた言葉を、この本の読者の皆様とも共有したく、ここに追記します。）

オスティアの松林の向こうへ――聖モニカの墓の前に立って

松村康平

オスティアを訪ねて

二〇一二年八月、筆者はアウグスティヌスが母モニカと体験した「オスティアの体験」（『告白』九・一〇・二三―二六）の舞台、オスティアの遺跡を訪れた。ローマの中心部、コロッセオ駅から三〇分程電車に揺られ、乗り換えを経てオスティア・アンティカ駅に辿り着くと、駅の外に広がっているのは郊外の住宅地であった。強い日差しの中気温は三〇度を超え、遺跡へと続くコンクリートの道には、陽炎が揺れていた。少し歩くとすぐに荒涼とした遺跡が目の前に開けてきた。二千年もの時を経て、今なお人々に踏みしめられる石畳がそこにはあった。

古代ローマの港町オスティア。そこは、背が高く、青々とした葉が生い茂った力強い松の林で囲まれている。遺構にはモザイクで彩られた広い公衆浴場があり、当時の人々の憩いの名残を感じさせる。石畳をもう少し行くと、古代の壮観な劇場跡があった。アウグスティヌスが若い日に熱中し、のめり込んでいた悲劇や喜劇も、このような劇場で行われていたのだろうか。ある建物の台所は、かまどの設備も残されており、室内は素朴だが美しい壁画で彩られていた。今にも人々の生活の音、日常の声が聞こえてきそうなほど、オスティアの街は今でもその当時の佇まいを残していた。

オスティアの体験――母子の語らい

今から一六〇〇年ほど前、このオスティアにアウグスティヌスは母モニカとともにいた。近年、モニカの墓所が発見された。それは一九四五年に、偶然二人の少年によって見つけられたという。その発掘場所は、先にわたしが通り過ぎた劇場のすぐそばであった。アウグスティヌスはその時の記憶を『告白』において次のように残し、その文章は現在もモニカの墓が発見されたその場所にレリーフとして刻まれている。

さて、この世から母の去るべき日が迫っていた頃――その日を私たちは知りませんでしたが、あなたはご存じでした――、これはかくれたしかたであなたが配慮してくださったことと信じますが、たまたま私と母とは二人だけで、ある窓にもたれていました。そこからは私たちの宿っていた家の内庭が見わたされました。それはティベル河口のオスティアでのことでした。そこで私たちは、長い旅路の労苦の後、騒々しい群衆からはなれて、船出のための元気を養っていたのです。

（『告白』九・一〇・二三）

二人がこのオスティアの地で泊まった宿は、不思議な対話の時間を過ごした庭園は、どこにあったのだろうか。母に残された時間は少なかった。自身の死へと向かう道程において、船出を待ちながらこの町のどこかで、アウグスティヌスとモニカの母子は、不思議な対話の時間を過ごしたのだった。そのときの対話の様子と内容をアウグスティヌスは『告白』で次のように記している。解説にはいささか不釣り合いな長さかもしれないが、この不思議な対話を味わいたい。

そこで私たちは次のようなことを語りあいました。

もしもだれかのうちで騒々しい肉のさけびが沈黙し、地や水や空気の表象が沈黙し、天界も沈黙し、魂が自分自身に沈黙し、われを忘れて自分をこえてゆくとき、夢や想像的な幻が沈黙し、すべてのことばとしるし、生滅するすべてのものが完全に沈黙するとき――じっさい、これらのものにたずねるならば、彼らは口をそろえて、「われわれを造ったのは、私たち自身ではない。われわれをつくったのは、永遠にとどまりたもう御方である」というであろうから――、こういってすべてのものが、自分たちを造りたもうた方のほうに耳をかたむけ、黙りこくってしまうとき、そして神ご自身がただひとり、それらを通じてではなくご自身で語り、そのことばを私たちが、肉の舌を通じてでも、天使の声をとおしてでも、雲のひびきをとおしてでも、謎めいたたとえをとおしてでもなく、これらにおいて愛したてまつる神ご自身をこれらによらずに聞くとき、すなわち、たったいま、私たちが思いを伸ばし、万物をこえてとどまりたもう永遠の知恵にあわただしい思惟によってふれたように、そのものご自身を聞くとき、この状態が持続して、これとはおよそ比較にならないたぐいの他のもろもろの表象がとりのぞかれ、ただこの一つの直観に見る者の心がうばわれ、すいこまれ、深い内的歓喜にひきいれられるとき、そして、いまあえぎもとめ、この一瞬悟りえたものが、永遠につづく生命となるとき、それこそはまさに「汝の主のよろこびのうちにはいれ」といわれるときではないか。それはいつのことだろう。「私たちはみなよみがえるが、かならずしもすべての者が化するわけではない」といわれたあのときであろうか。

（『告白』九・一〇・二五）

この神秘的な対話の中で、二人はともに、「永遠の知恵」に触れ、「あなたのことば」すなわち神のことばを聴いたという。モニカは哲学者ではなかったし、もちろんその息子のように修辞学を習得していたわけでもなかった。したがって、何か哲学的な思索を言葉で表すとか、あるいは自らのキリスト教信仰を理性的な言葉で十分表現できたかといったら、そういうわけではなかっただろう。しかし、アウグスティヌスとモニカ二人でともにした体験が極めて深いものであったのか、それがいかに輝かしいものであったのかを、ここで息子は静かに、しかし雄弁に語っている。モニカはその後、故郷の土を踏むことなく、この地で亡くなった。アウグスティヌスは、彼女の死の直前の言葉を次のように伝えている。

このからだはどこにでも好きなところに葬っておくれ。そんなことに心をわずらわさないでおくれ。ただ一つ、お願いがある。どこにいようとも、主の祭壇のもとで私を想い出しておくれ。(『告白』九・一一・二七)

はじめモニカは、彼女の息子に修辞学を学ばせ、将来出世させ、社会的にも高い地位を得させるよう腐心していた。彼女は世俗での成功を得ることを望む一方で、キリスト教的生活を生きる希望を持つという、一見相反する二つの望みに引き裂かれていた、あるいはその両者を地方の慣習に則りながらなんとかバランスを取ろうと生きていたことが窺われる。だが、『告白』の中で私たちが出会うのは、回心へと向かうアウグスティヌスの姿と同時に変化し、回心へと向かうモニカの姿であった。彼女がその死の間際に願ったのは、息子の出世などではなかった。本書の著者ジリアン・クラークも指摘しているように、ここでモニカはただ単に自身を思い出すことを願っているのではない。彼女は「主の祭壇で」、すなわち「[ミサの中で]聖体を分かち合っている時に」思い出すように願う。そこには、愛に満ちたキリスト教的な雰囲気が漂うと同時に、アウグスティヌスとモニカの二人が母子関係を超えて、主キリストの身体の一部となってゆく姿がある。このモニカの死を想う時、アウグスティヌスが『告白』第九巻の最後で次のように語っていることを思い出す。

この書をよむすべての人々が、あなたの祭壇において、あなたの婢女モニカを、しばしのあいだ夫であったパトリキウスとともに想い起こしてくれるように。（……中略……）彼女がいまわのきわに私に願いもとめたものが、ただ私一人の祈りによるよりも、この告白を通じ多くの人々の祈りによって、より豊かに彼女に与えられますように。

（『告白』九・一三・三七）

聖人としてのモニカ

聖人としてのモニカのストーリーは、先の『告白』第九巻におけるオスティアでの体験とモニカの死、そしてそこに置かれた祈りの後から始まる。「聖モニカとは誰か」という問いは、「聖人とは何か」という問いに他ならない。本解説では、この問いに正面から応える余裕はないが、一般的に聖人とは、「神の恩恵を特に豊かに受け、キリスト者として優れた生き方と死に方をし、教会によって崇敬に値する者と判断された人々」（新カトリック大事典編纂委員会編『カトリック大事典』第三巻「聖人」の項より）であると言われる。しかし、聖人とはあくまでもキリスト教の歴史の中で徐々に認められ、定められてきた制度であって、初期のキリスト教において、公式に「聖人」と認められる事例の主だったものは殉教者であった。その場合、もちろんいわゆる列聖調査のような何らかの調査手続きは必要なかった。そのような列聖手続きが行われた事例として最も古いものは、九九三年にラテラノで開かれた教会会議において、当時の教皇ヨハネス一五世の宣言であった。アウグスブルグ司教が、先代の当地の司教であったウルリヒの生涯と奇跡とを会場で朗読する許可を願い、それに教皇が応えるかたちで、彼を聖人として記念し、崇めるよう宣言した。このプロセスが――現代の列聖手続きのプロセスに比すれば極めて簡便ではあるが――いわば教会が聖人を認可する列聖の初めの事例であった。このような教会における列聖手続きや宣言などが一般的になる以前、多くの場合、地方教会の司教が信者の自発的信心を支持し承認することで、その当地の聖人は「聖人」と認められた。モニカもまた、そのような慣習において、自ずと聖人として認識されるようになったと言ってよい。

モニカは、同時代の他の代表的な聖人、とりわけ女性の聖人と比べると根本的に異なる、際立った特徴があった。それは彼女が――クラークが本書の副題にも示し、本書内で再三に渡って指摘するように――「平凡（ordinary）」であるということだ。彼女が生きていた時代の女性の聖人は、いわば典型的な聖人であった。クラークは本書内でニュッサのグレゴリウスの姉であるマクリナを例として挙げつつモニカと比較している（本書第六章参照）。マクリナは「教師」であった。弟であるニュッサのグレゴリウスは『聖マクリナの生涯』を著し、彼女の生の経緯をまとめた。その中で彼はマクリナについて述べる際に「姉」でなく、「偉大なマクリナ」、「処女」、「教師」といった呼称を用いた。実際マクリナはキリスト者の家庭で育ち、一人の信徒として生き、家族を助けつつも、次第に質素な禁欲的生活の中で修道的生活をはじめ、多くの修道女たちの霊的指導を行い、哲学的思索の中でキリスト教の教えの学びに専心していくこととなった。このように、マクリナは模範的なキリスト者であった。

一方でアウグスティヌスは、モニカをいわゆる模範的なキリスト者としては描いていない。しかし、その姿は彼女を逆説的に真の意味での聖人として浮かび上がらせている。『告白』の中でアウグスティヌスは、モニカを自らの実の「母」として、また様々な喜びや苦悩を経た一人の人間として描いているし、クラークは彼女についてアウグスティヌスが用いる形容詞（例えば「所有欲の強い」、「圧制的な」、「厳格な」、「抑圧的な」、「支配的な」等）の辛辣さについて指摘している（本書第六章参照）。それらの描写を見ると、アウグスティヌスは意図的に、模範的キリスト者ではなく、一人の人間として生きたモニカを描いているのではないかとも思われる。実際『告白』を読むと、モニカは若い日には飲酒の癖があり、キリスト者ではない夫との関係に思い悩み――最終的に彼はキリスト者となるが――、北アフリカの地方都市の非キリスト教的な宗教的慣習を当たり前のものとして受け入れつつ世俗社会の日常的生活の中でなんとか生きようと必死だった様子が目に浮かぶ。しかし同時に、その中で彼女は一人のキリスト者として真摯に神を求めた。『告白』の読者はモニカのその普通の家庭を持ち、「平凡」な一人の人として葛藤し苦悩する姿、また彼女自身が回心していく姿に触れることを通して、世俗が次第に聖とされていくプロセスを共に追うこととなる。現在、聖モニカは聖人として、苦しむ人々に寄り添い、励ます存在となっている。モニカの姿は多くの人々の信仰を支え、また今でも励ましている。それは彼女の語る教えや言葉でなく、むしろ彼女が葛藤や苦悩の中で残した生きた足跡が語り、それが多くの信心と共感を呼び、現代においてもオスティアで彼女が聴いたであろう「あなたのことば」へと人々を招いている。モニカは、その意味でまさしく聖人なのだ。

聖モニカの墓の前で

彼女がオスティアに埋葬された後、その墓は二度移動されたという。一度目は一四三〇年であり、二度目は一四五五年であったと記録されている。二度の移動を経て、現在彼女の墓はローマのナヴォーナ広場の近くの、聖アウグスティノ教会 Basilica di Sant' Agostino にある。彼女は自分の息子の名前を冠した教会にある静かな聖堂の祭壇のもとで眠っている。

オスティアを訪れた数日後、わたしはその聖アウグスティノ教会を訪れた。そこには、静かな空間の中、左の壁面にはカラヴァッジョの描いた有名な作品「ロレートの聖母」が飾られ、歩き果てた巡礼者の前に、聖母子が現れている様子を観光客に示している。その同じ左の壁面をまっすぐ歩いて行くと、ひっそりと小さな祭壇が置かれていた。その祭壇とともにモニカの墓がそこにあった。壮麗な装飾はないが、緑色の美しい大理石でできたその祭壇は、質素に、純粋に神を求めた彼女を偲ばせている。わたしはその祭壇の前に立ち、祈りながら彼女を想い起こした。一六〇〇年もの時を経て、またその時を超えてモニカはわたしの目の前に眠っていた。そして今も彼女は『告白』を読むすべての人、わたしたちを含むさまざまな人に想い起こされている。「聖モニカ、わたしたちのために祈りたまえ（S. MONICA ORA PRO NOBIS）」という言葉とともに。

参考文献

1．アウグスティヌス『告白　Ⅱ』山田晶訳、中央公論社、二〇一四年（本解説文中における『告白』の引用は本訳書に拠る）。
2．新カトリック大事典編纂委員会編『カトリック大事典』第三巻、研究社、二〇〇二年。
3．J・ドウイレ『聖人とは何か』金子賢之介訳、ドン・ボスコ社、一九六〇年。

アウグスティヌスの著作——参考文献と資料

『モニカ』の原著では、本文につづけて、以下のとおり、*Works of Augustine*, References and Resources（アウグスティヌスの著作——参考文献と資料）というタイトルのもとに、英語で読む読者を念頭に、アウグスティヌスの著作を読んだり理解したりするために役立つ文献や情報源について、ウェブ上で公開されているものの情報とあわせて、簡単なコメントとともに紹介されている。さらに、本書で用いられるアウグスティヌスの主要な著作について、書名の省略法、書名の英訳の一覧があり、それぞれの著作について、簡単だがクラークらしい、要を得た鋭いコメントも付されている。省略法、書名の英訳など、英訳でアウグスティヌスを読もうとするひとたちにとって役立つと思われるので、原著どおりとし、英訳題名については、慣例を尊重しつつも英訳にできるだけそって訳したものを括弧書きで付記する。また、日本語訳で読むひとたちの便宜を考えて、限定的にではあるが、【　】に日本語訳の情報や補足的説明を追加しておく。（訳者）

翻訳は、とくに断らない場合は、著者〔クラーク〕による。

アウグスティヌスの著作を参照するばあい、その略記は、Allan D. Fitzgerald ed., *Augustine Through the Ages: An Encyclopedia*, 1999, pp. xxxv-xlii に示されている慣例に従う。pp. xxxv-xlii はまた、英語の書名、ラテン語原典、英訳の情報を含む。多くの翻訳がそれ以降も出版されてきた、とりわけ、*Complete Works of Saint Augustine: A Translation for the 21st Century*, [website] (http://www.newcitypress.com/Complete_works_Saint_Augustine_english.html）において——これには解説と注が付されている。【日本語訳著作集として、『アウグスティヌス著作集』（教文館刊）があり、アウグスティヌスの主要な著作を邦訳で読むことができる。1979年から刊行されていて、30巻36冊、別巻2巻、計38冊となる予定（現在3冊が未刊）。これに収録されて

いる著作については、第1巻なら『著作集』1と、第18巻第1分冊なら『著作集』18・1と略す】

2011年までの原典と翻訳については、以下に記載されている。Mark Vessey ed., *A Companion Augustine*, Wiley-Blackwell, 2012, pp. xxiv-xxxv.

広い範囲のさらなる情報をともなう原典と翻訳の最新の諸リストは、ヴィルツブルグのZentrum für Augstinus-Forschung（アウグスティヌス研究センター）のウェブサイト、www.augustinus.deが利用できる。これはドイツ語のウェブサイトだが、いくつかの頁は、英訳を提供している。たとえば、http://www.augustinus.de/bwo/dcms/sites/bistum/extern/zfa/lexikon/contens.htmlは*Augustinus-Lexikon*の形式と内容にもとづく（進行中）。

Larissa Seelbachによる、*Augustinus-Lexikon*のモニカの項目記載は、4 fasc. 1/2 pp. 68-74.

Karla Pollmann and Willemien Otten, eds., *Oxford Guide to the Historical Reception of Augustine* (Oxford University Press, 2013）は、アウグスティヌスの著作の伝播と受容について価値ある議論を提供するが、モニカについての項目記載を含まない。

ラテン語テキストは、www.augustinus.itにおいて（これらは最新の批判版ではないことに留意せよ）、オンラインで自由に利用できる。*Corpus Augustinianum Gissense*のオンラインで検索可能なテキストと文献リストについては、利用申し込み（subscription）が求められる。http://www.augustinus.de/bwo/dcms/sites/bistum/extern/zfa/cags/cag-online_en.htmlを見よ。

James J. O'Donnellの先駆的なサイト、http://www9.georgetown.edu/faculty/jod/augustine/は、評価できないくらい価値のある彼の『告白』の注釈（Oxford University Press, 1992）を含んでいる。その注釈はラテン語の知識を想定しているが、ラテン語を知らない読者たちでもそこから受益できる。

www.findingaugustine.orgは、文献リストを提供している。これは、ルーヴァン・カトリック大学とヴィラノヴァ大学との進行中のプロジェクトだ。

www.cassiciaco.itは、その歴史的な文脈、とくに中世および初期近世において、図像学（アウグスティヌスの画像）について、特別に有益だ。

現代の著作家たちは、いろいろな参照方法でアウグスティヌスの著作を利用するが、通常、それがなにを意味するか理解することは可能だ。以下、三つの例

De civitate Dei は、ここでは *City of God*（『神の国』）と訳され、*civ. Dei* と略される。ある著作家たちは、*civ.* あるいは *DCD* と略すし、ある著作家たちは、*The City of God Against the Pagans*（『神の国について異教徒たちを反駁する』）と、訳されたタイトルの全部を与える。【『著作集』11—15、および服部英次郎・藤本雄三訳『神の国』1—5、岩波文庫（1982 年—1991 年）】

De doctrina Christiana は、ここでは *Christian Teaching*（『キリスト教の教え』）と訳され、*doc. Chr.* と略される。ある著作家たちは、*doctr. Chr.* あるいは *DDC* と略し、ある著作家たちは、タイトルを *Christian Doctrine*（『キリスト教の教義』）と訳す。これは、「教え」と訳すほどには役立たない。「教え」は、教えられるべきこととそれを教える方法とを含意する。【『著作集』6】

De Genesi ad Litteram は、ここでは *Gn. Litt.* と略されているが、翻訳するのはとりわけ困難だ。アウグスティヌスは、創世記の始まりの諸章について、アダムとエウァがパラダイス（楽園）から追いはらわれるところまでの、11 巻からなる注釈を書き、それからパラダイスにかんする第 12 巻を付加した。*ad litteram*（「文字にそくして」の意）とは「比喩的 allegorical」と対照的だが、アウグスティヌスは、できごと自体がしばしば隠された意味をもつと考えていた。*Literal Interpretation of Genesis*（『創世記逐語解』）が通常の訳。ときに *Genesis According to the Letter* とも訳される。【『著作集』16—17】

便利さに配慮し、以下、この本のなかで使われる略記を、各タイトルの簡単な説明とともにあげておく。まずは、いくつかの一般的な所見

アウグスティヌス伝の著者ポシディウスは、千をこえる巻（books）、手紙、説教を、リスト【*Indiculus*『小目録』】にあげている。

アウグスティヌスは、彼の *Retractationes*（『読み直し』）【より厳密には、「ふたたび（re-）論じること（tractare）」、つまり『再論』】において、年代順に、自分が刊行した書（books）の説明つきのリストを編んだ。「書・巻（book）」

は、テキストの一区分（section）（巻）か、あるいはテキスト全体（書）を意味しうる。たとえば、『神の国』は22の巻からなるが、*Care for the Dead*（『死者たちのための配慮』）【正確には、*De cura pro mortuis gerenda ad Paulinum episcopum*、『死者たちのためになされるべき配慮について、司教パウリヌスへ』】は、単一の短い巻だ。アウグスティヌスは、単一の巻がどのくらいの長さであるべきか分かっていたが、彼のテキストを巻よりも小さく区分することはなかった。章（capitula、「表題」「項目」）や節は、中世の読者たちを助けるためにつくられた後代の、テキストの下位区分だ。

『手紙』は私的なやりとりではなかった。多くは公開して読まれるよう意図され、いくつかは短い論考であり、すべての手紙が他のひとたちと共有されることが期待された。手紙の運び手たちは、実際には私的なメッセージを託されたのかもしれない。アウグスティヌスは、自分の手紙の写しを保存していたが、それらを読みとおす時間をもたなかった。だから、完全な時系列にそったリストはないし、ときに新たな発見がある。たとえば、1969年に、Johannes Divjakは、手紙の小さな集まりを見つけた。それらは主要なコレクションとの混乱を避けるために、1*～29*と番号がつけられている。アウグスティヌスの『説教』は、形式において多様だ。ときとして彼は、説教するのに先だち、説教を口述するための、あるいは自分の書記たちによって取られた速記録を補訂するための時間をもった。速記録はときに、聴衆がどのように反応したかを示す。手紙と同様に、アウグスティヌスは自分のすべての説教を読みとおす時間をもたなかったし、ときとして新たな〔説教の〕発見がある。

この本でつかわれる略記

b. vita　*De beata vita*（386年）、通常、'On the Happy Life'（『幸福の生について』）と訳される、ときに（いっそう精確に）'On the Blessed Life'（『至福の生について』）とも。哲学的対話篇、アウグスティヌスの最初期の著作の一つで、モニカのための主要な資料。【『著作集』1】

C. Acad.　*Contra Academicos*（386年）。通常、'Against the Academics'（『アカデミア派駁論』）、あるいは、ときに'Against the (Academic) Sceptics'（『(ア

カデミア派の）懐疑論者駁論』）と訳される。知識や真理に到達できるかの哲学的な対話篇。モニカが少しだけ介入する。【『著作集』1】

Cath.　*Ad catholicos fratres*（401年？）。A letter 'to Catholic brothers'（『カトリックの兄弟たちへ』の手紙）、*De unitate ecclesiae*、'On the Unity of the Church'（『教会の一性について』）とも呼ばれる。敵対するドナトゥス派からのパンフレットに答えた手紙。アウグスティヌスがそれを書いたか、論争がある。

civ. Dei　*De civitate Dei*（413年頃—26年）。*City of God*（『神の国』）。神の国、天の国は、あらゆる時と場所で、神を愛し神の意志をおこなうことを望む天使たちと人間たちの共同体、地の国は、あらゆる時と場所で、おのれ自身の道を望む天使たちと人間たちの共同体だ。第1巻—第10巻でアウグスティヌスは、おのれたち自身の神々を好むひとたちに対して神の国を守る。彼は伝統的なローマの宗教（第1巻—第7巻）とプラトン主義者の哲学（第8巻—第10巻）とを攻撃する。プラトン主義者の哲学は哲学のもっとも偉大な達成だが、多くの神々の崇拝をなおも許容する。第11巻—第22巻は、二つの国の、起源（第11巻—第14巻）と進展（第15巻—第18巻）と定められた終わり（第19巻—第22巻）を提示する。

c. Iul. imp.　*Contra Iulianum opus imperfectum*（428年—30年）。'Unfinished Work against Julian'（『未完ユリアヌス駁論』）。このユリアヌス（皇帝ではない）は、イタリアのエクラヌムの司教で、性欲やそれの罪との関連とにかんするアウグスティヌスの見方を攻撃した。『未完』は、『ユリアヌス駁論』（421年頃）6巻【『著作集』30】に続いた。

c. litt. Pet.　*Contra litteras Petiliani*（400年頃）。'Against the Writings of Petilian'（『ペティリアヌスの手紙駁論』）。キルタの司教ペティリアヌスは、教会の純粋さについてドナトゥス派の立場を提示するある手紙を自分の聖職者に書いた。〔それを入手した〕アウグスティヌスは返答を書き、さらなる議論が続けられた。

Conf.　*Confessiones*（397年）。*Confessions*（『告白』）、モニカのための主要な資料。アウグスティヌスは告白する（認める）、おのれ自身の罪や過ちばかりか、神の栄光を。第1巻—第9巻は、幼年時代から受洗（31歳）ま

でのアウグスティヌスの生における神の現存を跡づける。第10巻は、執筆時期のおのれの霊的状況を反省し、第11巻は記憶と時間の議論を続け、第12巻—第13巻は、創世記の創造の物語を探査する。【『著作集』5・1—2、服部英次郎訳『告白』上・下、岩波文庫（1976年）、山田晶訳『告白』1—3、中公文庫（2014年）】

Cresc. *Contra Cresconium*（405年頃）。'Against Cresconius'（『クレスコニウス駁論』）、クレスコニウスは、*c. litt. Pet.* を攻撃したドナトゥス派の文学の教師。

De cura *De cura pro mortuis gerenda*（421年頃）。'On Care [To Be Taken] for the dead'（『死者たちのため［になされるべき］の配慮について』）、ノラの司教パウリヌスからの諸質問への短い返答。

doc. Chr. *De doctrina Christiana*（第1巻から第3巻第25章35節までは395年頃、第3巻の残余と第4巻は420年代末に完成された）、*Christian Teaching*（『キリスト教の教え』）。第1巻はキリスト教の教えの内容に、第2巻—第3巻は聖書解釈に、第4巻は宣教の技術にかかわる。

ench. *Enchiridion*（422年頃）。'Handbook'（『提要』）、*Liber de fide, spe et caritate*, 'Book on Faith, Hope and Love'（『信、望、愛について、一巻』）としても知られている。キリスト教の信仰についての提要を求める平信徒からの要求への返答。【『著作集』4】

en. Ps. *Enarrationes in Psalmos*（392年—418年頃）。'Expositions of the Psalms'（『詩篇講解』）、詩篇150篇全篇についての、説教から筆記録に及ぶ注釈の集成。【『著作集』18・1、同・2、同20・1の3冊が既刊】

ep. *Epistulae*（最初期は386年）。'Letters'（『手紙』）（上述の一般的説明を見よ）。およそ300通が現存、——あるものは時期が定められうる。【『著作集』続1—2に抄訳】

Gn. Litt. *De Genesi ad Litteram*（400年頃—15年）。*Literal Interpretation of Genesis*（『創世記逐語解』）、——先の説明を見よ。

Io. Ev. Tr. *In Iohannis evangelium tractatus*（408年から420年のあいだ）。'Tractates on the Gospel of John'（『ヨハネによる福音書論考』。124の論考がある。あるものは説教、あるものは口述筆記録。【『著作集』23—25】

mor.　*De moribus ecclesiae catholicae et de moribus Manichaeorum*（387 年―9 年）。'On the Catholic and the Manichaean Ways of Life'（『カトリック教会とマニ教の生活のありかたについて』）、禁欲主義の二つの伝統とそれらの聖書の根拠を対比する 2 巻〔からなる〕。【熊谷賢二訳『カトリック教会の道徳』創文社（1963 年）】

nupt. et conc.　*De nuptiis et concupiscentia*（402 年頃）。'On Marriage and Concupiscence'（『結婚と欲情について』）は、結婚は善だが、人間たちが神から離れ落ちたゆえに、子どもの妊娠は罪に影響されると論じる。

ord.　*De ordine*（386 年）。'Order'（『秩序』）、最初期の哲学的対話篇の一つ、宇宙の秩序と悪の場所について。モニカについての主要な資料。【『著作集』1】

persev.　*De dono perseverantiae*（428／9 年）、'The Gift of Perseverance'（『堅忍の賜物』）、信仰に留まるためにわたしたちは神の恵みを必要とすることを論じる。【『著作集』10】

qu. Gen.　*Quaestiones in Genesim*（419 年）、'Questions on Genesis'（『創世記についての諸問題』）、*Quaestiones in Heptateuchum*, 'Questions on the Heptateuch'（『七書についての諸問題』）、つまり、聖書の最初の七書についての諸問題の一部。聖書解釈についての、しばしば簡潔な筆記録。

reg.　*Regula*（397 年？）。'Rule'（『規則』）、修道士と修道女のための規則。『再論』では（おそらく手紙だったから）あるいはポシディウスによってまとめられたリストでは言及されていないが、多くの学者たちは、アウグスティヌスがそれを書いたことを受けいれている。

retr.　*Retractationes*（426 ／ 7 年）。'Reconsiderations'（『再考』／『再論』）あるいは 'Re-readings'（『読み直し』）、アウグスティヌスの〔公刊された〕すべての著作の年代順のリスト、背景についてのいくつかのコメントがあり、間違いや、過って導くかもしれないことばの訂正をおこなう。【『著作集』に収録された著作については、各巻に訳出されている】

ser.　*Sermones*（393 年から）。'Sermons'（『説教』）。およそ 400 篇が現存。あるものは時期が定められうる。【『著作集』21―22 に、共観福音書にかんする説教が抄訳】

sol.　*Soliloquia*（386／7 年）。'Soliloquies'（アウグスティヌスが考案したと思われることば）（『ソリロクィア』〔『独語録』『独白』とも訳されてきた〕）。アウグスティヌスの霊的状態と知恵をめざす進歩についての、アウグスティヌスと人格化された理性との対話。【『著作集』1】

vera. rel.　*De vera religione*（390 年頃）。'On True Religion'（『真の宗教について』）、アウグスティヌスが司祭に叙任されるまえに書かれた。プラトン思想はキリスト教思想にとても近いと彼はいい、悪の起源を議論し、マニ教に反対して論じる。【『著作集』2】

v. Aug　*Vita Augustini*（430 年代初期？）。アウグスティヌスの友人で司教仲間のポシディウスの手によるアウグスティヌスの生涯、『告白』の物語に続けて彼の生涯の物語を語り、さらに、著作と手紙と説教の一覧【つまり、*Indiculus*】を付属する。【熊谷賢二訳『聖アウグスティヌスの生涯』創文社（1963 年）】

参 考 文 献

Ahl, Diane Cole (1999) 'The Life of Saint Augustine in San Gimignano', in J. Schnaubelt and F. Van Fleteren, eds, *Augustine in Iconography: History and Legend*, 359–82. New York: Peter Lang.

Allen, Pauline (2007) 'Augustine's Commentaries on the Old Testament: A Mariological Perspective', in H. Amirav and B. H. Romeny, eds, *From Rome to Constantinople: Studies in Honour of Averil Cameron*, 137–51. Leuven, Belgium: Peeters.

Ameling, Walter (2012) '*Femina liberaliter instituta*: Some Thoughts on a Martyr's Liberal Education', in J. Bremmer and M. Formisano, eds, *Perpetua's Passions: Multidisciplinary Approaches to the* Passio Perpetuae et Felicitatis, 78–102. Oxford: Oxford University Press.

Amirav, Hagit, and Romeny, Bas ter Haar, eds (2007) *From Rome to Constantinople: Studies in Honour of Averil Cameron*. Leuven, Belgium: Peeters.

Arjava, Antti (1996) *Women and Law in Late Antiquity*. Oxford: Oxford University Press.

Atkins, E. Margaret, and Osborne, Robin, eds (2006) *Poverty in the Roman World*. Cambridge: Cambridge University Press.

Atkinson, Clarissa (1987) '"Your Servant, My Mother": The Figure of Saint Monica in the Ideology of Christian Motherhood', in C. Atkinson, C. Buchanan, and M. Miles, eds, *Immaculate and Powerful: The Female in Sacred Image and Reality*, 139–72. Wellingborough, UK: Crucible.

Atkinson, Clarissa, Buchanan, Constance, and Miles, Margaret, eds (1987) *Immaculate and Powerful: The Female in Sacred Image and Reality*. Wellingborough, UK: Crucible.

Ayres, Lewis (2004) *Nicaea and Its Legacy: An Approach to Fourth Century Trinitarian Theology*. Oxford: Oxford University Press.

Baker-Brian, Nicholas (2011) *Manichaeism: An Ancient Faith Rediscovered*. Edinburgh: T&T Clark.

Beaucamp, Joelle (1990) *Le statu de la femme à Byzance, 4e–7e siècles*. 2 vols. Paris: De Boccard.

BeDuhn, Jason (2010) *Augustine's Manichaean Dilemma: Conversion and Apostasy 373–388 CE*. Philadelphia, PA: University of Pennsylvania Press.

Birk, Stine and Poulsen, Birte, eds (2012) *Patrons and Viewers in Late Antiquity*. Aarhus, Denmark: Aarhus University Press.

Boin, Douglas (2010) 'Late Antique Ostia and a Campaign For Pious Tourism: Epitaphs for Bishop Cyriacus and Monica, Mother of Augustine', *Journal of Roman Studies* 100:195–209.

Børtnes, Jostein and Hägg, Thomas, eds (2006) *Gregory of Nazianzus: Images and Reflections*. Copenhagen, Denmark: Museum Tusculanum Press.

Boulding, Maria (1997) *The Confessions: Introduction, Translation and Notes*. Vol. 1.1, *The Works of Saint Augustine: A Translation for the 21st Century*. New York: New City Press.

Bowersock, Glen, Brown, Peter, and Grabar, Oleg, eds (1999) *Late Antiquity: A Guide to the Postclassical World*. Cambridge, MA: Harvard University Press.

Bowery, Anne-Marie (2007) 'Monica: The Feminine Face of Christ', in J. C. Stark, ed., *Feminist Interpretations of Augustine*, 69–95. University Park, PA: Penn State University Press.

Bowes, Kim (2008) *Private Worship, Public Values and Religious Change in Late Antiquity*. Cambridge, UK: Cambridge University Press.

Bowes, Kim (2010) *Houses and Society in the Later Roman Empire*. London: Duckworth.

Bowes, Kim, and Kulikowski, Michael, eds (2005) *Hispania in Late Antiquity: Current Perspectives*. Leiden, The Netherlands: Brill.

Bradley, Keith (1991) *Discovering the Roman Family*. New York: Oxford University Press.

Brakke, David, Deliyannis, Deborah, and Watts, Edward, eds (2012) *Shifting Cultural Frontiers in Late Antiquity*. Farnham, UK: Ashgate.

Bremmer, Jan, and Formisano, Marco, eds (2012) *Perpetua's Passions: Multidisciplinary Approaches to the* Passio Perpetuae et Felicitatis. Oxford: Oxford University Press.

Brown, Peter (1967, rev.ed. 2000) *Augustine of Hippo: A Biography*. London: Faber and Faber.

Brown, Peter (1972) *Religion and Society in the Age of St Augustine*. London: Faber and Faber.

Brown, Peter (1981) *The Cult of the Saints in Late Antiquity: Its Rise and Function in Latin Christianity*. Chicago: University of Chicago Press.

Brown, Peter (1988, rev. ed. 2008) *The Body and Society: Men, Women and Sexual Renunciation in Early Christianity*. New York: Columbia University Press.

Brown, Peter (1992) *Power and Persuasion in Late Antiquity*. Madison: University of Wisconsin Press.

Burns, Tom and Eadie, John, eds (2001) *Urban Centers and Rural Contexts in Late Antiquity*. East Lansing: Michigan State University Press.

Burrus, Virginia (2004) *The Sex Lives of Saints: An Erotics of Ancient Hagiography*. Philadelphia: University of Pennsylvania Press.

Burrus, Virginia (2006) 'Life after Death: The Martyrdom of Gorgonia and the Birth of Female Hagiography', in J. Børtnes and T. Hägg, eds, *Gregory of Nazianzus: Images and Reflections*, 153–70. Copenhagen, Denmark: Museum Tusculanum Press.

Burton, Philip (2001) *Augustine: The Confessions*. London: Everyman.

Burton, Philip (2005) 'The Vocabulary of the Liberal Arts in Augustine's *Confessions*', in K. Pollmann and M. Vessey, eds, *Augustine and the Disciplines: From Cassiciacum to Confessions*, 141–64. Oxford: Oxford University Press.

Burton, Philip (2007) *Language in the Confessions of Augustine*. Oxford: Oxford University Press.

Charles-Picard, Gilbert, ed. (1990) *La civilisation de l'Afrique romaine*. 2nd ed. Paris: Etudes Augustiniennes.

Cain, Andrew (2009) 'Rethinking Jerome's Portraits of Holy Women', in A. Cain and J. Lössl, eds, *Jerome of Stridon: His Life, Writings and Legacy*, 47–57. Farnham, UK: Ashgate.

Cain, Andrew (2013) *Jerome's Epitaph on Paula*. Oxford: Oxford University Press.

Cain, Andrew, and Lössl, Josef, eds (2009) *Jerome of Stridon: His Life, Writings and Legacy*. Farnham, UK: Ashgate.

Cameron, Averil (1993) *The Later Roman Empire, AD 284–430*. Cambridge, MA: Harvard University Press.

Cameron, Averil, and Garnsey, Peter, eds (1997) *The Cambridge Ancient History XII: The Late Empire, AD 337–425*. Cambridge, UK: Cambridge University Press.

Capps, Donald (1985) 'Augustine As Narcissist: Comments on Paul Rigby's "Paul Ricoeur, Freudianism, and Augustine's *Confessions*"', *Journal of the American Academy of Religion* 53.1:115–28.

Carrié, J.-M. (2004) 'Vitalité de l'industrie textile à la fin de l'antiquité', in *Antiquité Tardive* 12:13–43.

Carucci, Margherita (2007) *The Romano-African Domus: Studies in Space, Decoration, and Function*. Oxford: Archaeopress.

Clark, Elizabeth A. (1984) *The Life of Melania the Younger: Introduction, Translation, Commentary*. New York: Edwin Mellen.

Clark, Elizabeth A. (1998) 'The Lady Vanishes: Dilemmas of a Feminist Historian after the "Linguistic Turn"', *Church History* 67.1:1–31.

Clark, Elizabeth A. (1998) 'Holy Women, Holy Words: Early Christian Women, Social History, and The "Linguistic Turn"', *Journal of Early Christian Studies* 6.3:413–30.

Clark, Elizabeth A. (1999) 'Rewriting Early Christian History: Augustine's Representation of Monica', in J. Drijvers and J. Watt, eds (1999) *Portraits of Spiritual Authority*, 3–23. Leiden, The Netherlands: Brill.

Clark, Gillian (1993) *Women in Late Antiquity: Pagan and Christian Lifestyles*. Oxford: Oxford University Press.

Clark, Gillian (1994) 'The Fathers and the Children', in Diana Wood, ed. (1994) *The Church and Childhood. Papers read at the 1993 Summer Meeting and the 1994 Winter Meeting of the Ecclesiastical History Society*. Studies in Church History 31, 1–27. Oxford: Blackwell.

Clark, Gillian (1995) *Augustine: Confessions Books I–IV*. Cambridge, UK: Cambridge University Press.

Clark, Gillian (2004) *Christianity and Roman Society*. Cambridge, UK: Cambridge University Press.

Clark, Gillian (2007) 'Do Try This At Home: The Domestic Philosopher in Late Antiquity', in H. Amirav and B. H. Romeny, eds, *From Rome to Constantinople: Studies In Honour of Averil Cameron*, 153–72. Leuven, Belgium: Peeters. Reprinted in Clark 2011b.

Clark, Gillian (2008) 'Can We Talk? Augustine and the Possibility of Dialogue', in S. Goldhill, ed., *The End of Dialogue in Antiquity*, 117–34. Cambridge: Cambridge University Press.

Clark, Gillian (2011) *Late Antiquity: A Very Short Introduction*. Oxford: Oxford University Press.

Clark, Gillian (2011b) *Body and Gender, Soul and Reason in Late Antiquity*. Farnham, UK: Ashgate.

Clark, Gillian (2012) 'Philosopher: Augustine in Retirement', in M. Vessey, ed., *A Companion to Augustine*, 257–69. Chichester, UK: Wiley-Blackwell.

Clark, Gillian (2012b) 'The Ant of God: Augustine, Scripture, and Cultural Frontiers', in D. Brakke, D. Deliyannis, and E. Watts, eds, *Shifting Cultural Frontiers in Late Antiquity*, 151–63. Farnham, UK: Ashgate.

Clark, Gillian and Rajak, Tessa, eds (2002) *Philosophy and Power in the Graeco-Roman World: Essays in Honour of Miriam Griffin*. Oxford: Oxford University Press.

Clark, Patricia (1998) 'Women, Slaves and the Hierarchy of Domestic Violence', in S. Joshel and S. Murnaghan, eds, *Women and Slaves in Greco-Roman Culture*, 109–29. London: Routledge.

Clarke, Peter, and Claydon, Tony, eds (2011) *Saints and Sanctity*. Studies in Church History 47. Woodbridge, UK: Boydell and Brewer.

Conybeare, Catherine (2006) *The Irrational Augustine*. Oxford: Oxford University Press.

Cooper, Kate (2012) 'Love and Belonging, Loss and Betrayal in the *Confessions*', in M. Vessey, ed., *A Companion to Augustine*, 69–86. Chichester, UK: Wiley-Blackwell.

Courcelle, Jeanne, and Courcelle, Pierre (1965–1991) 5 vols. *Iconographie de Saint Augustin*. Paris: Institut des Études Augustiniennes.

Courcelle, Pierre (1963) *Les Confessions de Saint Augustin dans la tradition littéraire*. Paris: Institut des Études Augustiniennes.

Cox, Patricia (1983) *Biography in Late Antiquity: A Quest for the Holy Man*. Berkeley: University of California Press.

Cribiore, Raffaella (2001) *Gymnastics of the Mind*. Princeton, NJ: Princeton University Press.

Croom, Alexandra (2010) *Roman Clothing and Fashion*. 2nd ed. Stroud, UK: Amberley.

Croom, Alexandra (2011) *Running the Roman Home*. Stroud, UK: The History Press.

Daley, Brian (2006) *Gregory of Nazianzus*. London: Routledge.

Dal Santo, Matthew (2012) *Debating the Saints' Cult in the Age of Gregory the Great*. Oxford: Oxford University Press.

Davis, Stephen (2001) *The Cult of St Thecla: A Tradition of Women's Piety in Late Antiquity*. Oxford: Oxford University Press.

De Bruyn, Theodore (1999) 'Flogging a Son: The Emergence of the *pater flagellans* in Latin Christian Discourse', *Journal of Early Christian Studies* 7.2:264–73.

De Bruyn, Theodore, and Dijkstra, Jitse (2011) 'Greek Amulets and Formularies from Egypt Containing Christian Elements: A Checklist of Papyri, Parchments, Ostraka and Tablets', *Bulletin of the American Society of Papyrologists* 48:163–216.

De Ligt, Luuk (1993) *Fairs and Markets in the Roman Empire*. Amsterdam: J. C. Gieben.

Dickey, Eleanor (2002) *Latin Forms of Address: from Plautus to Apuleius*. Oxford: Oxford University Press.

Dixon, Suzanne (1988) *The Roman Mother*. London: Routledge.

Dodaro, Robert, and Lawless, George, eds (2000) *Augustine and his Critics: Essays In Honour of Gerald Bonner*. London and New York: Routledge.

Dossey, Leslie (2008) 'Wife-Beating and Manliness in Late Antiquity', *Past and Present* 199.1: 3–40.

Dossey, Leslie (2010) *Peasant and Empire in Christian North Africa*. Berkeley: University of California Press.

Dossey, Leslie (2012) 'Sleeping Arrangements and Private Space: A Cultural Approach to the Subdivision of Late Antique Houses', in D. Brakke, D. Deliyannis and D. Watts, eds, *Shifting Cultural Frontiers in Late Antiquity*, 181–97. Farnham, UK: Ashgate.

Drake, H. A., ed. (2006) *Violence in Late Antiquity: Perceptions and Practices*. Farnham, UK: Ashgate.

Drijvers, Jan and Watt, John, eds (1999) *Portraits of Spiritual Authority*. Leiden, The Netherlands: Brill.

Elm, Susanna (1994) *Virgins of God: The Making of Asceticism in Late Antiquity*. Oxford: Oxford University Press.

Elm, Susanna (2006) 'Gregory's Women: Creating a Philosopher's Family', in J. Børtnes and T. Hägg, eds, *Gregory of Nazianzus: Images and Reflections*, 171–91. Copenhagen, Denmark: Museum Tusculanum Press.

Elm, Susanna (2009) 'Family Men: Masculinity and Philosophy in Late Antiquity', in P. Rousseau and E. Papoutsakis, eds, *Transformations of Late Antiquity*, 279–301. Farnham, UK: Ashgate.

Evans Grubbs, Judith (1995) *Law and Family in Late Antiquity: The Emperor Constantine's Marriage Legislation*. Oxford: Clarendon.

Fagan, Garrett (1999) *Bathing in Public in the Roman World*. Ann Arbor: University of Michigan Press.

Fentress, Elizabeth (1999) 'Romanizing the Berbers', *Past and Present* 190:3–33.

Finn, Richard (2009) *Asceticism in the Graeco-Roman World*. Cambridge, UK: Cambridge University Press.

Fitzgerald, Allan, ed. (1999) *Augustine Through the Ages: An Encyclopedia*. Grand Rapids, MI: Eerdmans.

Fögen, Thorsten, ed. (2009) *Tears in the Graeco-Roman World*. Berlin: De Gruyter.

Fowden, Garth (1997) 'Polytheist Religion and Philosophy', in A. Cameron and P. Garnsey, eds, *The Cambridge Ancient History XII: The Late Empire, AD 337–425*, 538–60. Cambridge, UK: Cambridge University Press.

Foxhall, Lin (2013) *Studying Gender in Classical Antiquity*. Cambridge, UK: Cambridge University Press.

Frend, W.H.C. (1952) *The Donatist Church*. Oxford: Clarendon.

Garnsey, Peter (1970) *Social Status and Legal Privilege in the Roman Empire*. Oxford: Oxford University Press.

Garnsey, Peter (1997) *Ideas of Slavery from Aristotle to Augustine*. Cambridge, UK: Cambridge University Press.

Garnsey, Peter (1997) 'Sons, Slaves—and Christians', in B. Rawson and P. Weaver, eds, *The Roman Family: Status, Sentiment, Space*, 101–21. Oxford: Clarendon.

Gill, Meredith J. (1999) 'Remember Me at the Altar of the Lord: Saint Monica's Gift to Rome', in J. Schnaubelt and F. Van Fleteren, eds, *Augustine in Iconography: History And Legend*, 550–76. New York: Peter Lang.

Gill, Meredith J. (2005) *Augustine in the Italian Renaissance*. Cambridge, UK: Cambridge University Press.

Gillette, Gertrude (2013) 'Anger and Community in the *Rule* of Augustine', in M. Vinzent, ed., *Studia Patristica* LXX: 'St. Augustine and His Opponents', 591–600. Leuven, Belgium: Peeters.

Gillis, C. and Nosch, M.-L., eds (2007) *Ancient Textiles: Production, Craft and Society*. Oxford: Oxbow.

Goldhill, Simon, ed. (2008) *The End of Dialogue in Antiquity*. Cambridge, UK: Cambridge University Press.

Green, Roger (1995) 'Proba's Cento: Its Date, Purpose and Reception', *Classical Quarterly* 45.2:551–63.

Guédon, Stéphanie (2010) *Le voyage dans l'Afrique romaine*. Pessac, France: Ausonius.

Hägg, Tomas (2006) 'Playing with Expectations: Gregory's Funeral Orations on His Brother, Sister and Father', in J. Børtnes and T. Hägg, eds, *Gregory of Nazianzus: Images and Reflections*, 133–51. Copenhagen: Museum Tusculanum Press.

Hägg, Tomas (2012) *The Art of Biography in Antiquity*. Cambridge, UK: Cambridge University Press.

Hägg, Tomas, and Rousseau, Philip, eds (2000) *Greek Biography and Panegyric in Late Antiquity*. Berkeley: University of California Press.

Halperin, David (1990) *One Hundred Years of Homosexuality*. London: Routledge.

Harlow, Mary, ed. (2012) *Dress and Identity*. Oxford: Archaeopress.

Harmless, William (1999), 'Baptism', in Fitzgerald, ed., *Augustine Through the Ages: An Encyclopedia*, 84–91. Grand Rapids, MI: Eerdmans.

Harries, Jill (1999) *Law and Empire in Late Antiquity*. Cambridge: Cambridge University Press.

Harris, W.V. (2004) *Restraining Rage: The Ideology of Anger Control in Classical Antiquity*. Cambridge, MA: Harvard University Press.

Harrison, Carol (2000) *Augustine: Christian Truth and Fractured Humanity*. Oxford: Oxford University Press.

Head, Thomas (2001) *Medieval Hagiography. An Anthology*. New York: Routledge.

Hemelrijk, Emily (2012) 'Public Roles for Women in the Cities of the Latin West', in S. James and S. Dillon, eds, *A Companion to Women in the Ancient World*, 478–90. Malden, MA: Wiley-Blackwell.

Hermanowicz, Erika (2008) *Possidius of Calama: A Study of the North African Episcopate*. Oxford: Oxford University Press.

Hobson, Barry (2009) Latrinae et foricae: *Toilets in the Roman World*. London: Duckworth.

Howard-Johnston, James, and Hayward, Paul Antony, eds (1999) *The Cult of Saints in Late Antiquity and the Early Middle Ages*. Oxford: Oxford University Press.

Howard-Johnston, James (1999) 'Introduction', in J. Howard-Johnston and P. Hayward, ibid., 1–24.

Humfress, Caroline (2006) 'Poverty and Roman Law', in E.M. Atkins and R. Osborne, eds, *Poverty in the Roman World*, 183–203. Cambridge, UK: Cambridge University Press.

Humfress, Caroline (2012) 'Controversialist: Augustine in Combat', in M. Vessey, ed., *A Companion to Augustine*, 323–35. Chichester, UK: Wiley-Blackwell.

Hunter, David (2003) 'Augustine and the Making of Marriage in Roman North Africa', *Journal of Early Christian Studies* 11.1:63–85.

Hunter, David (2007) *Marriage, Celibacy and Heresy in Ancient Christianity*. Oxford: Oxford University Press.

James, Sharon and Dillon, Sheila. eds (2012) *A Companion to Women in the Ancient World*. Malden, MA: Wiley-Blackwell.

Jensen, Robin (2013) 'Christianity in Roman Africa', in M. Salzman, M. Sweeney, and W. Adler, eds, *The Cambridge History of Religions in the Ancient World*, Vol. 2, 264–91. Cambridge, UK: Cambridge University Press.

Jones, A.H.M. (1964) *The Later Roman Empire 284–602*. 3 vols. Oxford: Blackwell.

Joshel, Sandra and Murnaghan, Sheila, eds (1998) *Women and Slaves in Greco-Roman Culture*. London: Routledge.

Kaster, Robert (1988) *Guardians of Language: The Grammarian and Society in Late Antiquity*.

Kelly, Christopher (2012) 'Political History: The Later Roman Empire', in M. Vessey, ed., *A Companion to Augustine*, 11–23. Chichester, UK: Wiley-Blackwell.

Kenney, John Peter (2005) *The Mysticism of Saint Augustine: Rereading the Confessions*. New York: Routledge.

Klingshirn, William E. (2007) 'Comer y beber con los muertos: Mónnica de Tagaste y la adivinación de los sueños bereber', *Augustinus* 52.4:127–31.

Klingshirn, William E. (2012) 'Cultural Geography: Roman North Africa', in M. Vessey, ed., *A Companion to Augustine*, 11–23. Chichester, UK: Wiley-Blackwell.

König, Jason (2008) 'Sympotic Dialogue in the First to Fifth Centuries CE', in S. Goldhill ed., *The End of Dialogue in Antiquity*, 85–113. Cambridge, UK: Cambridge University Press.

Lancel, Serge, translation by Antonia Nevill (2002) *St. Augustine*. London: SCM.

Lawless, George (1987) *Augustine of Hippo and His Monastic Rule*. Oxford: Oxford University Press.

Lefkowitz, Mary and Fant, Maureen, eds (2005) *Women's Life in Greece and Rome*. 3rd ed. London: Duckworth.

LeMoine, Fannie (1996) 'Jerome's Gift to Women Readers', in R. Mathisen and H. Sivan, eds, *Shifting Frontiers in Late Antiquity*, 230–41. Aldershot, UK: Ashgate.

Lepelley, Claude (1978) *Les cités de l'Afrique romaine au bas-empire*, 2 vols. Paris: Etudes Augustiniennes.

Levick, Barbara (2002) 'Women, Power and Philosophy at Rome and Beyond', in G. Clark and T. Rajak, eds, *Philosophy and Power in the Graeco-Roman World: Essays in Honour of Miriam Griffin*, 133–55. Oxford: Oxford University Press.

Liebeschuetz, J.H.W.G. (2005) *Ambrose of Milan: Political Letters and Speeches*. Liverpool: Liverpool University Press.

Liebeschuetz, J.H.W.G. (2011) *Ambrose and John Chrysostom: Clerics between Desert and Empire*. Oxford: Oxford University Press.

Lindsay, Hugh (2004) 'The *laudatio Murdiae*: Its Content and Significance', *Latomus* 63:88–97.

Long, Alex (2008) 'Plato's Dialogues and a Common Rationale for Dialogue Form', in S. Goldhill, ed., *The End of Dialogue in Antiquity*, 45–59. Cambridge, UK: Cambridge University Press.

Louth, Andrew (2011), 'Holiness and Sanctity in the Early Church'. in P. Clarke and T. Claydon, eds, *Saints and Sanctity*, 1–18. Studies in Church History 47. Woodbridge, UK: Boydell and Brewer.

Lovén, Lena Larsson (2007), 'Wool Work as a Gender Symbol in Ancient Rome', in C. Gillis and M.-L. Nosch, eds, *Ancient Textiles: Production, Craft and Society*, 229–36. Oxford: Oxbow.

Ludlow, Morwenna (2007) *Gregory of Nyssa: Ancient and (Post)modern*. Oxford: Oxford University Press.

MacCormack, Sabine (1998) *The Shadows of Poetry: Vergil in the Mind of Augustine*. Berkeley: University of California Press.

Maguire, Henry (1999) 'The Good Life', in G. Bowersock, P. Brown, and O. Grabar, eds, *Late Antiquity: A Guide to the Postclassical World*, 238–57. Cambridge, MA: Harvard University Press.

Maraval, Pierre (1971) *Grégoire de Nysse: Vie de Sainte Macrine*. Sources Chrétiennes 178. Paris: Editions du Cerf.

Martin, Elena (2011), 'Commemoration, Representation and Interpretation: Augustine of Hippo's Depictions of the Martyrs', in P. Clarke and T. Claydon, eds, *Saints and Sanctity*, 29–40. Studies in Church History 47. Woodbridge, UK: Boydell and Brewer..

Mathisen, Ralph, and Sivan, Hagith, eds (1996) *Shifting Frontiers in Late Antiquity*. Aldershot, UK: Ashgate.

Matter, E. Ann (2000) 'Christ, God and Woman in the Thought of St Augustine', in R. Dodaro and G. Lawless, eds, *Augustine and his Critics: Essays In Honour of Gerald Bonner*, 164–75. London and New York: Routledge

Mattingly, David, and Hitchner, Bruce (1995) 'Roman Africa: An Archaeological Review', *Journal of Roman Studies* 85:165–213.

Mattingly, David, and Salmon, John, eds (2001) *Economies beyond Agriculture in the Classical World*. London: Routledge.

McAuslan, Ian, and Walcot, Peter, eds (1996) *Women in Antiquity: Greece and Rome Studies III*. Oxford: Oxford University Press.

McLynn, Neil (1994) *Ambrose of Milan: Church and Court in a Christian Capital*. Berkeley: University of California Press.

McLynn, Neil (2005) '*Genere Hispanus*: Theodosius, Spain, and Nicene Orthodoxy', in K. Bowes and M. Kulikowski, eds, *Hispania in Late Antiquity: Current Perspectives*, 77–120. Leiden, The Netherlands: Brill.

McLynn, Neil (2012) 'Administrator: Augustine in His Diocese', in M. Vessey, ed., *A Companion to Augustine*, 310–22. Chichester, UK: Wiley-Blackwell.

McWilliam, Joanne (1990) 'The Cassiciacum Autobiography', *Studia Patristica* 18.4:14–43.

Millar, Fergus (1968) 'Local Cultures in the Roman Empire: Libyan, Punic and Latin in Roman Africa', *Journal of Roman Studies* 58.1–2:126–34.

Miller, Judith (2007) 'To Remember Self, To Remember God', in J. C. Stark, , ed., *Feminist Interpretations of Augustine*, 243–79. University Park, PA: Penn State University Press.

Miller, Patricia Cox (2000) 'Strategies of Representation in Collective Biography: Constructing the Subject as Holy', in T. Hägg and P. Rousseau, eds, *Greek Biography and Panegyric in Late Antiquity*, 209–54. Berkeley: University of California Press.

Mitchell, Stephen and Van Nuffelen, Peter, eds (2010) *One God: Pagan Monotheism in the Roman Empire*. Cambridge, UK: Cambridge University Press.

Mitchell, Stephen (2010) 'Further Thoughts on the Cult of Theos Hypsistos', in S. Mitchell and P. Van Nuffelen, ibid., 167–208.

Nevett, Lisa (2010) *Domestic Space in Classical Antiquity*. Cambridge, UK: Cambridge University Press.

O'Daly, Gerard (1999) *Augustine's City of God: A Reader's Guide*. Oxford: Oxford University Press.

O'Donnell, James (1992) *Augustine: Confessions*. 3 vols. Oxford: Oxford University Press.

O'Donnell, James (2005) *Augustine, Sinner And Saint: a New Biography*. London: Profile Books.

Olson, Linda and Kerby-Fulton, Kathryn, eds (2005) *Voices in Dialogue: Reading Women in the Middle Ages*. Notre Dame, IN: University of Notre Dame Press.

Pelling, Christopher, ed. (1990) *Characterization and Individuality in Greek Literature*. Oxford: Clarendon.

Pelling, Christopher (1990) 'Childhood and Personality in Greek Biography', in C. Pelling, ibid., 213–44.

Parkes, M.B. (1992) *Pause and Effect: An Introduction to the History of Punctuation in the West*. Aldershot, UK: Scolar Press.

Perler, Othmar (1969) *Les Voyages de Saint Augustin*. Paris: Institut des Etudes Augustiniennes.

Pollmann, Karla (2004) 'Sex and Salvation in the Virgilian Cento of the Fourth Century', in Roger Rees, ed., *Romane Memento. Virgil in the Fourth Century*, 79–96. London: Duckworth.

Pollmann, Karla, and Vessey, Mark, eds (2005) *Augustine and the Disciplines: From Cassiciacum to Confessions*. Oxford: Oxford University Press.

Pollmann, Karla, and Otten, Willemien, eds (2013) *Oxford Guide to the Historical Reception of Augustine*. 3 vols. Oxford: Oxford University Press.

Poque, Suzanne (1984) *Le langage symbolique dans la prédication d'Augustin d'Hippone: Images héroïques*. 2 vols. Paris: Etudes Augustiniennes.

Poulsen, Birte (2012) 'Patrons and Viewers: Reading Mosaics In Late Antiquity', in S. Birk and B. Poulsen, eds, *Patrons and Viewers in Late Antiquity*, 167–87. Aarhus, Denmark: Aarhus University Press.

Power, Kim (1996) *Veiled Desire: Augustine's Writings on Women*. New York: Continuum.

Ramelli, Ilaria, translated by David Konstan. (2009) *Hierocles the Stoic: Elements of Ethics, Fragments, and Excerpts*. Atlanta: Society of Biblical Literature.

Rapp, Claudia (2005) *Holy Bishops in Late Antiquity*. Berkeley: University of California Press.

Rawson, Beryl, and Weaver, Paul, eds (1997) *The Roman Family: Status, Sentiment, Space*. Oxford: Clarendon Press.

Rebillard, Eric (1999), 'Punic', in G. Bowersock, P. Brown and O. Grabar, eds, *Late Antiquity: A Guide to the Postclassical World*, 656–7. Cambridge, MA: Harvard University Press.

Rebillard, Eric, translated by Elizabeth Trapnell Rawlings and Jeanne Routier-Pucci (2009) *The Care of the Dead in Late Antiquity*. Ithaca, NY: Cornell University Press.

Rebillard, Eric (2012) 'Religious Sociology: Being Christian', in M. Vessey, ed., *A Companion to Augustine*, 40–53. Chichester, UK: Wiley-Blackwell.

Rebillard, Eric (2013) 'William Hugh Clifford Frend (1916–2005): The Legacy of *The Donatist Church*', in M. Vinzent, ed., *Studia Patristica* LIII: 'Former Directors', 55–71. Leuven, Belgium: Peeters.

Rees, Roger, ed. (2004) *Romane Memento: Virgil in the Fourth Century*. London: Duckworth.

Rigby, Paul (1985) 'Paul Ricoeur, Freudianism, and Augustine's *Confessions*', *Journal of the American Academy of Religion* 53.1: 93–114.

Riggs, David (2001) 'The Continuity of Paganism between the Cities and Countryside of Late Roman Africa', in T. Burns and J. Eadie, eds, *Urban Centers and Rural Contexts in Late Antiquity*, 285–300. East Lansing: Michigan State University Press.

Riggs, David (2006) 'Christianizing the Rural Communities of Late Roman Africa,' in H.A. Drake, ed., *Violence in Late Antiquity: Perceptions and Practices*, 297–308. Farnham, UK: Ashgate.

Rousseau, Philip, and Papoutsakis, Emanuel, eds (2009) *Transformations of Late Antiquity*. Farnham, UK: Ashgate.

Rubenson, Samuel (2000), 'Philosophy and Simplicity: The Problem of Classical Education in Early Christian Biography', in T. Hägg and P. Rousseau, eds, *Greek Biography and Panegyric in Late Antiquity*, 110–39. Berkeley: University of California Press.

Saak, E. L. (2012a) *Creating Augustine*. Oxford: Oxford University Press.

Saak, E. L. (2012b) 'Augustine in the Western Middle Ages to the Reformation', in M. Vessey, ed., *A Companion to Augustine*, 465–77. Chichester, UK: Wiley-Blackwell.

Salzman, Michele, Sweeney, Marvin, and Adler, William, eds (2013) *The Cambridge History of Religions in the Ancient World*. 2 vols. Cambridge: Cambridge University Press.

Schnaubelt, Joseph, and Van Fleteren, Frederick, eds (1999) *Augustine in Iconography: History And Legend*. New York: Peter Lang.

Schofield, Malcolm (2008) 'Ciceronian Dialogue', in S. Goldhill, ed., *The End of Dialogue in Antiquity*, 63–84. Cambridge, UK: Cambridge University Press.

Schrodt, Paul (1999) 'Saints', in A. Fitzgerald, ed., *Augustine Through the Ages: An Encyclopedia*, 747–9. Grand Rapids, MI: Eerdmans.

Schroeder, Joy (2004) 'John Chrysostom's Critique of Spousal Violence', *Journal of Early Christian Studies* 12.4:413–42.

Shanzer, Danuta (2002) '*Avulsa a latere meo*: Augustine's Spare Rib—Augustine, *Confessions* 6.15.25', *Journal of Roman Studies* 92:157–76.

Shaw, Brent D. (1984) 'Latin Funerary Epigraphy and Family Life in the Later Roman Empire', *Historia* 33.4:457–97.

Shaw, Brent D. (1987) 'The Family in Late Antiquity: The Experience of Augustine', *Past & Present* 115:3–51.

Shaw, Brent D. (1987b) 'The Age of Roman Girls At Marriage: Some Reconsiderations', *Journal of Roman Studies* 77:30–46.

Shaw, Brent D. (1993) 'Perpetua's Passion', *Past and Present* 139:3–45.

Shaw, Brent D. (2011) *Sacred Violence: African Christians and Sectarian Hatred in the Age of Augustine*. Cambridge, UK: Cambridge University Press.

Shaw, Brent D. (2013) 'Cult and Belief in Punic and Roman Africa', in M. Salzman, M. Sweeney, and W. Adler, eds, *The Cambridge History of Religions in the Ancient World*, 235–63. 2 vols. Cambridge: Cambridge University Press

Silvas, Anna (2005) *The Asketikon of St Basil the Great*. Oxford: Oxford University Press.

Stark, Judith Chelius, ed. (2007) *Feminist Interpretations of Augustine*. University Park, PA: Penn State University Press.

Thébert, Yvon (1987), 'Private Life and Domestic Architecture in Roman Africa', in P. Veyne, ed., *A History of Private Life I: From Pagan Rome to Byzantium*, 319–409. Cambridge, MA: Belknap.

Thébert, Yvon (2005) *Thermes romains de l'Afrique du Nord*. Rome: EFR.

Tougher, Shaun (2007) *Julian the Apostate*. Edinburgh: Edinburgh University Press.

Trout, Dennis (1999) *Paulinus of Nola: Life, Letters and Poems*. Berkeley: University of California Press.

Trout, Dennis (2013) '*Fecit ad astra viam*: Daughters, Wives, and the Metrical Epitaphs of Late Ancient Rome', *Journal of Early Christian Studies* 21:1–25.

Van Dam, Raymond (2003) *Families and Friends in Late Roman Cappadocia*. Philadelphia: University of Pennsylvania Press.

Van Fleteren, Frederick (1999) 'Babylon', in Fitzgerald, ed., *Augustine Through the Ages: An Encyclopedia*, 83–4. Grand Rapids, MI: Eerdmans.

Van Fleteren, Frederick (1999b) 'Jerusalem', in A. Fitzgerald, ibid., 462–3.

Van der Meer, F. (English translation, 1961) *Augustine the Bishop: The Life and Work of a Father of the Church*. London and New York: Sheed and Ward:.

Van Oort, Johannes (2012) 'Augustine and the Books of the Manichaeans', in M. Vessey, ed., *A Companion to Augustine*, 188–99. Chichester, UK: Wiley-Blackwell.

Vessey, Mark (2005) 'Response to Catherine Conybeare: Women Of Letters?', in L. Olson and K. Kerby-Fulton, eds, *Voices in Dialogue: Reading Women in the Middle Ages*, 73–96. Notre Dame, IN: University of Notre Dame Press.

Vessey, Mark, ed. (2012) *A Companion to Augustine*. Chichester, UK: Wiley-Blackwell.

Veyne, Paul, ed. (1987) *A History of Private Life I: From Pagan Rome to Byzantium.* Cambridge, MA: Belknap.

Vinzent, Markus, ed. (2013a) *Studia Patristica* LIII: 'Former Directors'. *Papers presented at the Sixteenth International Conference on Patristic Studies held in Oxford 2011.* Leuven, Belgium: Peeters.

Vinzent, Markus, ed. (2013b) *Studia Patristica* LXX: *'St. Augustine and His Opponents'. Vol. 18. Papers presented at the Sixteenth International Conference on Patristic Studies held in Oxford 2011* Leuven, Belgium: Peeters.

Vössing, Konrad and Stone, Harold (2013) 'Cult of Augustine', in K. Pollmann and W. Otten, eds, *Oxford Guide to the Historical Reception of Augustine*, Vol. 2, 846–9. Oxford: Oxford University Press..

Walcot, Peter (1987, reprinted 1996) 'Plato's Mother and Other Terrible Women', in I. McAuslan and P. Walcot, eds, *Women in Antiquity: Greece and Rome Studies III*, 114–33. Oxford: Oxford University Press.

Wallis, Faith (1988, reprinted with corrections 2004) *Bede: The Reckoning of Time. Translated with Introduction, Notes and Commentary.* Liverpool: Liverpool University Press.

Watts, Edward (2006) *City and School in Late Antique Athens and Alexandria.* Berkeley: University of California Press.

Webb, Diana (1980) 'Eloquence and Education: A Humanist Approach to Hagiography', *Journal of Ecclesiastical History* 31.1:19–39.

West, Rebecca (1933) *St. Augustine.* London: P. Davies.

White, Carolinne (2005) *Gregory of Nazianzus: Autobiographical Poems.* Cambridge, UK: Cambridge University Press.

White, Carolinne (2010) *Lives of Roman Christian Women.* New York: Penguin.

Whittaker, C.R. (1999) 'Berber', in G. Bowersock, P. Brown, and O. Grabar, eds, *Late Antiquity: A Guide to the Postclassical World*, 340–1. Cambridge, MA: Harvard University Press.

Wilkinson, John (1971) *Egeria's Travels.* London: S.P.C.K.

Wilkinson, Kevin (2012a) 'The Elder Melania's Missing Decade', *Journal of Late Antiquity* 5.1:166–84.

Wilkinson, Kevin (2012b) 'Dedicated Widows in *Codex Theodosianus* 9.25?', *Journal of Early Christian Studies* 20.1:141–66.

Williams, Rowan (2000) 'Insubstantial Evil', in R. Dodaro and G. Lawless, eds, *Augustine and his Critics: Essays in Honour of Gerald Bonner*, 105–23. London and New York: Routledge.

Williams, Rowan, and Chittister, Joan (2010) *For All That Has Been, Thanks: Growing a Sense of Gratitude.* London: Canterbury Press Norwich.

Wills, Garry (2011) *Augustine's Confessions: A Biography.* Princeton: Princeton University Press.

Wilson, Andrew (2001) 'Timgad and Textile Production' in D. Mattingly and J. Salmon, eds, *Economies beyond Agriculture in the Classical World*, 271–96. London: Routledge.

Wimbush, Vincent, and Valantasis, Richard (1990) *Ascetic Behavior in Greco-Roman Antiquity: A Sourcebook*. Minneapolis, MN: Fortress.

Wood, Diana, ed. (1994) *The Church and Childhood. Papers read at the 1993 Summer Meeting and the 1994 Winter Meeting of the Ecclesiastical History Society*. Studies in Church History 31. Oxford: Blackwell.

索　引

原著の索引（網羅的ではない）を踏襲し、若干の修正をほどこした。(訳者)

さ　行

た　行

な　行

ら　行

《訳者紹介》

松﨑　一平（まつざき・いっぺい）
京都大学大学院文学研究科博士課程学修退学（西洋中世哲学史専攻）。富山大学人文学部教授を経て、現在、富山大学名誉教授。
著書・論文　『アウグスティヌス『告白』——〈わたし〉を語ること……』（岩波書店、2009年）ほか。

佐藤　真基子（さとう・まきこ）
慶應義塾大学大学院文学研究科博士課程単位取得退学（哲学）。現在、富山大学教養教育院教授。
著書・論文　『西洋教育思想史』（共著、慶應義塾大学出版会、2016年）ほか。

松村　康平（まつむら・こうへい）
上智大学大学院神学研究科博士前期課程修了（神学）。現在、東京大学大学院総合文化研究科博士課程在学中（国際社会科学）、広島学院中学校・高等学校教諭。
著書・論文　「Audiamus ——『告白』第九巻一〇章二五節における」『パトリスティカ』第17号、教父研究会編（教友社、2013年）ほか。

アウグスティヌスの母　モニカ——平凡に生きた聖人

2019年10月30日　初版発行

訳　者　松﨑一平・佐藤真基子・松村康平
発行者　渡部　満
発行所　株式会社　教文館
〒104-0061　東京都中央区銀座4-5-1　電話 03(3561)5549　FAX 03(5250)5107
URL　http://www.kyobunkwan.co.jp/publishing/
印刷所　株式会社平河工業社

配給元　日キ販　〒162-0814　東京都新宿区新小川町9-1
電話 03(3260)5670　FAX 03(3260)5637

ISBN978-4-7642-7438-9　Printed in Japan